Prozessmanagement mit dem
SAP® Solution Manager

SAP PRESS ist eine gemeinschaftliche Initiative von SAP SE und der Rheinwerk Verlag GmbH. Ziel ist es, Anwendern qualifiziertes SAP-Wissen zur Verfügung zu stellen. SAP PRESS vereint das fachliche Know-how der SAP und die verlegerische Kompetenz von Rheinwerk. Die Bücher bieten Expertenwissen zu technischen wie auch zu betriebswirtschaftlichen SAP-Themen.

Aktuelle Angaben zum gesamten SAP PRESS-Programm finden Sie unter
www.sap-press.de.

Michael Demuth

Prozessmanagement mit dem SAP® Solution Manager

Rheinwerk
Publishing

Liebe Leserin, lieber Leser,

vielen Dank, dass Sie sich für ein Buch von SAP PRESS entschieden haben.

Bis ein Buch in der Buchhandlung für Sie bereitsteht, durchläuft der Inhalt viele Stadien: vom Manuskript über den lektorierten Text bis hin zur Korrekturfahne. Diese verschiedenen Versionen verwalte ich in einem ausgeklügelten Ordnersystem. Bei einer Softwarelösung ist das nicht viel anders: Auch hier gibt es unterschiedliche Versionen vom ersten Entwurf der abzubildenden Prozesse bis hin zur fertigen Lösung. Diese Versionen müssen umfassend dokumentiert werden.

Für diesen Zweck hat SAP die neue Lösungsdokumentation im SAP Solution Manager geschaffen. Neben einem Versionierungskonzept – den Branches – beinhaltet diese Anwendung auch Funktionen für die Modellierung von Prozessdiagrammen sowie für die Verwaltung von Dokumenten zu Prozessen, Schnittstellen, ausführbaren Einheiten und, und, und. Michael Demuth hat die Entwicklung dieser neuen SAP-Solution-Manager-Anwendung von Anfang an begleitet. In diesem Buch teilt er sein Wissen mit Ihnen, damit Sie bestmöglich von allen Funktionen profitieren können.

Wir freuen uns stets über Lob, aber auch über kritische Anmerkungen, die uns helfen, unsere Bücher zu verbessern. Scheuen Sie sich nicht, mich zu kontaktieren. Ihre Fragen und Anmerkungen sind jederzeit willkommen.

Ihre Janina Karrasch
Lektorat SAP PRESS

janina.karrasch@rheinwerk-verlag.de
www.rheinwerk-verlag.de
Rheinwerk Verlag · Rheinwerkallee 4 · 53227 Bonn

Auf einen Blick

Wir hoffen, dass Sie Freude an diesem Buch haben und sich Ihre Erwartungen erfüllen. Ihre Anregungen und Kommentare sind uns jederzeit willkommen. Bitte bewerten Sie doch das Buch auf unserer Website unter **www.rheinwerk-verlag.de/feedback**.

An diesem Buch haben viele mitgewirkt, insbesondere:

Lektorat Janina Karrasch
Fachgutachten Eileen Danz, Andreas Hömer
Korrektorat Sonja Falk, Hetzles
Herstellung Denis Schaal
Typografie und Layout Vera Brauner
Einbandgestaltung Bastian Illerhaus
Coverbild iStock: 177271968 © ava09
Satz Typographie & Computer, Krefeld
Druck Beltz Bad Langensalza GmbH, Bad Langensalza

Dieses Buch wurde gesetzt aus der TheAntiquaB (9,35/13,7 pt) in FrameMaker. Gedruckt wurde es auf chlorfrei gebleichtem Offsetpapier (90 g/m²). Hergestellt in Deutschland.

Bibliografische Information der Deutschen Nationalbibliothek:
Die Deutsche Nationalbibliothek verzeichnet diese Publikation in der Deutschen Nationalbibliografie; detaillierte bibliografische Daten sind im Internet über *http://dnb.d-nb.de* abrufbar.

ISBN 978-3-8362-5985-9

1. Auflage 2018
© Rheinwerk Verlag, Bonn 2018

Informationen zu unserem Verlag und Kontaktmöglichkeiten finden Sie auf unserer Verlagswebsite **www.rheinwerk-verlag.de**. Dort können Sie sich auch umfassend über unser aktuelles Programm informieren und unsere Bücher und E-Books bestellen.

Inhalt

4 Abbildung von Prozessstrukturen in der Lösungsdokumentation 95

5 Bibliotheken 127

8   Lösungsdokumentation von der Anforderung bis zum Betrieb

Anhang 305

Einleitung

Dieses Buch beschreibt das Konzept und die optimale Nutzung des neu eingeführten Prozessmanagements im SAP Solution Manager 7.2. Diese Anwendung wurde von SAP völlig neu implementiert. Sie vereint Funktionen zur Prozessmodellierung, Lösungsdokumentation und Versionsverwaltung. Die Prozessmodellierung ist heutzutage im Kontext des Application Lifecycle Managements (ALM) von Geschäftsprozessen sehr weit verbreitet. Spätestens seit der Einführung der Modellierung ereignisgesteuerter Prozessketten durch August-Wilhelm Scheer im Jahr 1992 – parallel zur Einführung von R/3 – ist die Prozessmodellierung ein wesentlicher Bestandteil von Softwareeinführungsprojekten in Unternehmen.

In den letzten zehn bis zwanzig Jahren hat sich die Prozessmodellierung stark weiterentwickelt. Seit der Einführung des Standards Business Process Model and Notation (BPMN) haben auf diesem Standard basierende Modellierungswerkzeuge eine starke Verbreitung gefunden. Prozessmodellierung findet heute sowohl in den Geschäftsbereichen als auch in den IT-Organisationen statt. Sie wird ebenso zur internen Kommunikation innerhalb dieser Bereiche wie zur Kommunikation zwischen diesen beiden Bereichen intensiv genutzt.

Mit der neuen Konzeption des Prozessmanagements im SAP Solution Manager 7.2 hat SAP ein Werkzeug realisiert, das eine vollständig integrierte Steuerung von Prozessen entlang des gesamten Lebenszyklus einer Lösung mit nur einem Werkzeug ermöglicht. Die Integration von Prozessmanagement und ALM ist ein Alleinstellungsmerkmal des SAP Solution Managers. Dazu wird die Lösungsdokumentation mit anderen ALM-Werkzeugen des SAP Solution Managers wie dem Change Control Management (erweitertes Change Request Management), dem Anforderungsmanagement, dem Release Management, der Test Suite sowie dem Geschäftsprozess- und Schnittstellen-Monitoring integriert.

Der Begriff *Prozessmanagement* wird in diesem Buch als Synonym für den Begriff *Lösungsdokumentation* verwendet und umgekehrt.

Aufbau des Buches

Zuerst ordne ich die Modellierungsmethode des Prozessmanagements im SAP Solution Manager in **Kapitel 1**, »Standards für die Prozessmodellierung«, in gängige Modellierungsstandards ein. Zudem stelle ich kurz die wichtigsten Kernelemente des neuen Konzepts vor.

In **Kapitel 2**, »Der Prozesslebenszyklus – ein Beispiel«, beschreibe ich ein durchgängiges Anwendungsbeispiel, das den Umfang der Prozessmanagementanwendung entlang des Lebenszyklus einer Lösung eindrucksvoll aufzeigt. Dabei wird sichtbar, dass der SAP Solution Manager in Release 7.2 zum ersten Mal ein Prozessmodellierungswerkzeug anbietet. Damit wendet er sich nicht nur an Administratoren und IT-Fachkräfte, sondern auch an Prozessverantwortliche und Key-User in den Geschäftsbereichen. Das Beispiel beginnt mit einem prozessorientierten Design in der Fachabteilung und führt über die Lösungsmodellierung in der IT sowie den Entwicklungs- und Konfigurationsprozess bis hin zu funktionalen Tests und dem Monitoring des Geschäftsprozesses.

Für jeden Implementierungsberater und auch für Kenner des Lösungsdokumentationskonzepts im SAP Solution Manager 7.1 sind insbesondere Kapitel 3 bis Kapitel 5 unersetzlich, um das Prozessmanagement konsistent und nachhaltig aufsetzen zu können. Anders als beim Lösungsdokumentationsansatz in Release 7.1 hat das Prozessmanagement im SAP Solution Manager 7.2 einige strikte Architekturvoraussetzungen, die beachtet werden müssen, um ein konsistentes Versionsmanagement zu ermöglichen.

Das Konzept des Versionsmanagements für alle Prozessmodelle und die Lösungsdokumentation mithilfe sogenannter *Branches* stelle ich in **Kapitel 3**, »Design der Lösungsdokumentation« vor. Außerdem erkläre ich hier, wie die tiefe Integration der Lösungsdokumentation mit den Systemlandschaften realisiert wird, auf die sich die Dokumentation bezieht.

In **Kapitel 4**, »Abbildung von Prozessstrukturen in der Lösungsdokumentation«, grenze ich das Lösungsdokumentationskonzept im SAP Solution Manager 7.1 von dem in Release 7.2 ab. Damit möchte ich denjenigen einen leichteren Zugang ermöglichen, die den SAP Solution Manager 7.1 kennen. Außerdem steige ich mit einer Beschreibung der Prozesshierarchie tief in die Struktur der Lösungsdokumentation und all ihrer Elemente ein.

Ein weiteres wichtiges Architekturkonzept der Lösungsdokumentation stelle ich in **Kapitel 5**, »Bibliotheken«, vor: die Ablage der dokumentierten Elemente in Bibliotheken. Dank dieses Konzepts können Redundanzen innerhalb der Dokumentation vermieden werden.

Kapitel 6, »Dokumente, Diagramme und Testfälle in der Lösungsdokumentation«, stellt einige wichtige Elemente der Bibliotheken vor, mit denen Sie Prozesse, Prozessketten, Prozessschritte und Schnittstellen dokumentieren können.

In **Kapitel 7**, »Prozessmodellierung mit BPMN 2.0«, erläutere ich eines dieser Elemente – die Diagramme – noch einmal genauer und zeige Ihnen, wie Sie diese mithilfe von BPMN modellieren können.

Das in Kapitel 2, »Der Prozesslebenszyklus – ein Beispiel«, dargestellte Beispiel greife ich in **Kapitel 8**, »Lösungsdokumentation von der Anforderung bis zum Betrieb«, wieder auf. In diesem Kapitel gehe ich vor allem auf die Details zur Architektur sowie auf die Konfigurationsvoraussetzungen und -varianten ein. Zudem bringe ich Ihnen hier einige Best Practices zur Strukturierung Ihrer Lösungsdokumentation nahe.

Zielgruppe und Voraussetzungen

Kapitel 1, »Standards für die Prozessmodellierung«, und Kapitel 2, »Der Prozesslebenszyklus – ein Beispiel«, richten sich auch an interessierte IT-Manager, die die Relevanz des Prozessmanagements bewerten möchten. Demgegenüber werden Kapitel 3 bis Kapitel 8 vor allem für Architekten und Berater interessant sein, die das Prozessmanagement aufsetzen, integrieren, anpassen und nutzen möchten.

Falls Sie mit der Prozessmodellierung mit BPMN 2.0 nicht vertraut sind, ist es sinnvoll, eine entsprechende Referenz zur Hand zu haben. In Kapitel 7, »Prozessmodellierung mit BPMN 2.0«, stelle ich lediglich die Teilmenge von BPMN, die im SAP Solution Manager unterstützt wird, sowie deren Anwendung in der neuen Modellierungsumgebung vor.

Da ich vor allem in Kapitel 3 bis Kapitel 8 immer wieder auf die Integration mit weiteren Werkzeugen des SAP Solution Managers wie dem Change Control Management, der Test Suite oder dem Geschäftsprozessmanagement eingehe, empfehle ich Ihnen, ein Überblickshandbuch zum SAP Solution Manager bereit zu halten, falls Sie mit diesen Werkzeugen nicht vertraut sind. Hier bietet sich das Werk »SAP Solution Manager. Das Praxishandbuch« von Markus Becher, Andreas Hömer, Michael Markert, Marco Michel, Jan Rauscher und Timo Steinsberger (SAP PRESS 2017) an. Alternativ können Sie auf die Online-Dokumentation des SAP Solution Managers zurückgreifen.

In hervorgehobenen Informationskästen finden Sie in diesem Buch Inhalte, die wissenswert und hilfreich sind, aber etwas außerhalb der eigentlichen Erläuterung stehen. Dabei handelt es sich z. B. um Informationen zu weiterführenden Themen.

[»]

Sprache der in den Screenshots gezeigten Systemoberflächen

Die in diesem Buch abgebildeten Screenshots wurden in einem SAP-Entwicklungssystem erstellt. Die Systemoberflächen waren zum Zeitpunkt der Erstellung der Screenshots nicht vollständig ins Deutsche übersetzt. Die Texte der Bildschirmelemente können in Ihrem System daher abweichen.

Ausblick

Mit der Einführung der grafischen, BPMN-basierten Prozessmodellierungsmöglichkeit im SAP Solution Manager 7.2 stellt sich für viele SAP-Kunden die Frage, ob die Integration von Drittanbietermodellierungswerkzeugen noch sinnvoll ist. Da viele externe Modellierungswerkzeuge die Integrationen in das Versionsmanagement im SAP Solution Manager 7.1 nicht garantieren konnten, stellt Release 7.2 eine versionskonsistente Integration bereit.

Offen ist die Frage, was die Integration der Modellierungswerkzeuge von Drittanbietern an Mehrwert bringt, obwohl im SAP Solution Manager ein grafisches Prozessmodellierungswerkzeug integriert ist. Zu erwarten ist, dass viele SAP-Kunden die externen Modellierungswerkzeuge nur soweit nutzen, wie diese mit der neuen Prozessmodellierung agieren. Bereits existierende Integrationen zu Produkten wie dem SAP PowerDesigner oder dem Produkt ARIS der Software AG sowie Signavio sind Beispiele für eine mögliche Integration.

Der SAP Solution Manager 7.2 stellt neben der Standardlösung eine Add-on-basierte sogenannte *Focused Solution* namens *Focused Build* bereit. Ich stelle Ihnen neben den Integrationsmöglichkeiten des Standardprozessmanagements auch jene von Focused Build vor, beispielsweise für das Anforderungs- oder das Testmanagement. Auf Basis dieser Informationen können Sie entscheiden, welche Lösung am besten zu Ihren Anforderungen passt.

Kapitel 1
Standards für die Prozessmodellierung

Dieses Kapitel beschreibt gängige Modellierungsansätze und deren Bezug zur neuen Prozessmodellierung im SAP Solution Manager 7.2.

Zur Einführung stelle ich in diesem Kapitel das Prozessmanagement als Konzept der Lösungsdokumentation im SAP Solution Manager 7.2 in den Kontext verschiedener historischer Prozessmodellierungsansätze und -standards. Dabei konzentriere ich mich auf die im SAP-Umfeld gängigen Geschäftsprozessmodellierungs- und Dokumentationsansätze.

1.1 Industriestandards zur Prozessmodellierung

Bei der Vorstellung der aktuell existierenden Industriestandards zur Prozessmodellierung beschränke ich mich auf diejenigen Modelle, die in den meisten SAP-Projekten verwendet werden und zu denen daher ausreichende Erfahrungswerte existieren. Damit erheben die in diesem Abschnitt dargestellten Modelle keinen Anspruch auf Vollständigkeit.

In frühen R/3-Einführungsprojekten, die ab 1992 durchgeführt wurden, wurde auch aufseiten von SAP Gebrauch von *ereignisgesteuerten Prozessketten* (EPK) gemacht. Diese Sprache wurde zum Defacto-Standard für die frühe Modellierung von Geschäftsprozessen.

Ereignisgesteuerte
Prozessketten

Ereignisgesteuerte Prozessketten

Bei ereignisgesteuerten Prozessketten handelt es sich um eine grafische Modellierungssprache zur Darstellung von Prozessen innerhalb einer Organisation. Die grundlegenden Elemente einer ereignisgesteuerten Prozesskette sind *Ereignisse* und dadurch ausgelöste *Funktionen*. Sie werden durch *Operatoren* miteinander verbunden. Eine Beschreibung finden Sie beispielsweise unter *http://s-prs.de/v598503*.

Ereignisgesteuerte Prozessketten werden heute vor allem im Rahmen der Software ARIS der Software AG und weiterer Drittanbietertools verwendet.

Sie können in BPMN konvertiert werden. Umgekehrt können BPMN-Modelle in ereignisgesteuerte Prozessketten konvertiert werden.

Entity-Relationship-Modellierung

In den 1990er-Jahren war außerdem die *Entity-Relationship-Modellierung* sehr verbreitet. Entity-Relationship-Modelle hatten einen Bezug zum ABAP Dictionary. In den frühen Releases von SAP R/3 wurde das R/3-Datenmodell auch von SAP häufig durch solche Entity-Relationship-Modelle dargestellt.

> [»]
>
> **Entity-Relationship-Modell**
>
> Ein Entity-Relationship-Modell beschreibt den Bezug eines bestimmten Objekts (einer Entität) zu seinem Kontext. Solche Modelle werden vor allem für die semantische Datenmodellierung verwendet.

BPMN

Spätestens mit Freigabe des Standards BPMN 2.0 durch die *Object Management Group* (OMG) ist die Prozessmodellierung mit BPMN vor allem in den Geschäftsbereichen etabliert und wurde auch zum Bestandteil umfassenderer Modellierungsmethoden. Zu diesen Methoden zählt auch die Modellierung von Anwendungsarchitekturen (*Enterprise Architecture Modeling*), auf die ich in Abschnitt 1.3, »Modellierung von Anwendungsarchitekturen«, eingehe.

Unified Modeling Language

Nach dem Jahr 2000 und insbesondere nach der Publikation der *Unified Modeling Language* (UML) 2.0 durch die OMG sind weitere Modellierungsstandards aufgekommen, die insbesondere die objektorientierte Programmierung unterstützten sollen. SAP hat parallel dazu ABAP Objects auf Basis des Web Application Servers (WAS) eingeführt. Später erfolgte die Umstellung (und Namensänderung) auf die SAP-NetWeaver-Plattform.

> [»]
>
> **Unified Modeling Language**
>
> UML ist eine grafische Modellierungssprache. Sie wird verwendet, um Software und deren Komponenten zu entwerfen und zu dokumentieren. Weitere Informationen finden Sie unter *www.uml.org*.

Im SAP-Umfeld wird UML vor allem im Kontext der Klassenmodellierung von Erweiterungen und Eigenentwicklungen eingesetzt. Sie findet sich meist in technischen Spezifikationsdokumenten wieder (siehe auch Abschnitt 1.4, »Modellierung von Klassen und Entitätsbeziehungen«).

Der SAP Solution Manager stellt zwar keine UML-Modellierungswerkzeuge bereit, UML-Diagramme sind allerdings in fast jeder technischen Spezifikation aufzufinden.

Das Enterprise Architecture Modeling hat seit dem Jahr 2000 insbesondere in Konzernen Einzug gehalten und wird für die Definition langfristiger, konzernweiter IT-Strategien verwendet. Demgegenüber wird die Prozessmodellierung vor allem von Prozessverantwortlichen in den einzelnen Geschäftsbereichen sowie der IT genutzt. Des Weiteren dient die Prozessmodellierung mehr und mehr der Kommunikation zwischen den Geschäftsbereichen und den IT-Abteilungen.

Enterprise Architecture Modeling

SAP hat mit der Dreistufigkeit aus Szenario, Prozess und Prozessschritt im SAP Solution Manager 7.1 bereits eine Möglichkeit bereitgestellt, um Lösungsdokumentation, Testfälle und Trainingsmaterialien prozessorientiert ablegen zu können. Mit dem SAP Solution Manager 7.2 wird dieser prozessorientierte Lösungsdokumentationsansatz jetzt auf BPMN-Standards erweitert. Außerdem wird eine Versionsverwaltung integriert und die Wiederverwendbarkeit der Dokumentationselemente wird unterstützt. In Kapitel 7, »Prozessmodellierung mit BPMN 2.0«, stelle ich die Teilmenge von BPMN 2.0, die vom SAP Solution Manager 7.2 unterstützt wird, detailliert vor.

1.2   Industriestandards zur Lösungsdokumentation

Im SAP Solution Manager 7.2 umfasst der Begriff *Lösungsdokumentation* alle Entitäten, die Evaluation, Design, Entwicklung, Tests oder Betrieb einer Anwendung beschreiben. Relevante Entitäten wie Testfälle, Lernmaterialien oder Alert-Konfigurationen werden im Kontext prozessspezifischer Werkzeuge zur Ausführung gebracht. Die Lösungsdokumentation als Ganzes beinhaltet Prozesshierarchien, Prozessmodelle, Organisationseinheiten, Stammdaten und ausführbare Einheiten, aber auch alle relevanten Dokumente wie fachliche und technische Spezifikationen, Testfälle, Entwicklungs- und Konfigurationsobjekte, Lernmaterialien sowie Alert-Konfigurationen für den Betrieb der Geschäftsprozesse.

Lösungsdokumentationsstandards der Industrie beschreiben die Darstellung von Dokumentationsprozessen und Dokumentationsanforderungen. Der derzeit bekannteste Standard heißt *Capability Maturity Model Integration* (CMMI). Er wird vom CMMI Institute veröffentlicht.

CMMI

Capability Maturity Model Integration
CCMI für die Entwicklung (CMMI-DEV) unterstützt die Verbesserung von Organisationen, die Software, Systeme oder Hardware entwickeln.

Auch wenn das CMMI-Framework weit über Dokumentationsstandards hinausweist, können die darin definierten Standards sehr gut auf *Dokumentenarten* abgebildet werden, die als Templates in der SAP-Lösungsdokumentation dienen. Die Zuordnung von Dokumentenarten zu den jeweiligen Entitäten des Prozessmodells erlaubt eine angemessene Strukturierung der Dokumentation.

Neben der Definition von Dokumentenarten können die CMMI-Standards ebenfalls gut auf das IT-Portfolio- und Projektmanagement (IT-PPM), das Angebotsmanagement, das Change Control Management sowie auf das Risikomanagement im SAP Solution Manager 7.2 angewendet werden. Mit CMMI 1.3 wird auch ein Standard für die agile Entwicklung definiert, der gut auf *Focused Solutions* im SAP Solution Manager 7.2 abbildbar ist.

[»]

Focused Solutions

Die neuen Focused Solutions sind Erweiterungen für den SAP Solution Manager, die sofort produktiv verwendet werden können. Es gibt Focused Solutions für verschiedene Anwendungsfälle. Derzeit stehen die Lösungen *Focused Build* zur Unterstützung von Migrations- und Einführungsprojekten, *Focused Insights* mit vorkonfigurierten Dashboards für Analysen und *Focused Run* für IT-Serviceanbieter und Kunden mit großen Rechenzentren zur Verfügung.

Maturity Model

CMMI definiert in einem sogenannten *Maturity Model* Reifegrade (Maturity Level 1 bis 5), die auch für eine Lösungsdokumentation angewendet werden können, beginnend mit dem Level *Initial* bis hin zu dem Level *Optimiert* (siehe Abbildung 1.1).

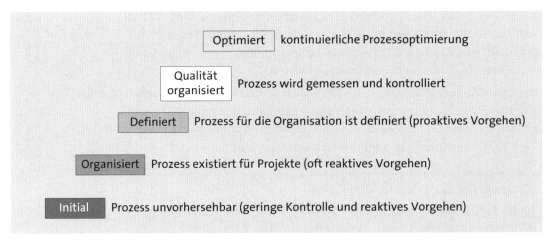

Abbildung 1.1 CMMI Maturity Model für das Prozessmanagement

Diese Level weisen zwar über das Prozessmanagement im SAP Solution Manager 7.2 hinaus, sind aber sehr gut auf die gesamte Verwaltung eines Anwendungslebenszyklus im SAP Solution Manager übertragbar. Beispielsweise orientierte sich das Konzept der Branches an den verschiedenen Phasen des Anwendungszyklus. Dieses Konzept erläutere ich in Abschnitt 3.3, »Versionskonsistente Lösungsdokumentation mit Branches«.

1.3 Modellierung von Anwendungsarchitekturen

Als wesentlicher Standard für das Enterprise Architecture Modeling hat sich das *The Open Group Architecture Framework* (TOGAF) etabliert. Zum Zeitpunkt der Drucklegung dieses Buches galt der Standard TOGAF 9.1.

TOGAF

Wenn Sie die zentralen Komponenten von TOGAF betrachten, finden Sie direkte Bezüge zur Prozessmodellierung im SAP Solution Manager. Die von TOGAF definierten Standards können also teilweise mit dem SAP Solution Manager 7.2 umgesetzt werden.

Dabei handelt es sich um die folgenden Standards:

TOGAF-Standards

- **Architecture Development Method**
  Die Architekturentwicklungsmethode (*Architecture Development Method*, ADM) von TOGAF steht in direktem Bezug zu den funktionalen oder nichtfunktionalen IT-Anforderungen mit Prozessbezug im SAP Solution Manager 7.2. Dabei handelt es sich um eine Erweiterung der architekturbezogenen Attribuierung einer IT-Anforderung.

  Die ADM beschreibt acht Bereiche (siehe Abbildung 1.2):

  - *Architekturvision:* generelle Architekturdokumentation auf Lösungsebene (siehe Kapitel 3, »Design der Lösungsdokumentation«)

  - *Geschäftsarchitektur:* mit Bezug zur *Landscape Management Database* (LMDB) und auf höchster Ebene der Lösung (siehe ebenfalls in Kapitel 3)

  - *Informationssystemarchitektur:* ein weiterer Aspekt, der in der LMDB beschrieben wird (siehe ebenfalls Kapitel 3)

  - *Technologiearchitektur:* mit Bezug zur LMDB und auf höchster Ebene der Lösung (siehe ebenfalls Kapitel 3)

  - *Möglichkeiten und Lösungen:* Best-Practices-Vorlagen vs. Lösung (siehe ebenfalls Kapitel 3)

  - *Migrationsplanung:* Ebene der Konfigurationseinheiten (siehe Abschnitt 5.5, »Konfigurationsbibliothek«)

– *Entwicklungssteuerung:* IT-PPM und Anforderungsmanagement (siehe Abschnitt 3.6, »Integration der Lösungsdokumentation in das Projektmanagement«, und Kapitel 8, »Lösungsdokumentation von der Anforderung bis zum Betrieb«)

– *Architekturänderungsmanagement:* Change Request Management (siehe ebenfalls Kapitel 8)

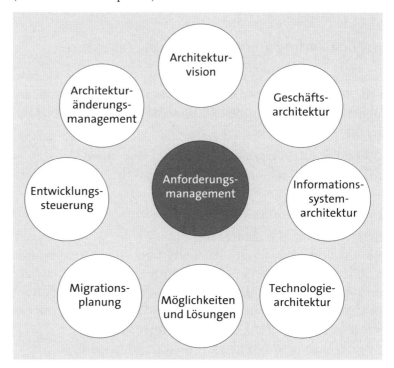

Abbildung 1.2 Architecture Development Method von TOGAF

- **ADM-Richtlinien und -Techniken**
  Als *Building Blocks* zur Anwendungsentwicklung sind hier wesentliche Bezüge zur Lösungsdokumentation beschrieben. Sie können direkt auf die CMMI-Dokumentationsstandards und auf die Dokumentenarten im SAP Solution Manager übertragen werden. Daneben sind die durch ADM-Richtlinien und -Techniken relevanten Attribute sowie Workflows gut in einer IT-Anforderung umzusetzen.

- **Framework für Architekturinhalte**
  Die im *Architecture Content Framework* definierte *Business Architecture* hat einen direkten Bezug zu den Prozesskettenmodellen und Prozessen aus der Prozessmodellierung, die ich in Abschnitt 4.2, »Prozesshierarchien und ihre Elemente«, beschreibe. Dagegen steht die *Information Architecture* in direktem Zusammenhang mit den logischen Komponen-

ten, die in Abschnitt 3.2, »Logische Komponentengruppen und Change-Control-Landschaften«, eingeführt werden. Die *Technology Architecture* verweist direkt auf die in der LMDB definierten Datenobjekte.

Das Modell des Architecture Content Frameworks besteht insgesamt aus fünf wesentlichen Bereichen:

– *Architecture Principles:* Architekturprinzipien, Ziele, Anforderungen. Deren Dokumentation erfolgt im SAP Solution Manager auf Ebene der *Lösung*.

– *Business Architecture:* Geschäftsarchitektur. Deren Dokumentation findet im SAP Solution Manager auf Ebene der *Prozesshierarchie* statt.

– *Information System Architecture:* Architektur der Informationssysteme. Diese wird auf Ebene der LMDB dokumentiert.

– *Technology Architecture:* Technologiearchitektur. Diese wird auf Ebene der LMDB und darüber hinaus in der *IT-Infrastruktur* dokumentiert. Die IT-Infrastruktur weist allerdings über den Standardumfang des SAP Solution Managers hinaus.

– *Architecture Realization:* Architekturumsetzung. Dabei wird die Architektur im SAP Solution Manager auf Bibliothekselemente, Standards und Workflows der Lösungsdokumentation abgebildet.

■ **Architecture Skills Framework**
Dieses Framework weist keinen direkten Bezug zur Lösungsdokumentation auf. Trotzdem sind die hier definierten Prozesssteuerungsfunktionen sowie die Architektur- und Portfolio- bzw. Projektplanung sehr gut auf das Change Request Management und das IT-PPM im SAP Solution Manager 7.2 übertragbar.

Das Architecture Skills Framework besteht im Wesentlichen aus fünf Organisationsebenen und Rollen:

– *Prozesssteuerungskomitee:* Organisation

– *Expertengruppe:* überlappend mit einem *SAP Customer Center of Expertise* (CCOE)

– *Portfolio- und Projektmanagement:* vergleichbar mit dem IT-PPM im SAP Solution Manager und dessen Integration in die Lösungsdokumentation

– *Betrieb der Geschäftsprozesse:* entspricht dem Szenario *Business Process Operations* im SAP Solution Manager

– *Architektur-Repository:* Gesamtheit der Lösungsdokumentation im SAP Solution Manager

[»]

SAP Customer Center of Expertise

CCOE ist ein Zertifizierungsprogramm von SAP. Es zertifiziert SAP-Partner und -Kunden für den gesamten Betrieb von SAP-Lösungen. Weitere Informationen hierzu finden Sie unter *https://support.sap.com/en/offerings-programs/ccoe.html.*

- **Enterprise Continuum**
  Ebenfalls ohne direkten Bezug zur Lösungsdokumentation sind im *Enterprise Continuum* wesentliche Entitäten beschrieben, die die Lösungsdokumentation strukturieren. Darunter fällt beispielsweise die Unterscheidung zwischen Firmenlösungen und branchenspezifischen Lösungen sowie zwischen Organisations- und Systembezug. Im SAP Solution Manager 7.2 wird zur Abbildung der Unternehmenslösung allerdings nur *eine* Lösung empfohlen. Dies werde ich in Kapitel 3, »Design der Lösungsdokumentation«, noch begründen.

  Das Enterprise Continuum beschreibt im Wesentlichen die folgenden vier Bereiche:

  - *Architekturgrundlagen:* allgemeine Dokumentation einer Lösung mit IT-Infrastrukturbezug und Bezug zur LMDB
  - *allgemeine Systemarchitektur:* wird in LMDB und IT-Infrastruktur umgesetzt
  - *industriespezifische Architektur:* wird in LMDB und IT-Infrastruktur umgesetzt
  - *organisatorische Architektur:* Ebene der Prozessschritte

- **Referenzmodell**
  Als technisches Referenzmodell wird die Beziehung von Anwendung, Anwendungsplattform und Kommunikationsinfrastruktur beschrieben. Dieses Modell berührt damit alle Aspekte der IT-Lösung.

1.4   Modellierung von Klassen und Entitätsbeziehungen

Im Kontext von Entwicklungsprojekten oder Erweiterungen im Rahmen des SAP-Erweiterungskonzepts werden Klassen und Entitätsbeziehungen modelliert. Da das SAP-Erweiterungskonzept auf ABAP Objects basiert, liegt die Nutzung einer Modellierungsmethode nahe, die besonders die objekt-orientierte Entwicklung unterstützt. Der aktuell umfassendste und auch in den meisten SAP-Implementierungsprojekten genutzte Standard für solch eine Modellierungsmethode ist UML. UML-Modellierung wird in SAP-Projekten meist in Lösungsdesigns und der Entwicklung genutzt. Dazu werden mit UML z. B. Komponenten-, Klassen-, Aktivitäten- und Anwendungsfall- sowie Kommunikations- bzw. Sequenzdiagramme erstellt.

Auch wenn im SAP Solution Manager keine UML-Modellierungswerkzeuge angeboten werden, finden sich in technischen Spezifikationsdokumenten auf Ebene von Prozessschritten oder Prozessen meist eingebundene UML-Diagramme. Das heißt, Sie können diese Diagramme als Dokumente in die Lösungsdokumentation hochladen bzw. in Spezifikationsdokumente integrieren. Abbildung 1.3 zeigt ein einfaches Klassendiagramm als Beispiel für ein UML-Diagramm.

UML in technischen Spezifikationsdokumenten

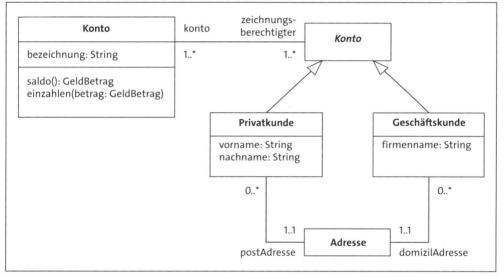

Abbildung 1.3 Einfaches Klassendiagramm zu Differenzierung von Geschäfts- und Einzelkunden

1.5   Prozessmanagement im SAP Solution Manager 7.2

Mit Release 7.2 stellt der SAP Solution Manager erstmals eine umfassende Prozessmodellierung bereit. Sie basiert auf einer Teilmenge des Standards BPMN 2.0 der OMG. Mit der Adaption dieses Standards erlaubt die Lösungsdokumentation im SAP Solution Manager 7.2 eine tiefergehende Prozessmodellierung als das auf Basis der dreistufigen Prozesshierarchie aus Szenario, Prozess und Prozessschritt und deren grafischer Darstellung im SAP Solution Manager 7.1 möglich war.

Besonders hervorzuheben ist, dass der SAP Solution Manager 7.2 neben der Entwicklung BPMN-basierter Prozessdiagramme eine mehrstufige *Prozesshierarchie* mit integriertem Versionsmanagement anbietet. Diese

Prozesshierarchie

stelle ich in Abschnitt 4.2, »Prozesshierarchien und ihre Elemente«, sowie in Kapitel 5, »Bibliotheken«, im Detail vor. Die Überlappung von Prozess- und Projektmanagement, die im SAP Solution Manager 7.1 noch bestand, entfällt im neuen Release: Das Projektmanagement wird in Release 7.2 über das IT-PPM mit Referenz auf die Lösungsdokumentation realisiert.

Bibliotheks-elemente

In einer Bibliothek können mehrfach referenzierte *Elemente* definiert werden. Die wesentlichen Elemente sind:

- Prozessschritte
- Schnittstellen
- ausführbare Einheiten
- Entwicklungselemente
- Konfigurationseinheiten
- Dokumente
- Alerting-Objekte

Bibliotheken

Daneben werden Prozessdiagramme verwaltet. Abbildung 1.4 zeigt diese Entitäten und die dafür jeweils bereitstehenden Bibliotheken im Überblick. Folgende Bibliothekstypen können verwendet werden:

- Prozessschrittbibliothek
- Bibliothek der ausführbaren Einheiten
- Entwicklungsbibliothek
- Schnittstellenbibliothek
- Konfigurationsbibliothek
- Alerting-Bibliothek
- Analysebibliothek

Insbesondere das Design der Bibliotheksfunktionen, aber auch die Möglichkeit, mehr als drei Ebenen für die Prozesshierarchie zu definieren, erlaubt – anders als im SAP Solution Manager 7.1 – eine erweiterte Strukturierung der Prozessmodellhierarchie und der Lösungsdokumentation.

Externe Modellierungs-werkzeuge

Die Lösungsdokumentation im SAP Solution Manager 7.2 stellt darüber hinaus eine Schnittstelle bereit, die vor allem für die Integration von Drittanbieter-Modellierungswerkzeugen relevant ist. Zum Zeitpunkt der Drucklegung dieses Buches ist die Integration von Prozessmodellen aus SAP PowerDesigner, ARIS von Software AG sowie Signavio über diese Schnittstelle möglich:

- Der *SAP PowerDesigner* weist in seinem Funktionsumfang für Entwicklungsprozesse weit über die Prozessmodellierung hinaus: Mit dem SAP PowerDesigner kann ein Bezug zum Enterprise Architecture Modeling hergestellt werden, er ermöglicht aber ebenso die Modellierung von Klassen und Entity-Relationship-Modellen.

- ARIS ermöglicht neben der Übernahme der BPMN-Modelle auch eine Konvertierung in die Darstellung ereignisgesteuerter Prozessketten. Dieses Werkzeug ist bei vielen SAP-Kunden insbesondere für das Geschäftsprozessdesign etabliert.

- Signavio ist ein Cloud-basiertes BPMN-Modellierungswerkzeug, das den gesamten BPMN-Umfang unterstützt.

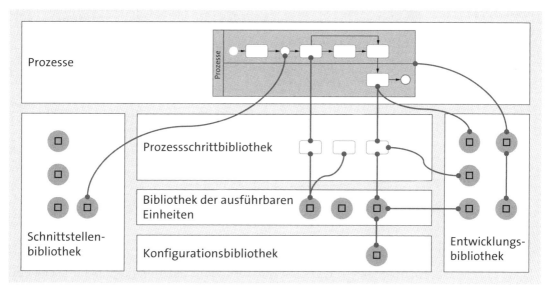

Abbildung 1.4 Darstellung der Entitäten und zugehörigen Bibliothekstypen mit wechselseitiger Referenzierung

Sowohl SAP PowerDesigner als auch ARIS unterstützen die Versionsverwaltung innerhalb des Prozessmanagements im SAP Solution Manager 7.2. Sie können insbesondere während der Vorbereitungs- und Designphase von Entwicklungsprojekten funktionale Erweiterungen bereitstellen, während die Funktionen des SAP Solution Managers insbesondere den Build-, Test- und Betriebsteil repräsentieren.

Abbildung 1.5 zeigt als Beispiel für die verschiedenen Integrationsmöglichkeiten die bidirektionale Integrationsarchitektur zwischen ARIS und den Prozesshierarchieelementen sowie ausgewählten dynamischen Attributen der Lösungsdokumentation des SAP Solution Managers. Ein unidirektionaler Austausch erfolgt aufseiten der Diagramme. Diese können von ARIS in die Lösungsdokumentation des SAP Solution Managers geladen werden. E-BPMN steht hier für *Enterprise BPMN*, eine Modellierungsvariante für

Kollaborationsdiagramme in ARIS. Außerdem ist ein unidirektionaler Austausch der logischen Komponentengruppen, Organisationseinheiten und Stammdaten möglich. Diese Bestandteile der Lösungsdokumentation im SAP Solution Manager können in ARIS exportiert werden.

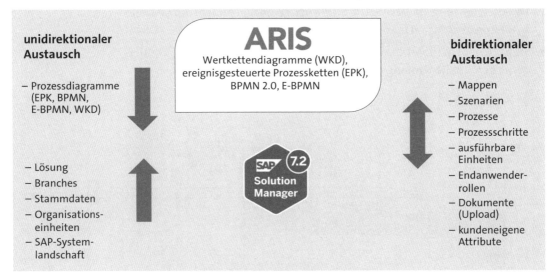

Abbildung 1.5 Austausch von Dokumentationsinhalten zwischen ARIS und dem SAP Solution Manager

Zusätzlich sei angemerkt, dass der *SAP Workforce Performance Builder* ebenfalls eine Integration mit der Lösungsdokumentation auf Ebene von Lernmaterialien anbietet. Die im SAP Solution Manager 7.1 enthaltenen *Learning Maps* werden in Version 7.2 nicht mehr unterstützt.

Kapitel 2
Der Prozesslebenszyklus – ein Beispiel

In diesem Kapitel wird die Verwaltung des Lebenszyklus eines Prozesses unter Nutzung der Lösungsdokumentation dargestellt. Das Beispiel beginnt mit einer fachlichen Anforderung und beschreibt deren Übergabe an die IT-Abteilung, das Design der technischen Umsetzung, die Realisierung der Anforderung in der Entwicklung, den Test sowie das Deployment für den Betrieb.

Anhand eines durchgehenden Beispiels stelle ich in diesem Kapitel das Prozessmanagement entlang des Application-Lifecycle-Management-Prozesses dar. Anders als noch im SAP Solution Manager 7.1 unterstützt das Prozessmanagement im SAP Solution Manager 7.2 bereits das Anforderungswesen in den Geschäftsbereichen bei der Modellierung von Prozessdiagrammen und der Dokumentation von Anforderungen. Auf der Grundlage der durch die Geschäftsbereiche erstellten *Geschäftsanforderung* kann ein IT-Design erfolgen. Nach Übergabe dieses Designs an die Entwicklung werden die technische Dokumentation sowie Testfälle auf Ebene von Prozessschritten und technischen Elementen wie Klassen oder IMG-Aktivitäten (also Aktivitäten aus dem SAP-Einführungsleitfaden bzw. Implementation Guide, IMG) erfasst.

Mit einem funktionalen Test auf Ebene einzelner Prozessschritte oder eines gesamten Prozesses bzw. einer Prozesskette wird die Übergabe an das Produktivsystem vorbereitet. Lernmaterialien können dabei auf Ebene von Prozessen oder Prozessschritten zugeordnet und mit dem SAP Workforce Performance Builder in Endanwendertrainings überführt werden.

Im produktiven Betrieb erfolgt letztlich eine Konfiguration von Alerting-Objekten mit entsprechenden Schwellenwerten für das Geschäftsprozess-Monitoring und für die Geschäftsprozessanalyse. Der Projektmanager hat im IT-Portfolio- und Projektmanagement (IT-PPM) einen Bezug zu der Lösungsdokumentation im SAP Solution Manager in Form einer Referenz auf den Lösungskontext, auf die sich das Projekt bezieht.

Die Darstellung dieses Prozesslebenszyklus in diesem Kapitel verzichtet auf die Architekturaspekte, die in Kapitel 8, »Lösungsdokumentation von der Anforderung bis zum Betrieb«, umfassend dargestellt werden. Ich gehe hier jedoch bereits kurz auf die Integration in das Change Request Management ein, da durch diese Integration das Versionsmanagement sowie die anforderungsbezogene Sicht auf die Lösungsdokumentation vereinfacht und automatisiert werden können. Details zur Einbindung des Prozessmanagements in das Change Request Management beschreibe ich in Abschnitt 3.7, »Integration der Lösungsdokumentation in das Change Request Management und Release Management«. Das in diesem Kapitel dargestellte Beispiel führe ich in Kapitel 8 fort; dort erkläre ich auch die Umsetzung mit dem Konzept der Lösungsdokumentation.

2.1   Modellierung und Dokumentation der fachlichen Anforderung

In den Fachabteilungen werden aktuell häufig Werkzeuge von Drittanbietern genutzt, wenn es darum geht, Wertprozessketten und fachliche Anforderungen grafisch zu modellieren. Der SAP Solution Manager 7.2 stellt hierzu erstmalig ein integriertes Werkzeug bereit.

Diagrammtypen   Die Prozessmodellierung stellt die folgenden Diagrammtypen für die Fachabteilungen zur Verfügung:

- Das *allgemeine Diagramm* (Universal Diagram) erlaubt eine einfache Darstellung eines Prozessflusses, ohne strikten BPMN-Taxonomien (Business Process Model and Notation) folgen zu müssen.

- Detaillierter können Prozessketten und Prozessabläufe durch *Kollaborations-* und *Prozessdiagramme* auf Basis von BPMN 2.0 definiert werden.

Sofern es sich um neue, zukünftige Prozessabläufe handelt, können diese ohne direkten Bezug zu logischen Komponenten und Prozessschritten der Bibliothek modelliert werden. Was es mit den *logischen Komponenten* auf sich hat, erfahren Sie in Abschnitt 3.1, »Lösungen und ihre Dokumentation«. Die *Prozessschritte* sowie weitere Hierarchiestufen wie *Szenarien* und *Prozesse* führe ich in Abschnitt 4.2.2, »Prozesshierarchien im SAP Solution Manager 7.2«, ein. Solche Prozesse existieren dann als IT-unabhängige, noch zu implementierende und zu registrierende grafische Modelle.

Freie grafische Modelle   Als Beispiel zeige ich Ihnen im Folgenden, wie ein solches Modell durch einen *Prozessverantwortlichen* im Verkauf definiert wird:

1. Zuerst erzeugt der Prozessverantwortliche ein allgemeines Diagramm, wie in Abbildung 2.1 zu sehen. Beim Anlegen eines solchen Diagramms kann der Prozessverantwortliche bereits bestehende Prozesse und Pro-

zessschritte der Prozesshierarchie bzw. der Bibliothek für seine Darstellung nutzen. Außerdem kann er freie Elemente zuordnen. In Abbildung 2.1 wird beispielsweise ein neuer Prozessschritt **Anlegen Eilauftrag** als Teil des Prozesses **08.05.01 Lagerverkauf** frei definiert und eingefärbt, um auf ebendiese neu zu implementierende Funktionalität hinweisen zu können.

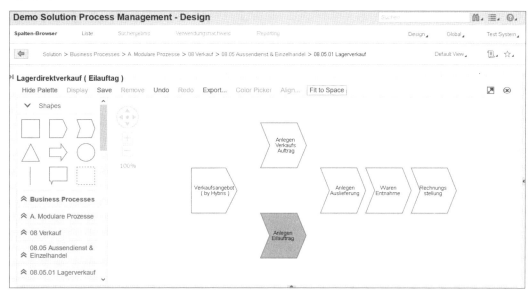

Abbildung 2.1 Darstellung eines neu zu erstellenden Auftragstyps in einem allgemeinen Diagramm

2. Darüber hinaus weist der Prozessverantwortliche dem allgemeinen Diagramm ein Dokument mit einer kurzen Spezifikation seiner Anforderungen zu. Ein Beispiel für eine solche Zuweisung sehen Sie in Abbildung 2.2.

Abbildung 2.2 Fachanforderungsdokument einem Diagramm zuweisen

3. Im Folgenden kann der Prozessverantwortliche eine Prozessmodellierung auf Ebene von Benutzerrollen vornehmen, um die Prozesszusammenhänge besser darstellen zu können. Für diesen Zweck kopiert er das

vorhandene Kollaborationsdiagramm zum Lagerverkauf (siehe Abbildung 2.3) und erweitert dieses um die neue Aufgabe. In diesem Prozessdiagramm sind bereits Rollen für die Mitarbeiter im Verkauf, im Warenlager und in der Rechnungserstellung angelegt. Für jede Rolle findet sich eine Bahn (*Swim Lane*) in dem Diagramm.

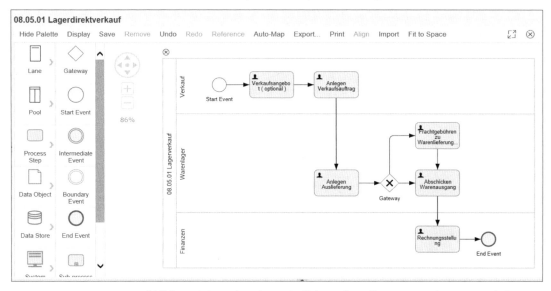

Abbildung 2.3 Vorhandenes Kollaborationsdiagramm mit Prozessschritten und Rollen

4. Der Prozessverantwortliche kopiert nun dieses Diagramm und ergänzt die frei definierte Aufgabe **Anlegen Eilauftrag**, wie in Abbildung 2.4 zu sehen. Diese wird als Erweiterung für die Rolle der Mitarbeiter im Verkauf angelegt. Die Schnittstelle zwischen der Angebotserstellung, die in diesem Beispiel in SAP Hybris erfolgt, und der Ausführung des Eilverkaufsauftrags in einem SAP-ERP-System wird hier ausgeblendet.

In diesem Beispiel war der Prozess **08.05.01 Lagerverkauf** bereits existent, und die Prozessschritte für die Mitarbeiter im Verkauf, im Warenlager und in der Buchhaltung waren in der Prozessschrittbibliothek definiert. Die neue Anforderung beschreibt somit ausschließlich einen neuen Auftragstyp und eine Anpassung der Auftragserstellung aus dem Angebotsprozess heraus.

Geschäfts-
anforderung
Nachdem der Prozess auf diese Weise modelliert ist, besteht die Möglichkeit, eine *Geschäftsanforderung* zu erzeugen. Das Unternehmen gibt in diesem Beispiel vor, dass eine Geschäftsanforderung mit einer kurzen *User Story* und Attributen versehen werden muss.

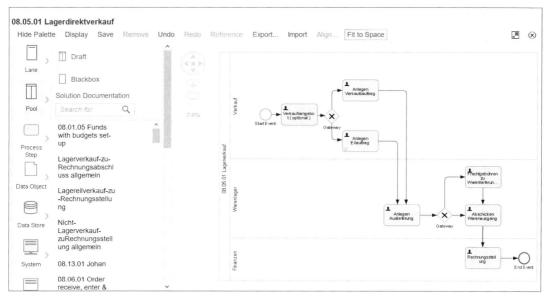

Abbildung 2.4 Kollaborationsdiagramm mit dem neuen Prozessschritt »Anlegen Eilauftrag« kopieren

Diese sollen zusammen mit dem allgemeinen Diagramm bzw. dem Kollaborationsdiagramm ausreichende Informationen für den Lösungsarchitekten liefern, um das Design mit dem Geschäftsbereich besprechen zu können.

> **User Story**
>
> Eine User Story beschreibt eine abgegrenzte Aktion eines Endanwenders innerhalb einer Softwarelösung, die einen Geschäftswert hat.

Abbildung 2.5 zeigt die Geschäftsanforderung und die damit verbundenen Elemente. Sie finden hier beispielsweise das erzeugte Kollaborationsdiagramm und das Prozessdiagramm wieder.

Für eine Geschäftsanforderung wird im oberen Bereich eine Statusleiste angezeigt. Über diese Leiste kann der Prozessverantwortliche nachvollziehen, wann die Geschäftsanforderung zur Prüfung weitergereicht wurde (Status **2 Zur Prüfung eingereicht**), ob eine Anforderung zurückgezogen wurde oder ob vor der Realisierung noch weitere Diskussionen im Geschäftsbereich stattfinden sollen. Der Geschäftsbereich bestätigt mit dem Status **4 An IT übergeben** den Auftrag an die IT.

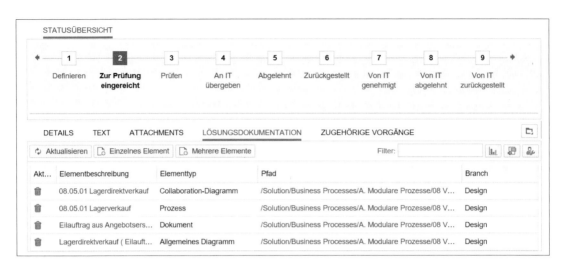

Abbildung 2.5 Anzeige der Geschäftsanforderung mit Referenz auf die Lösungsdokumentation

IT-Anforderung   Mit der Freigabe wird automatisch eine *IT-Anforderung* als Folgevorgang
generiert. Die Lösungsdokumentationsreferenzen, Texte und Anhänge
werden in diese IT-Anforderung kopiert (siehe Abbildung 2.6).

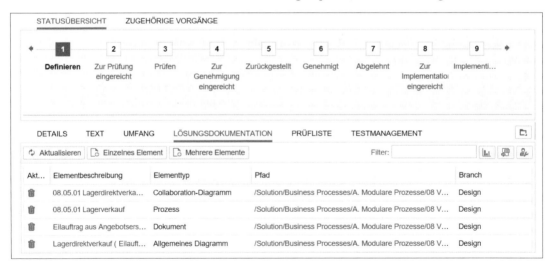

Abbildung 2.6 Automatisch erzeugte IT-Anforderung mit den Lösungsdokumentationsreferenzen aus der Geschäftsanforderung

Alle weiteren Status der Geschäftsanforderung werden automatisch aus
der IT-Anforderung übertragen. Die Statusleiste der IT-Anforderung sehen
Sie in Abbildung 2.6. Sowohl Geschäfts- als auch IT-Anforderung sind in der
Lösungsdokumentation sichtbar.

Bei den in Abbildung 2.5 und Abbildung 2.6 gezeigten Sichten auf die Geschäftsanforderung (Vorgangsart SMBR) und die IT-Anforderung (Vorgangsart SMIR) handelt es sich um Vorgänge innerhalb des Change Request Managements im SAP Solution Manager. Die Verwendung dieser Vorgangsarten erleichtert die Kommunikation zwischen den Geschäftsbereichen und der IT. Generell können das Prozessmanagement bzw. die Lösungsdokumentation des SAP Solution Managers auch ohne die Integration in das Change Request Management verwendet werden. In diesem Fall muss die Kommunikation dann über alternative Wege realisiert werden.

Change Request Management

Wie Sie im folgenden Abschnitt sehen werden, kann über die Referenz auf das Prozessdiagramm auch die Änderungskontrolle auf das Prozessdiagramm realisiert werden.

2.2   Modellierung und Dokumentation in der IT-Abteilung

Für die IT-Abteilung übernimmt ein *Lösungsarchitekt* die Aufgabe, die Geschäftsanforderungen in Gestalt von Diagrammen, Dokumenten und Geschäftsanforderungsdaten in ein Prozessmodell zu übersetzen. Dieses Modell basiert auf der Prozesshierarchie und der Bibliothek der Lösungsdokumentation. Das bedeutet, dass der Lösungsarchitekt die frei modellierten Diagramme und Dokumente aus dem Fachbereich in ein operativ verwendbares Diagramm und eine bibliothekskohärente Dokumentation übersetzt.

In unserem Beispiel war der allgemeine Prozess für einen Verkaufsauftrag im Lagerdirektvertrieb bereits modelliert. Deshalb gilt es in diesem Fall, den neuen Prozessschritt **Anlegen Eilauftrag** zu modellieren und dessen funktionale Spezifikation zu erstellen. Eventuell können auch schon Teile der technischen Spezifikation erstellt werden. Da wir in unserem Beispiel eine Geschäftsanforderung als Kommunikationsschnittstelle zwischen Geschäftsbereich und IT genutzt haben, wird der Lösungsarchitekt die daraus erzeugte IT-Anforderung bearbeiten. Aus dieser IT-Anforderung heraus kann direkt in die Lösungsdokumentation der Anforderung verzweigt werden.

Neuer Prozessschritt

Nachdem der Lösungsarchitekt das Design in Gestalt von Prozessdiagrammen und einer funktionalen Spezifikation fertiggestellt hat (siehe Abbildung 2.7), reicht er die Anforderungen an die Entwicklung bzw. die zuständigen Entwicklungsteams weiter.

	DETAILS	TEXT	UMFANG	LÖSUNGSDOKUMENTATION	PRÜFLISTE	TESTMANAGEMENT	ÄNDERUNGSHISTORIE	

↻ Aktualisieren   ☐ Einzelnes Element   ☐ Mehrere Elemente

Aktion	Elementbeschreibung	Elementtyp	Pfad	Branch
🗑	08.05.01 Lagerdirektverkauf -...	Collaboration Diagram	/Solution/Business Processes/A. Modulare Prozesse/08 Verkau...	Design
🗑	08.05.01 Lagerdirektverkauf (...	Prozessdiagramm	/Solution/Business Processes/A. Modulare Prozesse/08 Verkau...	Design
🗑	08.05.01 Lagerdirektverkauf...	Dokument	/Solution/Business Processes/A. Modulare Prozesse/08 Verkau...	Design
🗑	08.05.01 Lagerverkauf	Prozess	/Solution/Business Processes/A. Modulare Prozesse/08 Verkau...	Design
🗑	Angebot zu Verkaufsauftrag	Schnittstellendiagramm	/Solution/Libraries/Interface Library/08 Verkauf/Angebotsbestäti...	Design
🗑	Bestätigtes Angebot zu Eilauf...	Dokument	/Solution/Libraries/Interface Library/08 Verkauf/Angebotsbestäti...	Design

◀ Zurück 1 2 Weiter ▶

Abbildung 2.7 Erweiterte Lösungsdokumentationsreferenz der IT-Anforderung nach der Anforderungsanalyse durch den Lösungsarchitekten

Änderungs-
aufträge

Hierzu erzeugt er im Kontext des Change Request Managements zwei *Änderungsaufträge* (Vorgangsart SMMJ): einen für die Schnittstellenentwicklung aufseiten des Prozessschritts zur Angebotsbestätigung und einen für die Konfiguration eines neuen Verkaufsauftragstyps, dem Eilverkaufsauftrag. Abbildung 2.8 zeigt die Definition eines Änderungsauftrags aus einem IT-Auftrag mit Referenz zum erstellten Prozessdiagramm und zu einem Spezifikationsdokument zum Prozess **08.05.01 Lagerdirektverkauf** in der **Lösungsdokumentation**.

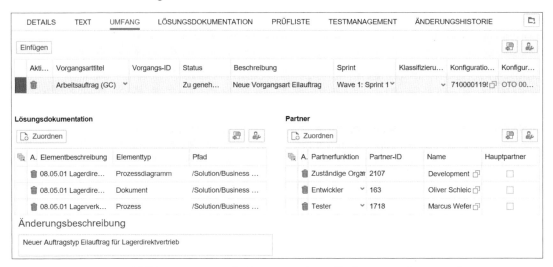

	DETAILS	TEXT	UMFANG	LÖSUNGSDOKUMENTATION	PRÜFLISTE	TESTMANAGEMENT	ÄNDERUNGSHISTORIE	

Einfügen

Akti...	Vorgangsarttitel	Vorgangs-ID	Status	Beschreibung	Sprint	Klassifizieru...	Konfiguratio...	Konfigur...
🗑	Arbeitsauftrag (GC) ⌄		Zu geneh...	Neue Vorgangsart Eilauftrag	Wave 1: Sprint 1 ⌄	⌄	710000119!⌐	OTO 00...

Lösungsdokumentation

☐ Zuordnen

	A. Elementbeschreibung	Elementtyp	Pfad
🗑	08.05.01 Lagerdire...	Prozessdiagramm	/Solution/Business ...
🗑	08.05.01 Lagerdire...	Dokument	/Solution/Business ...
🗑	08.05.01 Lagerverk...	Prozess	/Solution/Business ...

Partner

☐ Zuordnen

	A. Partnerfunktion	Partner-ID	Name	Hauptpartner
🗑	Zuständige Organ	2107	Development ⌐	☐
🗑	Entwickler ⌄	163	Oliver Schleic ⌐	☐
🗑	Tester ⌄	1718	Marcus Wefer ⌐	☐

Änderungsbeschreibung

Neuer Auftragstyp Eilauftrag für Lagerdirektvertrieb

Abbildung 2.8 IT-Anforderungen einem Änderungsauftrag zuteilen

2.3   Prozessorientierte Dokumentation der Entwicklung

Im Kontext der prozessorientierten Entwicklung werden der neuen Geschäftsanforderung im Rahmen der Lösungsdokumentation die fachliche und technische Spezifikation sowie die Prozessmodellobjekte wie Prozesse, Prozessschritte oder Schnittstellen zugeordnet. Dem Entwicklerteam liegt in unserem Beispiel eine Spezifikation für die Erweiterung des Angebotsprozesses vor. Darüber hinaus stehen eine Schnittstellenspezifikation für die Kommunikation zwischen dem Prozess für die Angebotserstellung in SAP Hybris und dem Verkaufsauftrag sowie dem Eilverkaufsauftrag im SAP-ERP-System zur Verfügung. In unserem Beispiel wird die Zuweisung ebenfalls über das Change Request Management realisiert, was die Kommunikation zwischen den Prozessverantwortlichen, dem Lösungsarchitekten und den Entwicklungsteams vereinfacht.

Die zuständigen Entwickler erweitern die Anwendung und erzeugen die technischen Spezifikationen des Prozessschritts und der Schnittstelle in der Lösungsdokumentation. Abbildung 2.9 zeigt als Beispiel die technische Spezifikation für den Prozessschritt **Erzeugen Eilauftrag** in Form eines Prozessdiagramms. Das Prozessdiagramm beinhaltet anstelle von Bahnen für die einzelnen Rollen jetzt Bahnen für die beteiligten Systeme.

Technische Spezifikationen

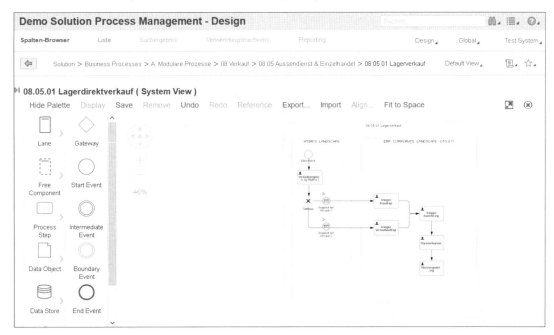

Abbildung 2.9 Prozessdiagramm zur neuen Prozessschrittanforderung »Erzeugen Eilauftrag«

Unit Test   Nach der Entwicklung des neuen Prozessschritts können die Entwickler z. B. einen Unit Test durchführen, um die neue Komponente zu prüfen. Den Test können sie auf Ebene des Änderungsauftrags durch einen Kurztext dokumentieren und anschließend den Status **4 Erfolgreich getestet** setzen (siehe Abbildung 2.10). Abschließend können die Entwickler ihre Entwicklungsarbeit beenden.

Abbildung 2.10 Änderungsauftrag für die Entwicklung des Eilauftrags mit Testbericht

2.4   Prozessorientierte Dokumentation des Tests

Funktionaler Integrationstest   Nach der Durchführung des Unit Tests wird die zugehörige IT-Anforderung unter Nutzung des Change Request Managements an die nächste Station übergeben. Nun kann ein *funktionaler Integrationstest* für die umgesetzte IT-Anforderung durchgeführt werden. Damit geht ein Arbeitsauftrag an den *Testmanager* oder den Lösungsarchitekten. Dieser muss nun einen Testfall für den erweiterten Lagerdirektverkaufsprozess mit dem neuen Eilauftrag anlegen, sofern dies nicht durch die Entwicklung bereits erfolgt ist. Das Testpaket für die Prozessvariante **Lagerdirektverkauf (mit Eilauftrag)** ordnet er wiederum der IT-Anforderung zu und führt es aus. In Abbildung 2.11 sehen Sie eine neue Prozessvariante mit den zugeordneten Testfällen in der Lösungsdokumentation.

Testplan   Abbildung 2.12 zeigt einen Testplan für diesen Test. Im Testmanagement können Sie direkt auf die Lösungsdokumentation und deren Testfälle zugreifen.

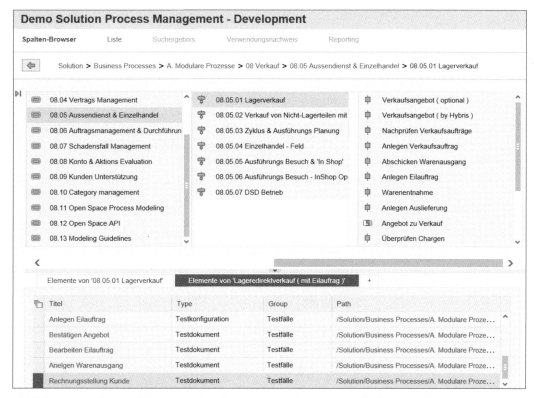

Abbildung 2.11 Lösungsdokumentation der Prozessvariante »Lagerdirektverkauf (mit Eilauftrag)« und zugewiesene Testfälle

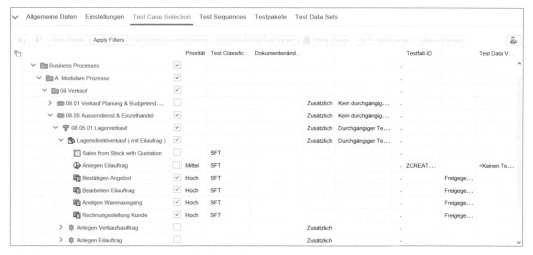

Abbildung 2.12 Testplan für einen funktionalen Integrationstest zur Prozessvariante »Lagerdirektverkauf (mit Eilauftrag)«

Der Tester findet das Testpaket **Lagerdirektverkauf (Eilauftrag)** anschließend in seinem Arbeitsvorrat und kann es ausführen (siehe Abbildung 2.13).

Abbildung 2.13 Testpaket »Lagerdirektverkauf (Eilauftrag)« im Arbeitsvorrat des
Testers

Regressionstests | Für zukünftige Regressionstests ist eine Automatisierung der Testfälle möglich. Dies erfordert eine Zuordnung automatischer Testfälle zu dem erweiterten Prozess. In unserem Beispiel ist ein automatischer Testfall vom Typ **Testkonfiguration** mit dem Namen **Anlegen Eilauftrag** in der Lösungs-dokumentation bereits angelegt.

Versionierung mit Branches | Mit der Freigabe der IT-Anforderung kann die Übergabe der Anforderung an den Betrieb erfolgen. Die neue Funktion kann als einzelne Einheit oder als Teil eines Releases in die produktiven Systeme importiert werden. Sobald der zugehörige Änderungsauftrag geschlossen wird, wird die Lösungsdokumentation der Anforderungen automatisch vom *Entwick-lungs-Branch* in den *Produktiv-Branch* kopiert. Das Konzept der Branches erkläre ich ausführlich in Abschnitt 3.3, »Versionskonsistente Lösungsdo-kumentation mit Branches«.

2.5   Prozessorientierte Dokumentation des Betriebs

Geschäftsprozess- und Schnittstellen-Monitoring | Nach dem Deployment in die Produktivsysteme sind die geänderten Pro-zessmodelle und die Lösungsdokumentation bereits in den Produktiv-Branch kopiert. In unserem Beispiel existiert ein weiterer Branch für den Betrieb, der ebenfalls automatisch mit der erweiterten Lösungsdokumenta-tion gefüllt wurde. In diesem *Betriebs-Branch* können Sie jetzt die relevanten Schwellenwerte für die Alerts des Geschäftsprozess- und Schnittstellen-Monitorings sowie für das Monitoring des Verkaufsauftragsobjekts anpas-sen (siehe Abbildung 2.14). In der Regel wird diese Aufgabe durch System-administratoren oder Administratoren im Bereich Business Process Operations übernommen.

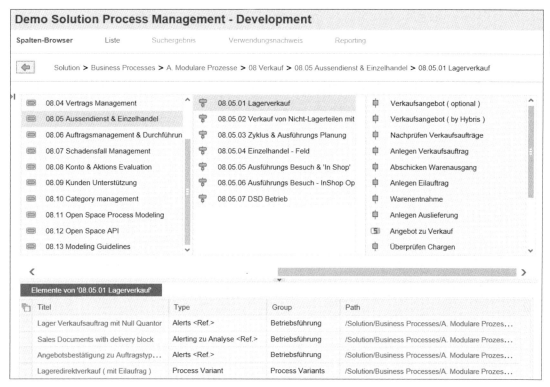

Abbildung 2.14 Alerts für das Geschäftsprozess-Monitoring, die Geschäftsprozessanalyse und das Schnittstellen-Monitoring im Betrieb konfigurieren

Jede folgende Wartungsaktivität zu unserer Prozesserweiterung wird auf Grundlage der in unserem Beispiel erstellten Dokumentation erfolgen.

Kapitel 3
Design der Lösungsdokumentation

In diesem Kapitel geht es um das Konzept der Lösungsdokumentation und deren Administration im SAP Solution Manager 7.2. Dabei gibt es einige gravierende Unterschiede zum Lösungskonzept in Version 7.1.

Dieses Kapitel richtet sich an alle Architekten, Berater und Systemadministratoren, die das Prozessmanagement mit dem SAP Solution Manager 7.2 aufsetzen, dessen Nutzung bewerten oder am Aufbau bzw. der Pflege einer Prozesshierarchie mitarbeiten werden. Die ersten drei Abschnitte erklären das Konzept der Lösungsdokumentation und ihre grundlegenden Komponenten. Sie sind besonders für Systemadministratoren von großer Bedeutung. Ihr Verständnis ist – weit mehr als das im SAP Solution Manager 7.1 der Fall war – die Voraussetzung dafür, das Prozessmanagement überhaupt nutzen zu können.

Die letzten Abschnitte richten sich an alle Architekten und Berater, die am Aufbau einer Prozesshierarchie bzw. einer Lösungsdokumentation beteiligt sind. Hier erläutere ich wichtige Konzepte wie das Standortkonzept, die Definition von Umfängen und die Integration der Lösungsdokumentation mit dem Projektmanagement sowie dem Change Request Management und dem Release Management.

3.1   Lösungen und ihre Dokumentation

Im SAP Solution Manager 7.1 wurden *Lösungen* als Einheiten für operative Prozesse und deren Lösungsdokumentation bestimmt. Lösungen waren z. B. diejenigen Einheiten, für die SAP EarlyWatch Reports sowie Alerts für das Geschäftsprozess-Monitoring definiert wurden. Daneben wurden Lösungen auch für SAP-Servicelieferungen genutzt.

Lösungen in SAP Solution Manager 7.1

Lösungen waren im SAP Solution Manager 7.1 produktiven Systemen zugeordnet. Dies war auch im Kontext des Change Request Managements relevant, da hier ein Wartungsprojekt als Staging Area für eine Lösung genutzt werden konnte.

Projekte in SAP Solution Manager 7.1

Generell aber war die *Versionsverwaltung* innerhalb der Lösungsdokumentation im Kontext eines Prozessmanagementlebenszyklus nur mit sehr viel Disziplin und großem Aufwand sowie nur eingeschränkt realisierbar. *Projekte* dienten im SAP Solution Manager 7.1 als Ablage für die Lösungsdokumentation für Implementierungen. Dabei stellten die Projekte je eine Version der Lösungsdokumentation bereit, die nach dem Go Life manuell in eine Lösung migriert werden musste.

Lösungen und Branches in SAP Solution Manager 7.2

Die meisten SAP-Kunden nutzten bzw. nutzen immer noch mehrere Lösungen für Ihre SAP-Anwendungen. Anders als in Release 7.1 existiert im SAP Solution Manager 7.2 in der Regel aber nur *eine* Lösung, unter der alle Prozessmodelle der Lösungsdokumentation und die Systemlandschaften der Lösung beschrieben sind. Eine Versionskontrolle wird über die Zuordnung der Lösung zu Versionsdatenbanken (*Branches*) realisiert. Logische Systeme werden verschiedenen Branches für die unterschiedlichen Versionen zugewiesen.

Die Separierung von *Prozessbereichen* wurde im SAP Solution Manager 7.1 oft durch separate Projekte bzw. Lösungen realisiert. In Release 7.2 kann sie durch das Anlegen von Prozessbereichsordnern innerhalb der *Prozesshierarchie* realisiert werden.

Eine Lösung für je eine Firma

Eine Ausnahme zu der Regel, nur eine Lösung zu verwenden, bilden sicherlich IT-Dienstleister und Beteiligungsgesellschaften (Holdings), die viele Kundenlösungen mit einem SAP Solution Manager verwalten. In diesem Fall existiert eine Lösung pro abgebildeter Firma. Ich folge in den Beispielen dieses Buches der offiziellen SAP-Empfehlung, für jede korporative Einheit nur eine Lösung zu betreiben.

Ganz anders als in Release 7.1 ist die Lösung im SAP Solution Manager 7.2 der Ausgangspunkt für alle Elemente in der Lösungsdokumentation. Während eine Lösung in Release 7.1 ausschließlich für den operativen Bereich wie im Rahmen des Geschäftsprozessbetriebs oder für SAP-Servicelieferungen genutzt wurde, ist die Lösung in Release 7.2 der Ort für die Dokumentation des gesamten Lebenszyklus einer Anwendung. Infolge dieses Designs existiert auch keine stringente Kopplung zwischen Projektmanagementfunktionen und Lösungsdokumentation mehr. Projektmanagementfunktionen werden in Release 7.2 über IT-Portfolio-und-Projektmanagement-

Projekte (IT-PPM) realisiert. Diese Funktionen können optional mit dem Prozessmanagement integriert werden. Das Projekt als eine Version der Ablage von Lösungsdokumentation, wie es im SAP Solution Manager 7.1 verwendet wurde, existiert in Release 7.2 nicht mehr. Diese Entkopplung wirkt sich auch auf den Aufruf der Funktionen auf. Aus den alten SOLAR-Transaktionen (SOLARO1 und SOLARO2) sind nun separate Kacheln im SAP Solution Manager Launchpad geworden bzw. getrennte Anwendungen für Projektmanagement und Lösungsdokumentation.

Mit Transaktion SOLADM, der *Lösungsverwaltung*, können Sie bestehende Lösungen verwalten und neue Lösungen anlegen. Sie können diese Transaktion auch über das SAP Solution Manager Launchpad im Bereich **Projekt- und Prozessverwaltung** aufrufen. Abbildung 3.1 zeigt die entsprechende Kachel im Launchpad.

Lösungsverwaltung

Abbildung 3.1 Aufruf der Lösungsverwaltung über das SAP Solution Manager Launchpad

Um eine neue Lösung anzulegen, rufen Sie die Lösungsverwaltung auf und öffnen Sie das Menü im oberen rechten Bereich des Bildschirms und wählen **Lösung anlegen** (siehe Abbildung 3.2).

Lösung anlegen

Die Lösung definieren Sie anschließend über einen Kurztext (**Name**) und einen technischen Namen (siche Abbildung 3.3). Der technische Name einer Lösung ist in einem Mandanten eines SAP-Solution-Manager-Systems eindeutig.

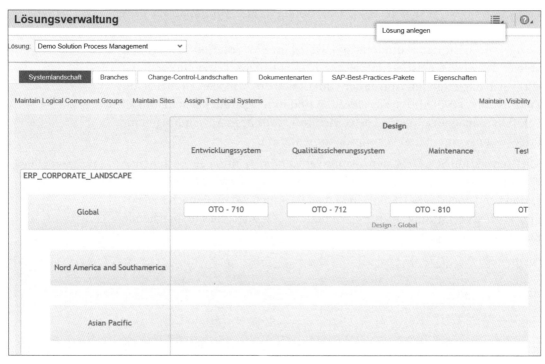

Abbildung 3.2 Eine neue Lösung in der Lösungsverwaltung anlegen

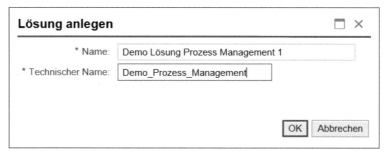

Abbildung 3.3 Lösung benennen

Architektur einer Lösung

Bei der Anlage einer Lösung sollten Sie vier wesentliche Aspekte der Architektur beachten:

- **Logische Komponentengruppe**

  Einer Lösung ist immer eine sogenannte *logische Komponentengruppe* zugeordnet. Eine logische Komponentengruppe fasst alle logischen Systeme eines Produktsystems zusammen. Logische Komponentengruppen können Sie über den Link **Logische Komponentengruppe bearbeiten** bzw.

Maintain Logical Component Groups direkt aus der Lösung heraus in der Landscape Management Database (LMDB) anlegen (siehe Abbildung 3.4). *Logische Systeme* lassen sich über den Link **Technische Systeme zuordnen** bzw. **Assign Technical Systems** direkt den Branches zuordnen und werden ebenfalls in der LMDB abgelegt. Das Konzept der logischen Komponentengruppe beschreibe ich in Abschnitt 3.2, »Logische Komponentengruppen und Change-Control-Landschaften«, genauer.

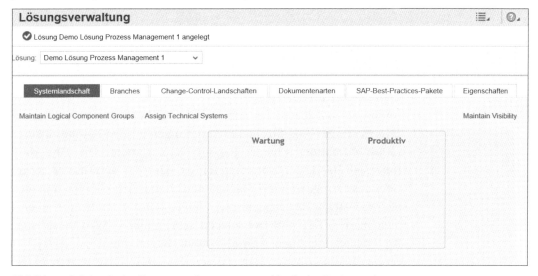

Abbildung 3.4 Logische Komponentengruppe und logische Systeme den Branches zuordnen

- **Branches**
  Einer Lösung werden vom SAP-Solution-Manager-System zu Beginn immer zwei Branches zugeordnet: ein *Produktiv-Branch* und ein *Wartungs-Branch*. Über die Registerkarte **Branches** können Sie zu diesen vorangelegten Branches navigieren (siehe Abbildung 3.5). Der Produktiv-Branch speichert den aktuellen Stand der operativen Anwendung, während der Wartungs-Branch Änderungen der Lösung im Zuge der Wartung oder kontinuierliche Neuerungen (*Continuous Improvements*) speichert.

  Die grundlegende Versionsstruktur einer Lösung ähnelt der Architektur einer Lösung im SAP Solution Manager 7.1 mit einem Wartungsprojekt als Staging Area. Allerdings werden Sie noch sehen, dass das Versionskonzept im SAP Solution Manager 7.2 sehr viel umfassender ist. Das Konzept der Versionsarchitektur beschreibe ich in Abschnitt 3.3, »Versionskonsistente Lösungsdokumentation mit Branches«, detaillierter.

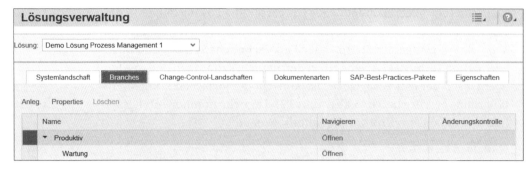

Abbildung 3.5 Default-Branches für den Produktivbetrieb und die Wartung aufrufen

- **Change-Control-Landschaft**
  Anders als in Release 7.1 erlaubt das Versionsmanagement im SAP Solution Manager 7.2 kontrollierte Änderungen an der Lösungsdokumentation durch das Change Request Management. Um Änderungen innerhalb der Lösungsdokumentation oder der verwalteten Systeme über das Change Request Management steuern zu können, müssen Sie als Nächstes eine sogenannte *Change-Control-Landschaft* über die gleichnamige Registerkarte anlegen (siehe Abbildung 3.6). Diese legt fest, für welche logischen Komponentengruppen die Lösungsdokumentation über das Change Request Management und das Release Management geändert werden kann. Das Konzept der Change-Control-Landschaften und wie Sie diese Landschaften anlegen, beschreibe ich in Abschnitt 3.2, »Logische Komponentengruppen und Change-Control-Landschaften«.

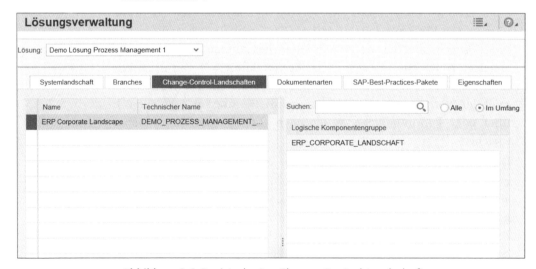

Abbildung 3.6 Registerkarte »Change-Control-Landschaften«

- **Dokumentenarten**

  Als vierte Objektkategorie werden einer Lösung alle Arten von Dokumenten zugeordnet, die innerhalb der Lösungsdokumentation zur Verfügung stehen sollen (siehe Abbildung 3.7). Dazu markieren Sie die Dokumentenarten, die Sie nutzen möchten, in der Spalte **Umfang**. Ausführlichere Informationen zum Konzept der Dokumente und deren Zuordnung zu den Elementen der Lösungsdokumentation erhalten Sie in Abschnitt 6.1.

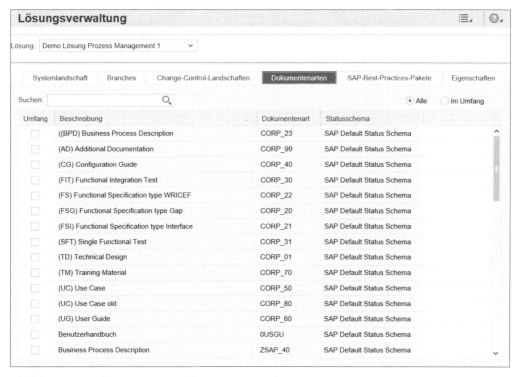

Abbildung 3.7 Dokumentenarten der Lösung zuordnen

Neben der Zuordnung von Dokumentenarten zu einer Lösung besteht auch die Möglichkeit, Best-Practices in die Lösungsdokumentation zu importieren. Wie das geht, erfahren Sie im Folgenden. Sie können Ihre Lösungsdokumentation auch exportieren bzw. eine bereits existierende Lösungsdokumentation importieren. Um eine Lösungsdokumentation zu exportieren, wählen Sie im Menü oben rechts den Eintrag **Export** (siehe Abbildung 3.8). Lösungsdokumentationsinhalte können z. B. als Vorlage aus der Lösungsdokumentation einer Holding exportiert und in die Dokumentationen der einzelnen Lösungen der Holding importiert werden. Standards innerhalb eines Konzerns können so in einer Template-Lösung abgebildet und über einen Import in die produktiven Lösungen selektiv oder vollständig übernommen werden.

Import- und Exportfunktion

Abbildung 3.8 Eine Lösungsdokumentation exportieren

Liste der
Importvorgänge

Eine Liste der Importvorgänge sehen Sie auf der Registerkarte **Imports**. Um neue Inhalte für die Lösungsdokumentation zu importieren, klicken Sie auf den Link **Import**, woraufhin sich das Pop-up-Fenster in Abbildung 3.9 öffnet. Hier können Sie entweder von SAP bereitgestellte Best-Practices oder eigene Dokumentationsinhalte aus einer lokalen Datei auswählen. Klicken Sie dann auf **Next**.

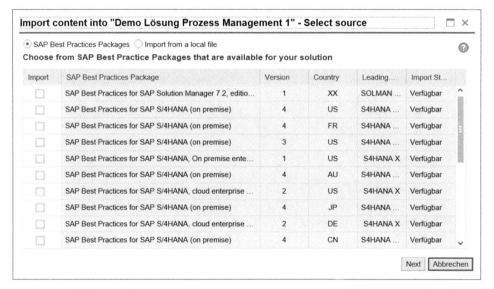

Abbildung 3.9 Lösungsdokumentationen aus SAP Best Practices oder Kundenbibliotheken importieren

SAP Best Practices bereitstellen

Damit Ihnen die SAP Best Practices hier angeboten werden, ist es erforderlich, dass Sie diese im *SAP Best Practices Explorer* (*https://rapid.sap.com/bp*) herunterladen und für Ihren SAP Solution Manager 7.2 zur Verfügung stellen. Eine Anleitung hierzu finden Sie in der SAP Community unter *http://s-prs.de/v598500*.

Nachdem Sie einen Inhalt für den Import ausgewählt haben, vergeben Sie einen Namen für den Importvorgang. Dieser wird anschließend der Importliste für Ihre Lösung hinzugefügt (siehe Abbildung 3.10). Der Import kann mit Ausnahme des Produktiv-Branches in jeden Branch erfolgen. In unserem Beispiel ist also nur ein Import in den Wartungs-Branch möglich. Da jede Lösungsdokumentation auf mindestens einer logischen Komponentengruppe basiert, müssen Sie der aktuellen Lösung außerdem eine passende logische Komponentengruppe zuordnen. *Inhalte importieren*

Abbildung 3.10 Importparameter für die Lösungsdokumentation

Für den Import haben Sie drei Optionen: *Deployment-Optionen*

- **Neues Deployment**: Angabe des Namens für die zu erzeugende Importversion bei einem neuen Import
- **Deployment aktualisieren**: Update einer bereits vorab importierten älteren Version des Inhalts als Deltaimport
- **Master aktualisieren**: Aktualisierung des ursprünglichen Imports

In Abschnitt 3.3, »Versionskonsistente Lösungsdokumentation mit Branches«, werden Sie sehen, dass für einen sicheren Import von Dokumentationen in eine bereits aktive Lösung ein für diesen Zweck explizit angelegter Branch sinnvoll ist.

Auch ohne dass eine logische Komponentengruppe zugeordnet wurde, kann die Lösung bereits verwendet werden. Darüber hinaus können Sie bereits eine Default-Struktur der Lösungsdokumentation aufrufen. Dazu rufen Sie Transaktion SOLDOC bzw. die Kachel **Lösungsdokumentation** im SAP Solution Manager Launchpad auf und wählen Ihre Lösung aus. *Transaktion SOLDOC*

3.2   Logische Komponentengruppen und Change-Control-Landschaften

Zum besseren Verständnis des Konzepts der logischen Komponentengruppen im Zusammenspiel mit dem Versionsbaum der Lösungsdokumentation beschreibe ich in diesem Abschnitt diese beiden Konzepte und deren Beziehungen zueinander.

3.2.1   Logische Komponentengruppen anlegen

SAP Solution Manager 7.1

Im SAP Solution Manager 7.1 gab es die Möglichkeit, beliebig viele logische Komponenten anzulegen. Logische Komponenten wurden logische Systeme und deren Systemrollen sowie Rollenarten zugewiesen. Schließlich wurden logische Komponenten einem Projekt bzw. einer Lösung zugewiesen, das als Ablage für die Lösungsdokumentation diente.

Das Projekt wurde nicht nur für die Lösungsdokumentation, sondern auch als Basis für das Change Request Management genutzt. Nach Abschluss eines Projekts konnte die zugehörige Lösungsdokumentation mit viel Aufwand mit einer Lösung abgeglichen werden. Dadurch konnten eventuelle Konflikte aufgespürt werden, die durch das parallele Ändern gleicher Elemente entstehen konnten. Ein integriertes Versionsmanagement existierte nicht.

SAP Solution Manager 7.2

Der Begriff der logischen Komponente existiert im SAP Solution Manager 7.2 ebenfalls, allerdings mit einer anderen Bedeutung. Eine logische Komponente in Release 7.2 beschreibt diejenigen logischen Systeme eines Produktsystems (z. B. SAP ERP, SAP CRM etc.), die mit einem Branch (Versionszweig) der Lösungsdokumentation korrespondieren. Sie sind Teil einer logischen Komponentengruppe. Eine logische Komponentengruppe wird je Produktsystem einer Lösung zugewiesen.

Logische Komponentengruppe anlegen

Eine logische Komponentengruppe legen Sie bei der Anlage einer Lösung direkt in der Lösungsverwaltung an, wie in Abschnitt 3.1, »Lösungen und ihre Dokumentation«, schon gezeigt. Nach dem Klick auf **Maintain Logical Component Groups**, öffnet sich ein Pop-up-Fenster, in dem Sie auf den Link **Create Logical Component Group** klicken. Die logische Komponentengruppe wird dann direkt in der LMDB angelegt. Definieren Sie einen technischen Namen für die logische Komponentengruppe und eine Beschreibung als Fließtext. Weisen Sie anschließend den technischen Systemtyp zu (siehe Abbildung 3.11).

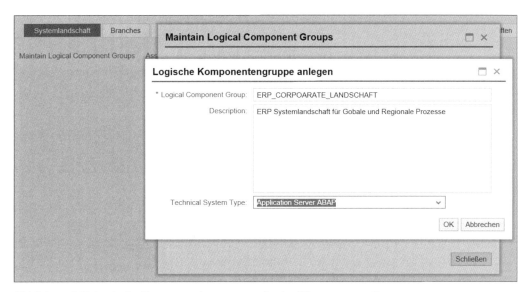

Abbildung 3.11 Logische Komponentengruppen in der Lösungsverwaltung anlegen

Diese Angaben finden sich anschließend in der Kopfzeile der logischen Komponentengruppe wieder. Nach der Anlage ist die logische Komponentengruppe mit dem Attribut **GLOBAL** für die Branches Wartung und Produktiv sichtbar (siehe Abbildung 3.12).

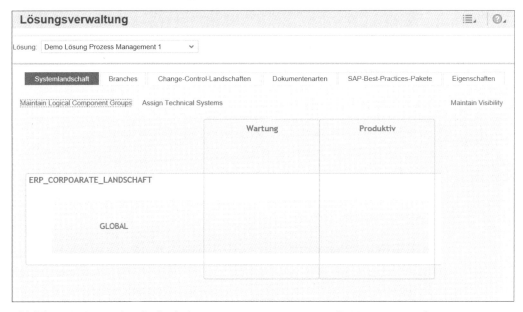

Abbildung 3.12 Anzeige der logischen Komponentengruppe mit Wartungs- und Produktiv-Branch

Technische Systeme
zuordnen Den vom System angelegten Branches **Wartung** und **Produktiv** zu einer logischen Komponentengruppe können Sie direkt technische Systeme, d.h. Mandanten, zuordnen. Eine logische Komponente bildet je Branch jeweils eine Einheit innerhalb einer logischen Komponentengruppe und beschreibt die technischen Systeme, die einer Version der Lösungsdokumentation zugeordnet werden.

Um ein technisches System zuzuordnen, klicken Sie auf den Link **Technische Systeme zuordnen** bzw. **Assign Technical Systems** und geben den Namen Ihrer logischen Komponentengruppe und des Branches an. Suchen Sie dann nach dem passenden System innerhalb Ihrer Systemlandschaft, indem Sie die F4-Hilfe zu der relevanten Systemrolle aufrufen. In unserem Beispiel suchen wir ein technisches System für den Wartungs-Branch, d.h. ein Wartungsentwicklungssystem. Im Beispiel hat dies die System-ID »OTO – 810« (siehe Abbildung 3.13).

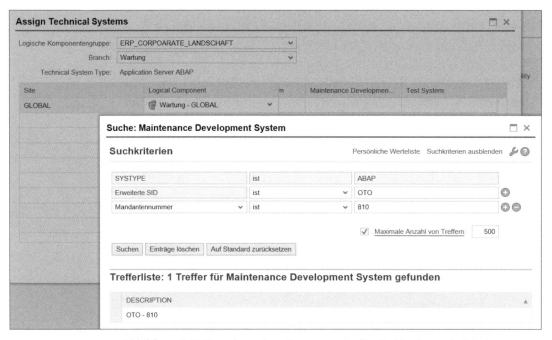

Abbildung 3.13 Einer logischen Komponente für die Wartung ein Wartungssystem zuweisen

Darüber hinaus benötigen wir ein Testsystem, das in unserem Beispiel die ID »OTO - 811« hat (siehe Abbildung 3.14). Beide Systeme zusammen bilden in diesem Beispiel die logische Komponente **Wartung – GLOBAL**, die vom System angelegt wird.

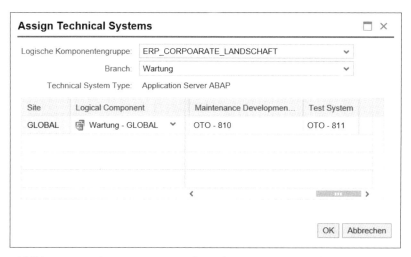

Abbildung 3.14 Ein Testsystem zur logischen Komponente für die Wartung zuweisen

Damit die logische Komponente **Produktiv – GLOBAL** vom System angelegt wird, muss ihr ein technisches System zugeordnet werden, das Sie auf die gleiche Weise zuordnen können. Es hat beispielsweise die ID »OTO – 800« (siehe Abbildung 3.15).

Logische Komponente

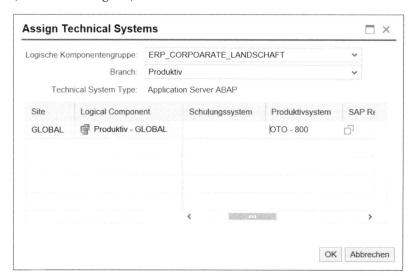

Abbildung 3.15 Der logischen Komponente für den Produktivbetrieb ein Produktivsystem zuweisen

Nach der Zuweisung der logischen Systeme sind der logischen Komponentengruppe ERP_CORPORATE_LANDSCHAFT also die Systeme für den Wartungs- sowie für den Produktiv-Branch wie in Abbildung 3.16 zugewiesen.

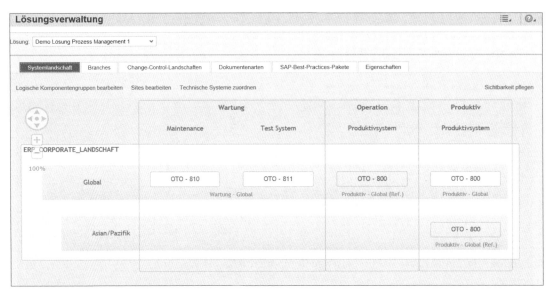

Abbildung 3.16 Abbildung der Wartungslandschaft mit der logischen Komponentengruppe »ERP_CORPORATE_LANDSCHAFT«

Rollenarten und Systemrollen

In der LMDB (Transaktion LMDB) können Sie die angelegte logische Komponentengruppe und deren logische Komponenten ebenfalls pflegen. Hier können Sie etwa die Zuordnung von Rollenarten und Systemrollen ändern:

- Die Vergabe von *Systemrollen* ist relevant für die Pflege der Dokumentation und die Navigation innerhalb der Lösungsdokumentation, aber auch für das Testen der Lösung. In unserem Fall hatten wir beispielsweise Systeme mit den Rollen Wartungsentwicklungssystem, Testsystem und Produktivsystem zugewiesen.

- *Rollenarten* wie Startsystem, Zielsystem, Produktivsystem, einzelnes System oder Retrofit-System sind relevant im Zusammenhang mit der Generierung von Aufgabenlisten im Rahmen des Change Request Managements.

Wie bei der Zuordnung technischer Systeme zu den logischen Komponenten innerhalb der Lösungsdokumentation korrelieren auch hier die technischen Systeme mit den korrespondierenden Branches der Lösung, hier Produktiv- und Wartungs-Branch. In Abschnitt 3.3, »Versionskonsistente Lösungsdokumentation mit Branches«, werden wir uns im Rahmen der Branches mit weiteren Systemrollen und den zugehörigen logischen Komponenten beschäftigen. Dazu zählen z. B. Design-, Entwicklungs- und Produktivsystem, da der Ausgangspunkt jeder logischen Komponente immer ein Branch ist.

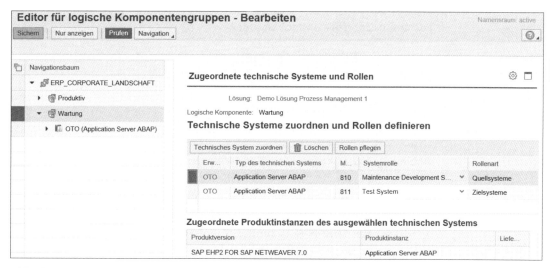

Abbildung 3.17 Darstellung und Pflege der logischen Komponentengruppe mit logischen Komponenten in der LMDB

3.2.2 Change-Control-Landschaften anlegen

Neben den logischen Komponentengruppen und Komponenten können einer Lösung Change-Control-Landschaften zugeordnet werden. Eine *Change-Control-Landschaft* ist eine Beschreibung der Systemlandschaft, auf die ein Release Management bzw. ein Änderungszyklus zu der betreffenden Lösung zugreifen kann. Daher werden einer Change-Control-Landschaft alle logischen Komponentengruppen zugeordnet, die für das Release Management und das Change Request Management relevant sind. Eine Change-Control-Landschaft muss außerdem zu den Transportwegen innerhalb der Transportverwaltung kompatibel sein.

Innerhalb einer Lösung können mehrere Change-Control-Landschaften angelegt werden. So kann z. B. eine Change-Control-Landschaft relevant sein für ein Release, das Änderungen in SAP S/4HANA, SAP Business Warehouse (BW), SAP Process Integration (PI), SAP Enterprise Portal und SAP Hybris zusammenfasst, eine andere Change-Control-Landschaft erlaubt dagegen nur Änderungen in SAP Enterprise Portal, SAP PI oder SAP BW.

Mehrere Change-Control-Landschaften

Um eine neue Change-Control-Landschaft anzulegen, wechseln Sie in der Lösungsverwaltung auf die Registerkarte **Change-Control-Landschaften**. Drücken Sie die rechte Maustaste, um das Kontextmenü zu öffnen und wählen Sie den Eintrag **Anlegen**. In dem sich öffnenden Pop-up-Fenster geben Sie einen Namen und einen eindeutigen technischen Bezeichner für die Change-Control-Landschaft an und klicken auf **OK** (siehe Abbildung 3.18).

Change-Control-Landschaft anlegen

Abbildung 3.18 Change-Control-Landschaft anlegen

Anschließend können Sie der Change-Control-Landschaft logische Komponentengruppen zuordnen. In Abbildung 3.19 existiert nur eine logische Komponente. Sind bereits mehrere logische Komponentengruppen vorhanden, können Sie die Suchfunktion zur Hilfe nehmen, um weitere logische Komponentengruppen selektieren zu können.

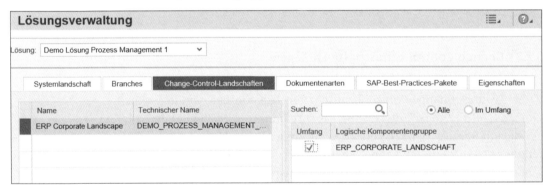

Abbildung 3.19 Logische Komponentengruppe zu einer Change-Control-Landschaft zuordnen

Verwendung im Release Management

Beim Anlegen eines neuen Kalenders zur Einplanung von Releases innerhalb des Release Managements wird durch die Zuordnung einer Change-Control-Landschaft die Systemlandschaft einer Lösung bekanntgegeben. Abbildung 3.20 zeigt diese Zuweisung innerhalb des Release Managements im SAP Solution Manager 7.2. Zur Pflege des Einplanungskalenders gelangen Sie entweder über die Eingabe des Transaktionscodes SM_CRM oder über das SAP Solution Manager Launchpad. Im SAP Solution Manager Launchpad wählen Sie die Kachel **Release Management • Release-Planung**.

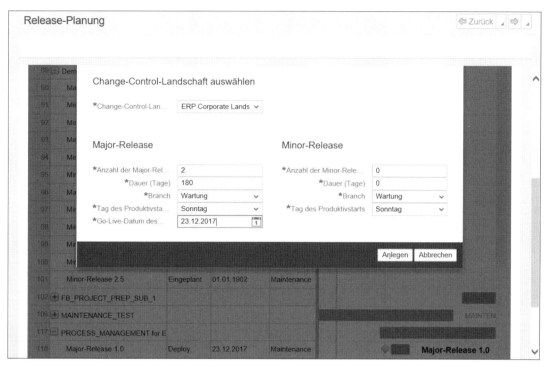

Abbildung 3.20 Change-Control-Landschaft beim Anlegen einer neuen Release-Komponente zuordnen

Die Änderungsverwaltung zu einem Release kontrolliert durch die Verknüpfung zu einer Change-Control-Landschaft die Änderungen in den Branches der Lösungsdokumentation sowie die Änderungen der in den logischen Komponentengruppen referenzierten verwalteten Systeme. In Abbildung 3.21 sehen Sie beispielsweise die Statusübersicht für das Release 1.0 innerhalb des Release Managements. Die Namen der zugehörigen Lösung und des Branches werden hier unter **Release Details** angegeben.

Änderungs-verwaltung

Auf der Registerkarte **LANDSCHAFT** werden die einzelnen technischen Systeme innerhalb der Change-Control-Landschaft angezeigt (siehe Abbildung 3.22). Sie erkennen hier unter anderem die Systeme wieder, die wir der logischen Komponentengruppe in Abschnitt 3.2.1, »Logische Komponentengruppen anlegen«, zugeordnet hatten.

Technische Systeme in Change-Control-Landschaft

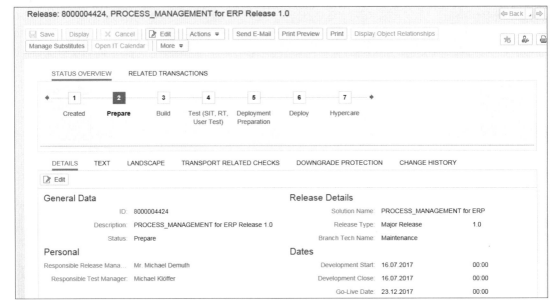

Abbildung 3.21 Bezugnahme auf die Lösung und den Branch innerhalb des Release Managements

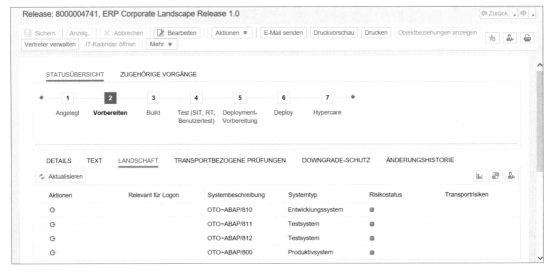

Abbildung 3.22 Anzeige der Change-Control-Landschaft innerhalb des Release Managements

Im Change Request Management wird die Change-Control-Landschaft bei der Anlage eines kontinuierlichen Änderungszyklus oder eines Phasenzyklus direkt zusammen mit einem Branch zugeordnet (siehe Abbildung 3.23).

Verwendung im Change Request Management

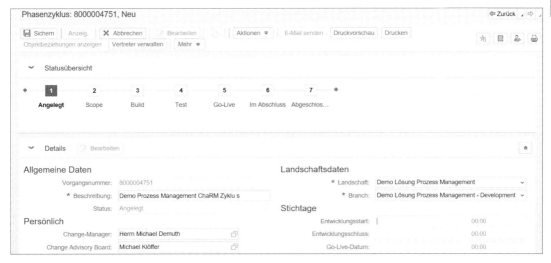

Abbildung 3.23 Änderungszyklus mit Bezug zur Change-Control-Landschaft und zum Branch

Eine detailliertere Darstellung der Integration der Lösungsdokumentation in das Change Request Management und das Release Management erfolgt in Abschnitt 3.7, »Integration der Lösungsdokumentation in das Change Request Management und Release Management«.

3.3   Versionskonsistente Lösungsdokumentation mit Branches

Branches ermöglichen eine versionskonsistente Lösungsdokumentation im Rahmen des Prozessmanagements. Im vorangehenden Abschnitt haben Sie bereits die logischen Komponenten für Produktion und Wartung kennengelernt, die beim Anlegen einer Lösung standardmäßig in der LMDB erzeugt werden. In diesem Abschnitt werden Sie erkennen, dass die Namen der logischen Komponenten den Namen der Branches plus denen der Standorte entsprechen, die für die Ablage der Lösungsdokumentation erzeugt werden. Außerdem erkläre ich, welche Branches für welche Anwendungsfälle sinnvoll sind.

3.3.1   Versionshierarchie und Branches anlegen

Default-Branches

Nach dem Anlegen einer Lösung existieren zwei Branches, Produktion und Wartung. Damit wird festgelegt, dass die Lösungsdokumentation mindestens über zwei Branches verfügen sollte:

- **Eine Ablage für die produktive Lösung**
  Diese Dokumentation wird besonders im Kontext des Betriebs von Geschäftsprozessen und für Service-Lieferungen durch SAP genutzt. Die Lösungsdokumentation in einem Produktiv-Branch ist nicht änderbar.

- **Eine Ablage für die Wartung**
  Von dieser Dokumentation werden die Änderungen an der produktiven Version im Rahmen der kontinuierlichen Verbesserung und Fehlerbehandlung berücksichtigt.

Weitere Branches

Sie können weitere Branches für definierte Zwecke anlegen, z. B.:

- **Entwicklungs-Branch**
  Der Entwicklungs-Branch dient als Ablage für neue Implementierungen, die parallel zu Wartungsänderungen erfolgen, insbesondere in einer dualen Systemlandschaft mit getrennten Entwicklungssystemen für Wartung und Neuimplementierung.

- **Design-Branch**
  Unterhalb des Entwicklungs-Branches existiert evtl. eine Ablage für das Design. Mit dieser Ablage können Mitarbeiter aus den Fachbereichen und Prozessdesigner arbeiten, ohne mit der Lösungsdokumentation aktueller Entwicklungsprojekte in Konflikt zu geraten.

- **Import-Branch**
  Eine Ebene unter dem Design-Branch kann ein Branch für Importe von Lösungsdokumentationen aus SAP Best Practices oder kundeneigenen Lösungsvorlagen existieren. Dieser Import-Branch verhindert ein mögliches Überschreiben der Entwicklungsversion.

- **Betriebs-Branch**
  Für den Geschäftsprozessbetrieb ist ein weiterer Branch unterhalb des Produktiv-Branches sinnvoll mit einer Kopie der produktiven Dokumentationsinhalte. Hier können Alerts für das Monitoring und Analysen konfiguriert werden, da die Lösungsdokumentation des Produktiv-Branches nicht änderbar ist.

Hierarchie der Branches

Die Branches sind also hierarchisch angeordnet. Der Produktiv-Branch dient als Stamm-Branch. Die Branches für Wartung, Entwicklung und Betrieb werden darunter zugeordnet (siehe Abbildung 3.24). Weitere Branches wie Design und Import liegen unterhalb des Entwicklungs-Branches.

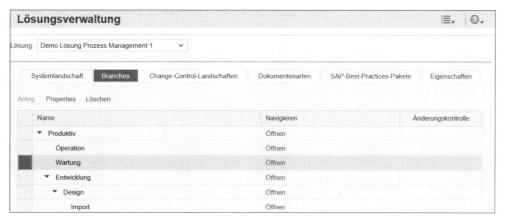

Abbildung 3.24 Versionsbaum für das Application Lifecycle Management

Um beispielsweise einen Betriebs-Branch unterhalb des Produktiv-Branches anzulegen, markieren Sie diesen Branch und klicken auf der Registerkarte **Branches** auf den Link **Anlegen**. In dem sich öffnenden Fenster wählen Sie aus, ob der Branch für die Entwicklung oder den Betrieb verwendet werden soll. In unserem Fall wählen Sie also **Operation**. Geben Sie dann einen sprechenden Namen und einen technischen Bezeichner für den Branch an, und klicken Sie auf **OK** (siehe Abbildung 3.25). Zu einem Produktiv-Branch kann immer nur genau ein Betriebs-Branch existieren, während zahlreiche Entwicklungs-Branches existieren können.

Branch anlegen

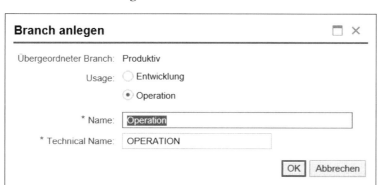

Abbildung 3.25 Betriebs-Branch unterhalb des Produktiv-Branches anlegen

Nach der vollständigen Anlage des Versionsbaums zu Ihrer Lösung müssen Sie für jeden Branch – abgesehen vom Produktiv-Branch – festgelegt, ob Änderungen an der darin enthaltenen Lösungsdokumentation direkt in der Lösungsverwaltung erfolgen können oder ob diese über das Change Request Management kontrolliert werden sollen. Klicken Sie dazu auf den Link **Eigenschaften**. Standardmäßig ist die direkte Pflege in der Lösungs-

Änderungs-kontrolle aktivieren

dokumentation eingestellt, d. h. im Feld **Änderungskontrolle** ist die Option **Deaktiviert** bzw. **Disabled** vorausgewählt. Aktivieren Sie für unser Beispiel die Änderungskontrolle für den Wartungs-Branch, indem Sie die Option **Aktiviert** bzw. **Enabled** wählen (siehe Abbildung 3.26). Damit sind Änderungen an der Lösungsdokumentation im Wartungs-Branch nur noch über das Change Request Management möglich. Klicken Sie anschließend auf **OK**. Den Prozess zur Pflege und Versionskontrolle der Lösungsdokumentation im Change Request Management beschreibe ich in Abschnitt 3.7, »Integration der Lösungsdokumentation in das Change Request Management und Release Management«.

Abbildung 3.26 Änderungskontrolle aktivieren

Versionsabgleich

Der Versionsabgleich zwischen den Branches erfolgt systemimmanent von oben nach unten, d. h. nach dem *Top-down-Prinzip*. Jede Änderung z. B. im Produktivsystem wird demnach im Wartungs-, Betriebs- und Entwicklungs-Branch sichtbar. Nach dem Abgleich mit dem Entwicklungs-Branch wird eine Änderung auch im Design-Branch sichtbar. Von dort wird sie wiederum in den Import-Branch übernommen.

Mit der Nutzung der Change-Request-Management-Integration in die Lösungsdokumentation oder durch die manuelle Freigabe innerhalb der Lösungsdokumentation wird der Abgleich von unten nach oben durchgeführt, also nach dem *Bottom-up-Prinzip*. Beim Schließen einer Änderung bzw. eines Workitems, einer IT-Anforderung, eines Änderungsauftrags oder Workpackages wird die Lösungsdokumentation freigegeben.

[»]

Einsatz des Design-Branches in der Focused Solution

Der SAP Solution Manager 7.2 stellt zwei Varianten des Anforderungsmanagements, des Change Request Managements, des Release Managements und des Projektmanagements bereit: den SAP-Standard sowie die erweiterte Lösung *Focused Build*. Diese erweiterte Lösung wird im Rahmen der sogenannten *Focused Solutions* angeboten. Die Unterschiede bestehen

> in den Prozessabläufen. Focused Build nutzt beispielsweise SAP-Fiori-Apps als Benutzeroberfläche und stellt diverse Dashboards und Automatisierungen bereit. Die Focused-Build-Lösung fokussiert auf der agilen Projektmanagementmethode *Lean Development*.
>
> In Focused Build wird beim Anlegen eines Workitems auch ein Bottom-up-Abgleich zwischen der Lösungsdokumentation eines Workpackages aus dem Design-Branch und dem Entwicklungs-Branch durchgeführt.

Nehmen wir als Beispiel eine Geschäftsanforderung, die, wie bereits in Abschnitt 2.1, »Modellierung und Dokumentation der fachlichen Anforderung«, beschrieben, mit einer Referenz auf ein Kollaborationsdiagramm und auf ein Dokument auf dem Design-Branch angelegt wurde. Die Referenz auf die Prozessdokumentation wird bei Freigabe der Geschäftsanforderung in die IT-Anforderung bzw. das Workpackage kopiert, sodass der Lösungsarchitekt die Lösungsdokumentation in dem Design-Branch erweitern kann. Abbildung 3.27 zeigt die Abbildung des Design-Branches für den in Kapitel 2, »Der Prozesslebenszyklus – ein Beispiel«, vorgestellten Beispielprozess **08.05.01 Lagerverkauf** vor der Freigabe an den Entwicklungs-Branch.

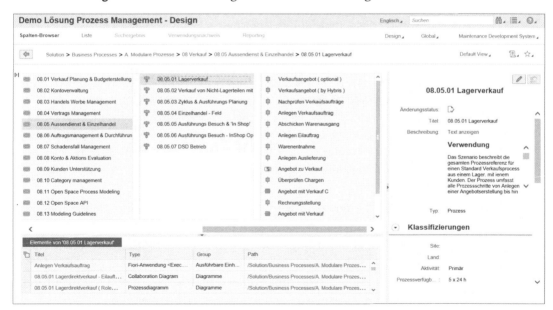

Abbildung 3.27 Design-Branch für den Prozess »08.05.01 Lagerverkauf«

Mit dem Anlegen des Änderungsauftrags bzw. des Workitems oder durch die explizite Freigabe wird die Lösungsdokumentationsreferenz kopiert. In Abbildung 3.28 sehen Sie den Entwicklungs-Branch nach der Freigabe der geänderten Elemente.

Versionen der Geschäftsanforderung

Entwicklungs-Branch

65

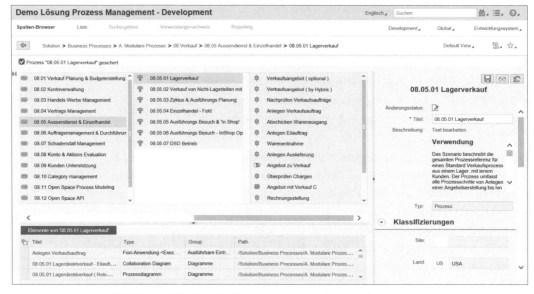

Abbildung 3.28 Entwicklungs-Branch nach Freigabe

Einsatz des Entwicklungs-Branches in Focused Build

Im Falle von Focused Build wird beim Anlegen der Workitems die Lösungsdokumentation der referenzierten Elemente des Design-Branches auf den Entwicklungs-Branch kopiert. Zudem wird dem Workitem sowie dem Workpackage die Referenz auf die Entwicklungsversion zugewiesen. Der Entwicklungs-Branch bleibt die Ablage für die Lösungsdokumentation bis zur Übergabe an den Produktivbetrieb. Änderungen in dem Entwicklungs-Branch sind während der Entwicklung im Design-Branch sichtbar, da eine Top-down-Sichtbarkeit permanent gegeben ist.

Produktiv-Branch

Nach dem Deployment wird die Lösungsdokumentation einer Änderung freigegeben und in den Produktiv-Branch kopiert. Anschließend wird sie von dort in den Wartungs- und in den Betriebs-Branch transferiert. Abbildung 3.29 zeigt den Produktiv-Branch vor der Freigabe der Bibliotheksinhalte aus dem Entwicklungs-Branch zu dem Lagerdirektverkaufsprozess, also bevor die Lösungsdokumentation übertragen wurde.

Wartungskonflikte

Wie Sie hier erkennen können, erfolgen Änderungen an der Lösungsdokumentation im Entwicklungs-Branch. Nach der Freigabe an den Produktiv-Branch werden die Änderungen an den Betriebs- und den Wartungs-Branch übertragen. Konflikte mit dem Wartungs-Branch (*Wartungskonflikte*) müssen vor der Freigabe gelöst werden, da die Freigabe an die Produktion nur möglich ist, wenn keine Abweichungen zu den Elementen des Wartungs-Branches existieren.

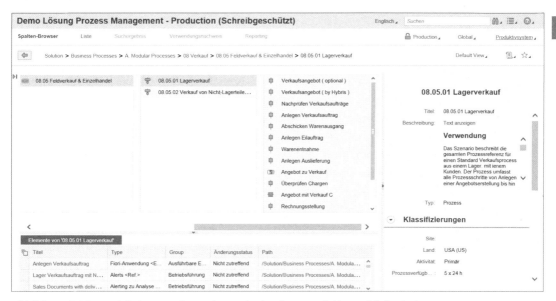

Abbildung 3.29 Produktiv-Branch vor der Freigabe der Entwicklungsbibliothek und ihrer Inhalte

Die Top-down- oder Bottom-up-Freigaben werden verhindert, wenn ein Konflikt identifiziert wurde. Der Aufwand für die Auflösung möglicher Konflikte zwischen Wartung und Entwicklung bei den Versionsabgleichen ist eher gering. Diagramme werden in der Regel nicht geändert, und Dokumentenänderungen können bei Einhaltung von Konventionen leicht abgeglichen werden. Ich empfehle daher für große Firmen, neben einem Produktiv- und einem Wartungs-Branch mindestens einen Entwicklungs-Branch für umfangreiche Implementierungsprojekte sowie einen Design-Branch für die Designphase anzulegen. Insbesondere für Kunden mit dualen Systemlandschaften spiegelt eine Trennung der Branches für Wartung und Entwicklung das Modell der Systemlandschaft wider. Für mittelständische Unternehmen empfehle ich allerdings, den Mehrwert von Entwicklungs-Branches zu prüfen, da der Aufbau von Versionsbäumen immer auch Aufwand für die Abgleiche im Falle von Versionskonflikten mit sich bringt.

Der Betriebs-Branch dient der Konfiguration des Geschäftsprozess-Monitorings und der Geschäftsprozessanalysen. Er nimmt eine Sonderrolle ein, da er seine Existenz vorwiegend dem Umstand zu verdanken hat, dass die Lösungsdokumentation auf dem Produktiv-Branch nicht änderbar ist. Die in unserem Beispiel verwendete Prozessdokumentation aus den Geschäfts-

Betriebs-Branch

bereichen verdeutlicht zudem, wie sinnvoll ein Design-Branch ist, damit die Entwicklung nicht durch vorläufige Dokumentationen beeinträchtigt wird.

3.3.2   Versionskonflikte auflösen

Das Verhalten des Versionsabgleiches hängt von der Lage und Art der Branches ab. Während der Produktiv-Branch nicht änderbar ist, sind Änderungen auf den Branches unterhalb des Produktiv-Branches erlaubt. Die Branches unterhalb des Produktiv-Branches sind der Wartungs-Branch, der Betriebs-Branch sowie der Entwicklungs-Branch. Änderungen im Wartungs-Branch sind direkt auch ohne Freigabe im Entwicklungs- und Betriebs-Branch sichtbar. Änderungen im Betriebs-Branch sind auch ohne Freigabe an den Produktiv-Branch auf den produktiven Systemen aktiv, wie z. B. Alerts und Analysen. Konfliktbehaftete Änderungen im Wartungs-Branch müssen freigegeben werden, bevor Änderungen aus dem Entwicklungs-Branch an den Produktiv-Branch freigegeben werden können.

Abgleichlogik   In diesem Abschnitt betrachten wir die Abgleichlogik zwischen den Branches. Dazu müssen wir zuerst die Branches direkt unterhalb des Produktiv-Branches betrachten. Ändert sich die Lösungsdokumentation im Produktiv-Branch, wird die neue Lösungsdokumentation direkt in allen unterhalb des Produktiv-Branches angelegten Branches sichtbar. Dies ist z. B. nach der Produktivsetzung eines Major Releases des Entwicklungs-Branches der Fall.

Versionskonflikte werden bereits im Entwicklungs-Branch sichtbar, wenn in dem Wartungs-Branch Änderungen wie im Entwicklungs-Branch erfolgen. Das soll gewährleisten, dass ein Major Release frühzeitig auf Minor-Release-Änderungen reagieren kann. Die Freigabe einer Lösungsdokumentation mit Konflikten muss im Wartungs-Branch vor der Freigabe im Entwicklungs-Branch erfolgen.

Die Struktur von Produktiv-, Wartungs- und Entwicklungs-Branches unterliegt somit einer eigenen Abgleichsemantik.

In Abbildung 3.30 sehen Sie die Abbildung des Wartungs-Branches (**Maintenance**) für den Prozess des Lagerverkaufs in der Lösungsdokumentation. Hier wurde unter **Klassifizierungen** der Standort (**Site**) geändert. Es ist noch keine Freigabe an den Produktiv-Branch erfolgt.

Konfliktanzeige   Im Entwicklungs-Branch wird unter **Zuständigkeiten** ein neuer Benutzer zugeordnet. Außerdem wird unter **Klassifizierungen** die Begrenzung auf den Standort im Feld **Site** gelöscht. Daraufhin wird innerhalb der statischen Attribute ein Konflikt mit der Version im Wartungs-Branch erkannt. Bei dem Versuch der Freigabe wird diese verwehrt, wie Sie in der Nachrichtenzeile in Abbildung 3.31 sehen.

Abbildung 3.30 Wartungs-Branch mit nicht freigegebener Änderung

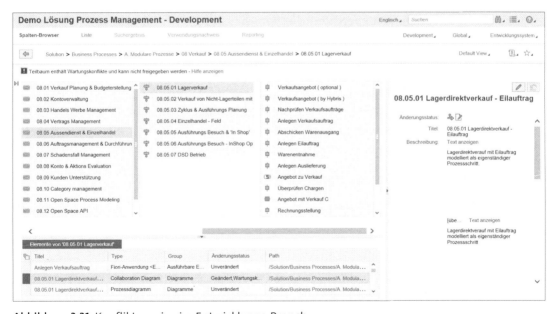

Abbildung 3.31 Konfliktanzeige im Entwicklungs-Branch

Einen Sonderfall stellt wiederum der Betriebs-Branch dar. Abhängig davon, ob Alert-Konfigurationen bereits im Design- und Entwicklungs-Branch gepflegt oder dort ausschließlich dokumentiert und erst nach Produktivsetzung im Betriebs-Branch konfiguriert werden, können im Betriebs-

Branch Konflikte entstehen. Falls die Alert-Werte schon im Design- oder Entwicklung-Branch konfiguriert werden, müssen Sie nach der Freigabe im Entwicklungs-Branch im Betriebs-Branch abgeglichen werden. Erst dann kann eine Freigabe an den Produktiv-Branch und somit alle untergeordneten Branches erfolgen. Falls die Konfigurationen – gegebenenfalls auf Grundlage von dokumentierten Spezifikationen aus Design und Entwicklung – nur im Betriebs-Branch gepflegt werden, fallen Abgleiche im Betriebs-Branch weg. Konflikte auf Ebene von Alert-Konfigurationen können in der Prozesshierarchie innerhalb eines Branches nicht vorkommen, da die Konfigurationen zu einem Alerting-Objekt in einem Branch geteilt werden.

Letztlich entscheiden Ihre Organisationsstrukturen und Prozessabläufe darüber, welche Variante angewandt wird. Falls Sie eine duale Systemlandschaft betreiben und das Change Request Management mit der Funktion Retrofit aktiviert ist, entspricht die Konfliktlösung auf Ebene der Lösungsdokumentation derjenigen auf Ebene von Objekten in verwalteten Systemen.

Liste der Versionskonflikte

Versionskonflikte werden in einer Listensicht innerhalb der Lösungsdokumentation angezeigt und müssen aufgelöst werden, bevor Release-Änderungen an übergeordnete Branches freigegeben werden können. In diese Listensicht können Sie über den Link **Liste** im Kopfbereich der Lösungsdokumentation wechseln. Wählen Sie hier unter **Änderungsstatus** die Anzeige aller Objekte mit Konfliktstatus aus (siehe Abbildung 3.32). Die angezeigten Konflikte können Sie anschließend direkt aus der Liste heraus einsehen und bearbeiten. Klicken Sie dazu auf den Namen eines Konflikts in der Spalte **Name**, hier **08.05.01 Lagerdirektverkauf**, um den Attributbereich anzuzeigen, in dem der Konflikt angezeigt wird.

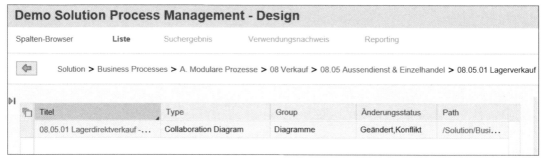

Abbildung 3.32 Liste der Versionskonflikte in der Lösungsdokumentation

Konflikt im Attributbereich

Diesem Attributbereich sehen Sie in Abbildung 3.33. Der Wert im übergeordneten Branch, für den der Konflikt auftrat, wird hier unter **Beschreibung** angezeigt. Sie erkennen hier, dass der Konflikt zwischen Design-

und Entwicklungs-Branch in den statischen Attributen des Kollaborationsdiagramm **08.05.01 Lagerdirektverkauf – Eilauftrag** aufgetreten ist. Das Konzept der Attribute zu den Elementen der Lösungsdokumentation beschreibe ich in Abschnitt 4.3, »Attribute von Strukturelementen«, im Detail.

Abbildung 3.33 Anzeige eines Konflikts innerhalb der statischen Attribute eines Prozesses

Über eine Dropdown-Liste können Sie den Konflikt nun bearbeiten. Sie haben hier folgende Aktionen zur Auswahl:

Konflikt bearbeiten

- **Ungelösten Konflikt beibehalten**: Konflikt halten
- **Änderung verwerfen**: Änderung der aktuellen Version verwerfen und die übergeordnete Version als aktuell markieren
- **Konflikt als gelöst markieren**: aktuelle Version wird bei Freigabe auf die übergeordnete Version kopiert

Versionsunterschiede, die durch hinzugefügte Objekte entstehen, müssen nicht unbedingt aufgelöst werden. Daher verursachen sie keinen großen Aufwand, solange das Objekt nicht mit dem gleichen Namen in übergeordneten Branches erzeugt wird. Für die Behandlung von Konflikten bei der Freigabe eines Objekts oder Strukturelements haben Sie zwei Möglichkeiten:

- Freigabe des Strukturelements oder freien Elements oder Konfliktbehandlung
- Freigabe des Strukturelements oder freien Elements inklusive aller Teilobjekte oder Konfliktbehandlung

Die möglichen Aktionen sind in diesem Fall:

- **Freigabe konfliktfreier Objekte**: Freigaben an übergeordnete Branches, sofern alle Konflikte aufgelöst sind

- **Freigabe und Überschreiben der Konfliktobjekte**: Freigaben aller Konflikte

- **Markieren von Konflikten als gelöst**: alle Konflikte als gelöst markieren, was ebenfalls eine Freigabe erlaubt, wodurch die Konflikte aber sichtbar bleiben

- **Auflösen von Importkonflikten**: Konflikte auflösen, falls eine neue Version eines Originalimports der Lösungsdokumentation erfolgt ist

Konflikte innerhalb von Diagrammen, Dokumentationen, Testfällen oder Alert-Konfigurationen sind hingegen mit einigem Aufwand verbunden, da zwei Objektversionen zusammengeführt werden müssen. Für Diagramme einer funktionalen Geschäftsanforderung empfehle ich Ihnen daher, eher Diagrammkopien anzufertigen und diese Kopien im Rahmen des IT-Designs zu übernehmen und in ein IT-Diagramm umzuwandeln. Dies ist weniger aufwendig, als die von den Geschäftsbereichen geänderten Diagramme abzugleichen.

Versionskonflikte in Diagrammen

Versionskonflikte innerhalb von Diagrammen können aktuell nur durch manuelle Nachbearbeitung aufgelöst werden. SAP plant im Zusammenhang mit Diagrammen eine Unterstützung durch parallele Versionsfenster, um eine Zusammenführung zu erleichtern.

In dem Design-Branch in Abbildung 3.34 wird durch ein gelbes Warnsymbol anzeigt, dass der Änderungsstatus eines Diagramms in den statischen Attributen einen Konflikt aufweist. Der Status des Diagramms wird in der Elementliste auf den Änderungsstatus **Änderungskonflikt** gesetzt.

Für funktionale Spezifikationen im Geschäftsbereich empfehle ich analog dazu, ein neues Dokument anzulegen. Dieses Dokument wird im Verlauf der Entwicklungsphase von dem Lösungsarchitekten in eine umfassende funktionale Spezifikation aufgenommen. Die Modellierung der Geschäftsanforderungen sollte bei dem beschriebenen Ablauf immer im Design-Branch erfolgen.

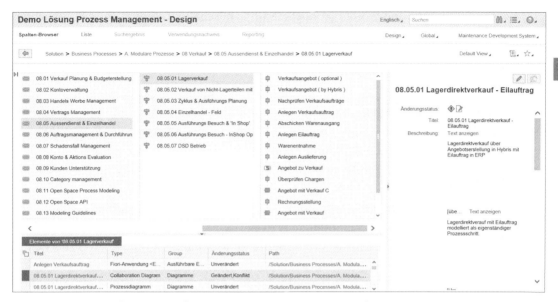

Abbildung 3.34 Konfliktanzeige für ein Diagramm im Design-Branch

Konflikte auf Ebene der Wartungs- und Entwicklungs-Branches sind hingegen nicht einfach zu verhindern, da in Minor Releases häufig Dokumentationen angepasst werden, die parallel im Entwicklungs-Branch bearbeitet werden. Ich empfehle Ihnen, Änderungen an der Prozessstruktur für Minor Releases durch Berechtigungseinschränkungen zu unterbinden, um Konflikte auf Ebene von Prozessstrukturelementen auszuschließen. Prozessstrukturänderungen sollten ausschließlich Lösungsarchitekten vorbehalten sein und im Design-Branch erfolgen, wenn umfassende Redesigns für zukünftige Implementierungen vorgesehen sind.

Konflikte in Wartung und Entwicklung

Generell empfehle ich Ihnen, Änderungen an der Dokumentation immer durch Hinzufügen von Release-Abschnitten zu realisieren, um eine Zusammenführung von Dokumenten im Konfliktfall zu erleichtern.

3.4   Standortkonzept

Das Standortkonzept im SAP Solution Manager 7.2 implementiert Teile einer Funktionalität, die in Release 7.1 als Konzern-Roll-out-Funktion durch Vorlagenprojekte realisiert wurde. Auf Basis logischer Komponentengruppen bilden Standorte (*Sites*) einen weiteren Landschaftsbereich pro logischer Komponente und erlauben z. B. die Zuordnung regionaler Tests und Produktivsysteme. Während die per Default angelegte Komponentengruppe immer das Standortattribut **Global** gesetzt hat, definieren Stand-

Sites

orte individuell konfigurierte Landschaften. Innerhalb des Versions-konzepts gehört ein Standort zum gleichen Branch wie die globalen Strukturelemente und Objekte, sofern keine Hierarchie von Branches für Standorte angelegt wurde.

[»]

Kein Abgleich von Vorlagenprojekten

Im SAP Solution Manager 7.1 gab es die Abgleichfunktionalität zwischen Vorlagenprojekten und den Implementierungsprojekten, die diese Vorlagen implementieren. Diese wurde in Release 7.2 nicht mehr realisiert.

In der Regel sind Standorte zumindest separaten logischen Systemen für den Produktivbetrieb zugeordnet. Sie können allerdings auch separaten Testsystemen zugeordnet sein. Es existieren auch Landschaften, bei denen die Entwicklungen von global relevanten Implementierungen und stand-ortbezogenen Implementierungen auf getrennten logischen Systemen erfolgen.

Standortfunktion aktivieren

Das Arbeiten mit Standorten müssen Sie in der Lösungsverwaltung explizit für Ihre Lösung in deren **Eigenschaften** aktivieren. Wählen Sie dazu im Kontextmenü den Eintrag **Einstellungen ändern** bzw. **Change Settings**. Im Popup-Fenster wählen Sie dann die Option **Aktiviert** bzw. **Enabled** und klicken auf **OK** (siehe Abbildung 3.35).

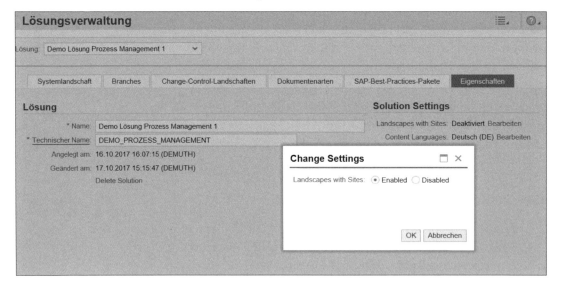

Abbildung 3.35 Standortfunktionalität für die Lösung aktivieren

Nach der Aktivierung müssen Sie noch festlegen, in welchen Branches und in welchen Systemlandschaftsgruppen standortspezifische Branches bzw. Systeme relevant sind. Diese Konfiguration erfolgt ebenfalls in der Lösung und erfordert die folgenden Schritte:

Standortspezifische Branches bzw. Systeme

1. Klicken Sie auf der Registerkarte **Systemlandschaft** auf den Link **Maintain Sites**.

2. Im folgenden Pop-up-Fenster klicken Sie auf **Anleg.**, um einen neuen Standort anzulegen.

3. Geben Sie einen sprechenden Namen und einen technischen Bezeichner für den Standort an, und klicken Sie auf **OK** (siehe Abbildung 3.36).

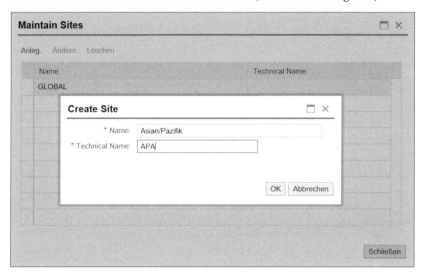

Abbildung 3.36 Neuen Standort für Ihre Lösung anlegen

4. Stellen Sie sicher, dass die Standortfunktionalität für Ihre Lösung aktiviert ist.

5. Aktivieren Sie die Standortfunktionalität auf der Registerkarte **Branches** auch für die einzelnen Branches, indem Sie den Link **Properties** anklicken.

6. Zu jedem Branch können Sie nun Standort-Branches aktivieren. Abbildung 3.37 zeigt die Aktivierung eines Standorts zu einem Entwicklungs-Branch.

7. Anschließend aktivieren Sie die Standortfunktionalität für jede logische Komponentengruppe. Klicken Sie dazu auf der Registerkarte **Systemlandschaft** auf **Maintain Logical Component Groups**, und wählen Sie den Link **Ändern**.

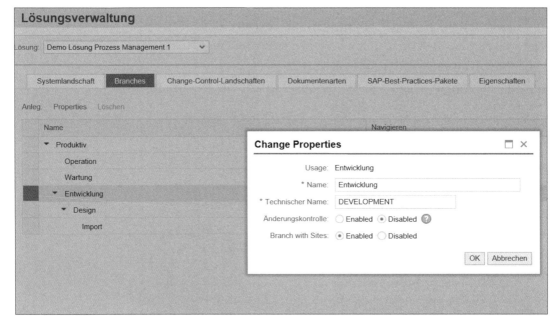

Abbildung 3.37 Standortfunktionalität für einzelne Branches aktivieren

8. Wählen Sie hier ebenfalls die Option **Enabled** aus, und klicken Sie auf **OK** (siehe Abbildung 3.38).

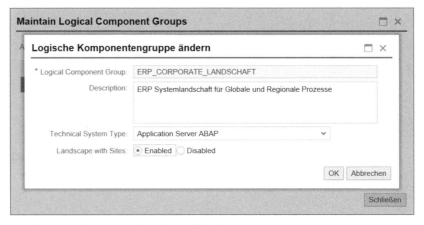

Abbildung 3.38 Standortfunktionalität für eine logische Komponentengruppe aktivieren

Anzeige der Standorte

Anschließend werden Ihnen die angelegten und aktiv gesetzten Standorte zu der logischen Komponentengruppe ERP_CORPORATE_LANDSCAPE wie in Abbildung 3.39 angezeigt. Als nächste Schritte können Sie die technischen

Systeme zu den logischen Komponenten (Branches) zuordnen, wie in Abschnitt 3.2.1, »Logische Komponentengruppen anlegen«, beschrieben.

Abbildung 3.39 Anzeige der Standorte einer logischen Komponentengruppe in der Lösungsverwaltung

3.5   Umfänge und Sichten verwenden

Das Konzept der *Umfänge* (*Scopes*) ermöglicht die Definition selektiver Strukturelemente für eine Sicht sowie die Selektion nach Attributen wie Standorten, Ländern, Schlüsselwortattributen und dem Verantwortlichen. Die Nutzung von Umfängen erlaubt einen auf diesen Bereich reduzierten Export der Lösung, die Generierung eines bereichsbezogenen Lösungsreports und ein bereichsbezogenes Reporting.

Scopes

Um einen neuen Umfang anzulegen, rufen Sie die Lösungsdokumentation mit dem Transaktionscode SOLDOC oder über das SAP Solution Manager Launchpad auf. Selektieren Sie im oberen rechten Bereich die Funktion **Umfang** bzw. **Scope**. Nun können Sie den Gültigkeitsbereich einschränken, indem Sie bestimmte Standorte, Länder, Schlüsselwörter oder Verantwortliche auswählen (siehe Abbildung 3.40). Klicken Sie dann auf **Save**.

Umfang anlegen

Ein Umfang basiert immer auf einer *Sicht* (*View*). Die Sicht können Sie bei der Definition eines Umfangs auswählen. Die Standardsicht heißt **Default View**. Über das Auswahlfeld **Originale einschließen** bzw. **Include Originals** können Sie alle Originalelemente aus den Bibliotheken (siehe Kapitel 5), die zu den gewählten Prozessen referenziert wurden, in den Umfang einschließen.

Sicht

Abbildung 3.40 Neuen Umfang anlegen

Prozess-
dokumente Haben Sie einen Umfang definiert, können Sie z. B. einschränken, welche Inhalte *Prozessdokumente* für diesen Umfang haben sollen. Ein Prozessdokument ist ein Word-Dokument, das den vollständigen Inhalt einer Lösung enthält. In Abbildung 3.41 wird der Inhalt des Prozessdokuments auf den Umfang **08.05.01 Lagerdirektverkauf** eingeschränkt.

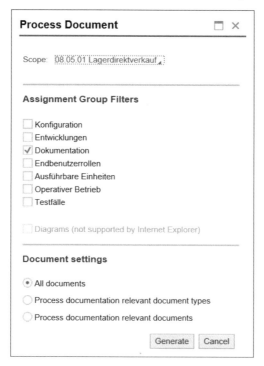

Abbildung 3.41 Prozessdokumentengenerierung für einen Umfang einschränken

Beim Export einer Lösungsdokumentation (siehe Abschnitt 3.1, »Lösungen und ihre Dokumentation«), besteht die Möglichkeit, die Exportmenge über die Auswahl eines Umfangs einzugrenzen. Dies sehen Sie in Abbildung 3.42.

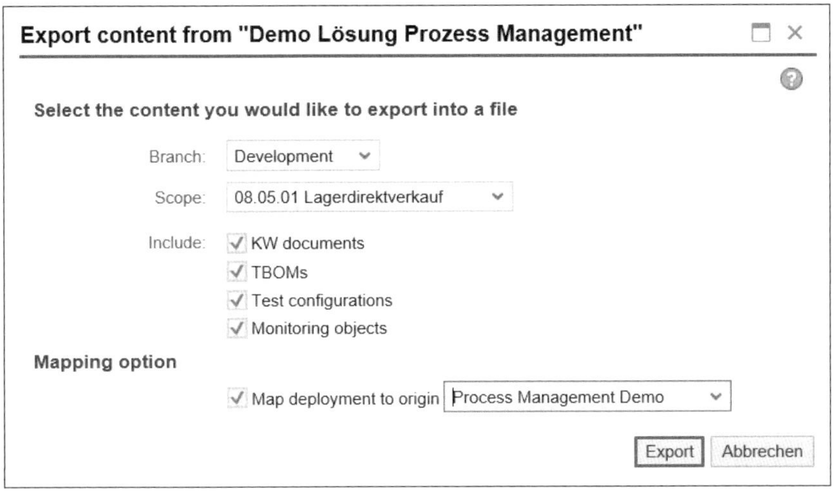

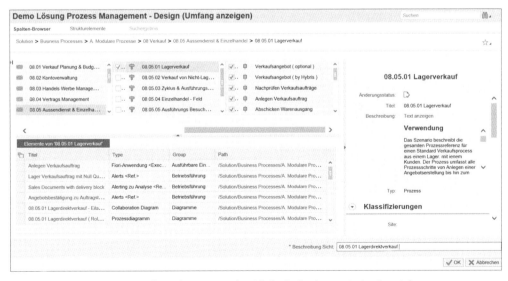

Abbildung 3.42 Export auf einen Umfang einschränken

Sie können den angezeigten Umfang der Lösungsdokumentation auch einschränken, indem Sie bestimmte Prozessstrukturelemente oder Bibliothekselemente in der Sicht **Umfang anzeigen** im oberen rechten Bereich der Lösungsdokumentation auswählen. Abbildung 3.43 zeigt diese Sicht und die Auswahl einzelner Elemente für den Entwicklungs-Branch.

Angezeigter
Umfang

Abbildung 3.43 Prozessstrukturelemente oder Bibliothekselemente im Bereich »Umfang anzeigen« selektieren

Dieser Filter in Transaktion SOLDOC wird über die Definition privater und global verfügbarer Sichten realisiert. Die Filtermöglichkeit beschränkt sich auf die Einschränkung der angezeigten Prozessstrukturelemente.

Filtersichten können sowohl auf Ebene der Prozesshierarchie als auch in den Elementbibliotheken ausgeführt werden. Diese beiden Ebenen werden in Kapitel 4, »Abbildung von Prozessstrukturen in der Lösungsdokumentation«, und Kapitel 5, »Bibliotheken«, beschrieben. Über die Selektion von Strukturelementen können Filter für die Bibliotheken gespeichert werden. Sichten sind immer global für alle Benutzer sichtbar. Bei der Anlage von Umfängen können Sie zwischen privaten und öffentlichen Umfängen unterscheiden.

3.6   Integration der Lösungsdokumentation in das Projektmanagement

IT-Portfolio-
und Projekt-
management

Anders als im SAP Solution Manager 7.1 ist die Lösungsdokumentation in Release 7.2 von jeglichen Projektmanagementfunktionen entkoppelt. Alternativ zu den rudimentären Projektmanagementfunktionen in Release 7.1 stellt SAP im neuen Release das *IT-PPM* bereit. Die Integration eines Projekts mit der Lösungsdokumentation erfolgt, indem dem Projekt ein Branch zugeordnet wird.

Erweiterte Integration in Focused Build

Im Kontext von Focused Build wird darüber hinaus noch der Bezug zwischen einem Projekt und einem Release hergestellt. Ein sogenanntes Lösungsbereitschafts-Dashboard (*Solution Readiness Dashboard*) überwacht die Projektmeilensteine, Waves, Sprints, den Status der Workpackages und Workitems (den Entsprechungen von IT-Anforderungen und Arbeitsaufträgen) sowie die Risiken und den Status der Dokumentation. Ein Beispiel hierzu sehen Sie in Abbildung 3.44.

Einem Projekt in Focused Build wird immer auch ein Release zugeordnet; die Konsistenz von Release und Lösungsdokumentations-Branch wird automatisch hergestellt.

Abbildung 3.44 Lösungsbereitschafts-Dashboard mit Kacheln zum Projektstand

Abbildung 3.45 zeigt ein Projekt, dem eine Lösung **Demo Lösung Prozess Management** und der Branch **Development** zugewiesen wurden.

Projekt mit Lösungsdokumentation

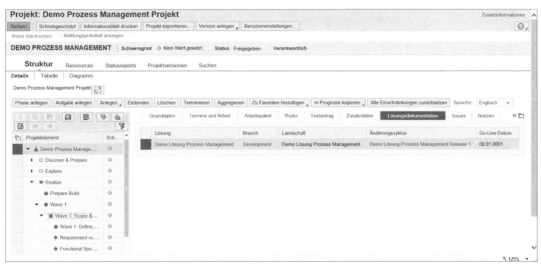

Abbildung 3.45 Projekt mit zugewiesener Lösung und zugewiesenem Branch

3.7   Integration der Lösungsdokumentation in das Change Request Management und Release Management

Das Konzept der Branches in der Lösungsdokumentation ermöglicht ein versionskonsistentes Prozessmanagement. In den vorangehenden Abschnitten haben Sie bereits Branches gesehen, die die Namen **Produktion**, **Wartung** oder **Entwicklung** hatten. Das Release Management und das Change Request Management beziehen sich mit Ihren Vorgangsarten jeweils auf eine Landschaft einer Lösung bzw. eine Change-Control-Landschaft.

Standardlösung und Focused Build — Im SAP Solution Manager 7.2 werden zwei Anwendungen für die Änderungsverwaltung angeboten: die Standardlösung und die Focused Solution Focused Build. Beide Anwendungen stellen ein neues Konzept des Release Managements bereit und erweitern damit das Konzept des Change Request Managements, wie Sie es aus früheren Releases kannten.

> **[»]   Weitere Informationen zum Change Request Management**
>
> In diesem Buch stelle ich Change Request Management ausschließlich im Rahmen seiner Bedeutung für die Lösungsdokumentation dar. Weitere Informationen hierzu erhalten Sie beispielsweise im Wiki innerhalb der SAP Community unter *http://s-prs.de/v598501* oder in dem Buch »Change Request Management mit dem SAP Solution Manager« von Fred Kindler, Florian Liebl, Jörg Marenk und Torsten Sternberg (SAP PRESS 2017).

Vorgangsarten — Der SAP Solution Manager stellt im Standard die folgenden Vorgangsarten bereit, die einen direkten Bezug zur Lösungsdokumentation aufweisen:

- Änderungszyklen:
  - Phasenzyklus (Vorgangsart SMIM)
  - kontinuierlicher Zyklus (Vorgangsart SMAI)
  - Release-Zyklus (Vorgangsart SMRE)
- Geschäftsanforderung (Vorgangsart SMBR)
- IT-Anforderung (Vorgangsart SMIR)
- Änderungsauftrag (Vorgangsart SMCR)
- Änderungsdokumente
  - normale Änderung (Vorgangsart SMMJ)
  - allgemeine Änderung (Vorgangsart SMCG)
  - dringende Änderung (Vorgangsart SMHF)
  - administrative Änderung (Vorgangsart SMAD)

[«]

Vorgangsarten in Focused Build

Focused Build stellt die gleichen Vorgangsarten bereit, allerdings mit anderen Statusschemata und erweiterter Semantik. Sofern diese die Lösungsdokumentation betreffen, weise ich in den folgenden Kapiteln jeweils darauf hin. Die abweichenden Vorgangsarten lauten:

- Release-Zyklus (Vorgangsart S1MR)
- Geschäftsanforderung (Vorgangsart S1BR)
- Workpackage (entspricht der IT-Anforderung, Vorgangsart S1IT)
- Änderungsauftrag (Vorgangsart S1CR)
- Workitems (Vorgangsart S1MJ)
- normale Änderung (Vorgangsart S1MJ)
- allgemeine Änderung (Vorgangsart S1CG)
- dringende Änderung (Vorgangsart S1HF)

Ein *Minor Release* führt beispielsweise Änderungen an der Lösungsdokumentation auf dem Wartungs-Branch durch, sofern die Änderungskontrolle für den Wartungs-Branch aktiviert wurde. Änderungen an den verwalteten Systemobjekten innerhalb einer Wartungslandschaft werden wie bereits im SAP Solution Manager 7.1 über Transporte kontrolliert. Die Wartungssystemlandschaft ist über die logische Komponentengruppe und die logischen Komponenten der Lösung definiert.

Minor und Major Releases

In einem *Major Release* hingegen werden Änderungen an der Lösungsdokumentation in einem Entwicklungs-Branch ausgeführt. Änderungen an den verwalteten Systemobjekten werden über Transporte in einer Entwicklungslandschaft geregelt, sofern eine Lösung so konfiguriert ist, wie sie in diesem Kapitel beschrieben wurde.

Sofern die Änderungskontrolle für den Branch aktiviert wurde, werden Änderungen an der Lösungsdokumentation darüber hinaus immer auf die Geschäftsanforderung, die IT-Anforderung bzw. ein Workpackage, den Änderungsauftrag oder ein Workitem übertragen, sodass diese kontrolliert geändert werden. Bei jeder Änderung wird eine Referenz auf das Objekt der Lösungsdokumentation in dem jeweiligen Änderungsvorgang erzeugt und erst beim Schließen an den übergeordneten Branch freigegeben.

Anforderungen

Nach der Zuordnung von Elementen der Lösungsdokumentation zu einer IT-Anforderung oder einem Änderungsauftrag (bzw. einem Workpackage oder Workitem in Focused Build) wird eine Referenz des Vorgangs in der Lösungsdokumentation unter **Zugehörige Dokumente** sichtbar. Abbildung

3.46 zeigt die Referenz des Änderungsauftrags **Lagerdirektverkauf mit Eilauftrag** im oberen rechten Teil der Lösungsdokumentation im Entwicklungs-Branch.

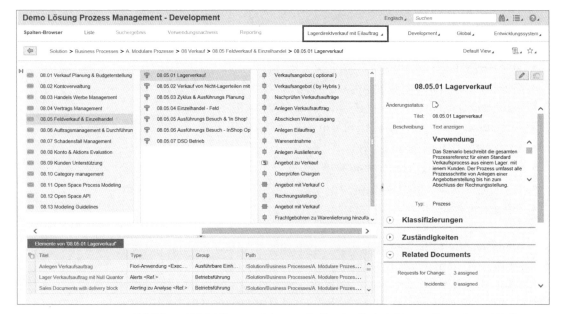

Abbildung 3.46 Lösungsdokumentation im Entwicklungs-Branch und Referenz auf den Änderungsauftrag »Lagerdirektverkauf mit Eilauftrag«

Der Entwicklungs-Branch ist für diese Änderung geöffnet. Gibt es mehrere Referenzen auf Änderungsvorgänge, können Sie über das Auswahlmenü rechts oben zwischen diesen Referenzen hin- und herwechseln, um eine auftragsbezogene Lösungsdokumentation zu erzeugen.

Release-Zyklen Beim Anlegen eines Releases werden jeweils die Change-Control-Landschaft einer Lösung sowie der Branch wie Wartung oder Entwicklung je nach Release-Typ festgelegt (siehe Abschnitt 3.2.2, »Change-Control-Landschaften anlegen«). Für jedes Major Release und jedes Minor Release kann ein Release-Zyklus angelegt werden. Ein Major Release zeigt dabei auf eine Entwicklungslandschaft, ein Minor Release auf eine Wartungslandschaft, sofern diese sich unterscheiden. Der Systemlandschaftsbezug in einem Release-Zyklus ist durch die Referenz der Change-Control-Landschaft zur Lösung gegeben. Die Change-Control-Landschaft zeigt wiederum auf die logische Komponentengruppe der Lösung. Der Branch verweist auf die logischen Systeme der logischen Komponentengruppe.

Einer IT-Anforderung bzw. einem Workpackage werden die Lösungsobjekte zugeordnet, die über den Lösungsdokumentationskontext der IT-Anforderung bzw. des Workpackages geändert bzw. neu erzeugt werden. Abhängig davon, ob die Elemente eines Lösungs-Branches über die Änderungskontrolle verwaltet werden oder nicht, ist eine Zuordnung einer Änderung zu einer IT-Anforderung oder einem Workpackage zwingend oder optional.

In Focused Build können Sie auch die die klassische Weboberfläche des Change Request Managements (CRM Web UI) oder eine SAP-Fiori-Oberfläche verwenden. Abbildung 3.47 und Abbildung 3.48 vergleichen die Darstellung eines Workpackages in Focused Build auf den beiden Oberflächen.

CRM Web UI oder SAP Fiori

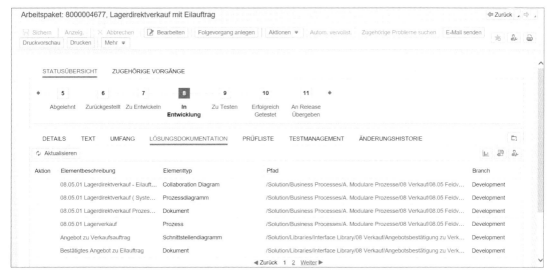

Abbildung 3.47 Lösungsdokumentation zu einem Workpackage im CRM Web UI in Focused Build zuordnen

Die Darstellung einer IT-Anforderung im Standard des SAP Solution Managers entspricht der Abbildung im CRM Web UI. In diesem Beispiel befindet sich das Workpackage bereits im Status **In Entwicklung**, daher verweist die Registerkarte **LÖSUNGSDOKUMENTATION** auf den Entwicklungs-Branch.

Ist die Änderungskontrolle für einen Branch aktiv, ist eine Änderung der Lösungsdokumentation nur noch über die Referenz auf einen Änderungsvorgang möglich.

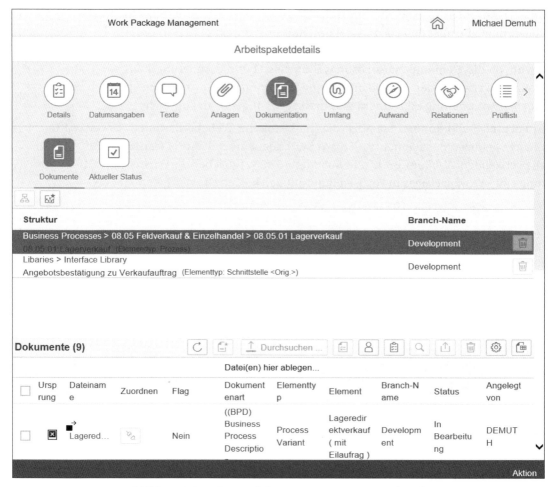

Abbildung 3.48 Lösungsdokumentation einem Workpackage in der SAP-Fiori-Darstellung in Focused Build zuordnen

Zuordnung zu Branches

Genau wie beim Release Management werden im Change Request Management beim Anlegen eines Änderungs-Zyklus die Change-Control-Landschaft und ein Branch zugeordnet. Alle Änderungsaufträge des Änderungszyklus werden damit in dem Branch bearbeitet, der dem Zyklus zugeordnet ist. Die Systemlandschaft wird aus der Change-Control-Landschaft der Lösung erzeugt.

Vorgangsarten konfigurieren

Über welche Vorgangsarten die Lösungsdokumentation geändert werden kann, wird über eine BAdI-Aktivierung (*Business Add-in*) bei der Konfiguration der Lösungsdokumentation entschieden. Der SAP-Solution-Manager-Standard und die Focused Solution stellen dazu jeweils eigene BAdIs zur Verfügung. Vorgangsarten können über die BAdIs des Erweiterungsspots

SMUDE_SBOM aktiviert werden, z. B. mögliche Änderungsvorgänge für die Lösungsdokumentation. Das gilt z. B. für die Vorgangsarten für Gaps, Issues, Änderungsaufträge, Incidents, Geschäfts- und IT-Anforderungen oder die analogen Vorgangsarten für die Focused Solution. Die BAdIs können Sie bei der Konfiguration des SAP Solution Managers über Transaktion SOLMAN_SETUP aktivieren.

Ich empfehle Ihnen, die Integration der Lösungsdokumentation mit dem Change Request Management zu nutzen. Damit werden nicht nur Änderungen über Transporte in den verwalteten Systemen versionskonsistent verwaltet, sondern erstmalig wird auch die versionskonsistente Lösungsdokumentation garantiert und automatisiert. Die Verwaltung der Lösungsdokumentation über die Funktionen des Change Request Managements erlaubt außerdem eine aufgabenbezogene Sicht auf die Dokumentation. Dies unterstützt die Zusammenarbeit von Business-Analysten, Lösungsarchitekten und Entwicklern.

Vorteile der Integration

Neben der Versionsverwaltung werden auch die Prozesssteuerung und die Steuerung der Sichtbarkeit für die Lösungsdokumentation im Kontext von Aufträgen realisiert. Indem ein Lösungsarchitekt über eine IT-Anforderung bzw. ein Workpackage bereits relevante Dokumentationselemente und deren Ablageorte vorgibt, kann eine konsistente Lösungsdokumentation organisiert werden.

Focused Build stellt noch weitere Konfigurationsoptionen für die Bewertung der Zuordnungsmöglichkeiten von Elementen der Lösungsdokumentation zu den Workpackages und Workitems bereit. Die Prozesssteuerung innerhalb von Focused Build erfolgt über die folgenden Aktionen:

Erweiterte Optionen in Focused Build

- Festlegung von Dokumentenarten und deren Ablageorten über Attribute des Workpackages bzw. Workitems (Fit, Gap, WRICEF)

- Verteilen von Elementen der Lösungsdokumentation aus Workpackages auf Workitems

- Festlegen der möglichen Dokumentenarten für einen Anhang zu einem Workpackage oder Workitem über die DropDoc-Funktion

Die Konfiguration von Focused Build erfolgt über den Einführungsleitfaden (Implementation Guide, IMG). Hier werden die erlaubten Dokumentenarten und deren Ablageorte in der Lösungsdokumentation abhängig von der Klassifikation angegeben. Die exemplarische Konfiguration in Abbildung 3.49 ist definiert für ein Workpackage (Vorgangsart S1IT).

Konfiguration im Einführungsleitfaden

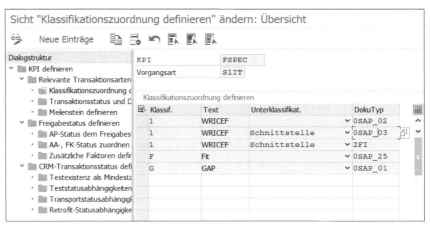

Abbildung 3.49 Dokumentenarten für Workpackages in Focused Build im Einführungsleitfaden festlegen

Dokumentenarten zuordnen

In Abbildung 3.50 sehen Sie die Zuordnung der Dokumentenarten, die als Anhang für eine bestimmte Vorgangsart zur Auswahl stehen sollen. Die Anhangsdokumente werden in Focused Build mit der Funktion *DropDoc* erzeugt (siehe Abschnitt 6.1.3, »Dokumente anlegen und zuordnen«).

VorgArt	Lösungslandschafts-ID	DokuTyp
*	051MZfrl7jQGr3ihYVhm0W	0FUSP
*	051MZfrl7jQGr3ihYVhm0W	0SAP_11
*	051MZfrl7jQGr3ihYVhm0W	ZCG_DDS
*	051MZfrl7jQGr3ihYVhm0W	ZCG_SDS
S1BR	051MZfrl7jQGr3ihYVhm0W	0SAP_11
S1BR	051MZfrl7jQGr3ihYVhm0W	0SAP_41
S1BR	051MZfrl7jQGr3ihYVhm0W	0SAP_42
S1BR	051MZfrl7jQGr3ihYVhm0W	ZMSK_DEL
S1BR	051MZfrl7jQGr3ihYVhm0W	ZUG
S1CG	*	ZMSK_DEL
S1CG	051MZfrl7jQGr3ihYVhm0W	0SAP_50
S1CG	051MZfrl7jQGr3ihYVhm0W	CORP_01
S1CG	051MZfrl7jQGr3ihYVhm0W	ZCG_DDS
S1CG	051MZfrl7jQGr3ihYVhm0W	ZCG_SDS
S1IT	*	ZMSK_DEL
S1IT	051MZfrl7jQGr3ihYVhm0W	0SAP_20
S1IT	051MZfrl7jQGr3ihYVhm0W	ZCG_DDS
S1IT	051MZfrl7jQGr3ihYVhm0W	ZCG_SDS
S1IT	051MZfrl7jQGr3ihYVhm0W	ZUG
S1MJ	051MZfrl7jQGr3ihYVhm0W	ZCG_SDS

Abbildung 3.50 Dokumentenarten den Vorgangsarten zuordnen

3.8   Berechtigungskonzept der Lösungsdokumentation

In der Lösungsdokumentation im SAP Solution Manager 7.2 können Sie Berechtigungen sowohl auf Ebene bestimmter Strukturelemente und den diesen Strukturelementen untergeordneten Elementen als auch auf Ebene der einzelnen Elementtypen und Attributtypen definieren. Berechtigungsprofile für Strukturbereiche werden Berechtigungsbereiche genannt, auf Ebene von Elementtypen und Attributtypen heißen sie Berechtigungsgruppen. Berechtigungsbereiche und -gruppen werden branch-unabhängig vor der Definition von Berechtigungen definiert.

Dieses Konzept unterscheidet sich von dem des SAP Solution Managers 7.1. Dort konnten verschiedene Sichten und Einschränkungen des Zugriffs auf die Lösungsdokumentation nur realisiert werden, indem eine Kopie eines Projekts oder der Lösung erzeugt und anschließend bearbeitet wurde. Alternativ konnten Strukturelementen Benutzer direkt zugeordnet werden; nur diese waren dann änderungsberechtigt. So konnte beispielsweise eine Sicht für die Design- und Entwicklungsphase, eine für das Testen und eine im Geschäftsprozess-Monitoring genutzt werden. In Release 7.2 können die Zugriffsrechte auf die Lösungsdokumentation und auf die in der Lösungsdokumentation existierenden Elementtypen und deren Attribute über Berechtigungen gesteuert werden.

Die Berechtigungsvergabe folgt der hierarchischen Struktur der Lösungsdokumentation. Zunächst müssen Sie *Berechtigungsbereiche* (SMUDAREA) und *Berechtigungsgruppen* (SMUDAUTGR) definieren. Anhand von Berechtigungsbereichen legen Sie fest, auf welche Lösung und auf welche Ordner zugegriffen werden darf. Die Berechtigungsgruppen definieren die Elementtypen und deren Attribute, auf die der Zugriff gewährt wird.

Berechtigungsbereiche und -gruppen

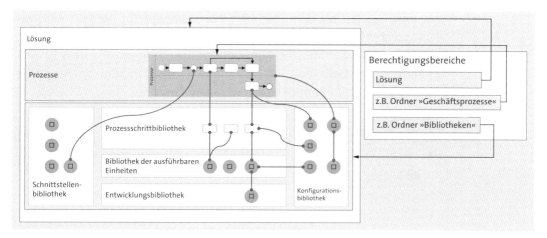

Abbildung 3.51 Lösung mit zugeordneten Berechtigungsbereichen

Abbildung 3.51 zeigt noch einmal die Ihnen schon bekannte grafische Darstellung der Lösungsdokumentation, hier nun mit zugeordneten Berechtigungsbereichen. In diesem Beispiel legen die Berechtigungsbereiche den Zugriff auf die Ordner **Geschäftsprozesse** und **Bibliotheken** fest.

Berechtigungs-bereich definieren

Bei der Erstellung von Berechtigungen werden die Berechtigungsbereiche und Berechtigungsgruppen zugeordnet. Berechtigungsbereiche legen Strukturelemente fest, während Berechtigungsgruppen Elementtypen mit deren Attributen definieren. Über eine Customizing-Sicht namens SMUD_AUTHG werden Berechtigungsbereiche und -gruppen zentral abgelegt. Die Definition eines Berechtigungsbereichs in dieser Customizing-Sicht sehen Sie in Abbildung 3.52. In diesem Beispiel schränkt der Berechtigungsbereich den Zugriff auf die Strukturelemente der Prozessmappe **08 Verkauf** ein.

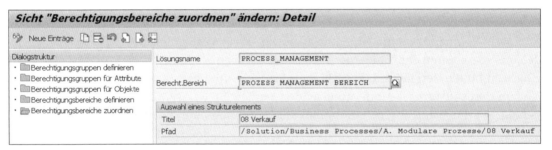

Abbildung 3.52 Definition eines Berechtigungsbereichs zu einer Lösung

Alle unterhalb dieser Hierarchieebene liegenden Strukturelemente und Elementtypen werden in den Berechtigungsbereich mit eingeschlossen, sofern der Zugriff nicht durch weitere Bereiche bzw. bei Elementtypen durch Berechtigungsgruppen eingeschränkt wird.

Innerhalb von Berechtigungsbereichen und -gruppen wird keine Einschränkung auf Branches definiert. Für Elemente, für die kein Berechtigungsbereich bzw. keine -gruppe definiert wird, gilt immer ein Default-Bereich bzw. eine Default-Gruppe, die vom System voreingestellt ist. Jede kundeneigene Definition von Berechtigungsbereichen und -gruppen überlagert somit die Default-Berechtigungskonfiguration.

Hinweis: Report SMUD_MODEL_BROWSER

Um die Struktur von Berechtigungsgruppen besser verstehen zu können, können Sie den Report SMUD_MODEL_BROWSER ausführen. Dieser Report zeigt die Struktur der Strukturelemente und Elementtypen der Prozesshierarchie (siehe Abbildung 3.53).

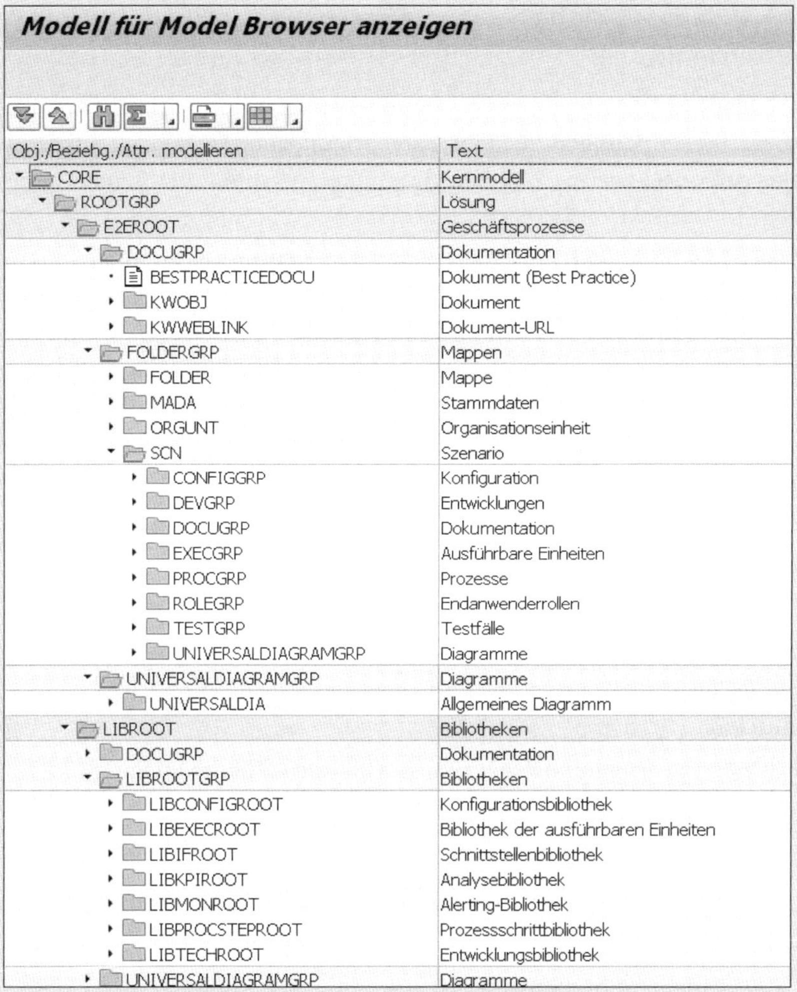

Abbildung 3.53 Listenausgabe des Reports »SMUD_MODEL_BROWSER«

Für den Zugriff auf die Objekte der Lösungsdokumentation wird das Berechtigungsobjekt SM_SDOC ausgeliefert, das die folgende Struktur aufweist:

Berechtigungs-objekt SM_SDOC

1. SLAN: Lösung, die gelesen oder deren Inhalt geändert werden kann

2. SBRA: Branch, in dem Operationen möglich sind

3. SMUDAREA: Berechtigungsbereich, d. h. der Strukturbereich, auf den Zugriff gewährt wird

4. SMUDAUTGR: Berechtigungsgruppe, d. h. die Elementtypen und deren Attribute, auf die ein Zugriff gewährt wird

5. ACTVT: Aktivität, die für bestimmte Strukturelemente und Elementtypen erlaubt wird

Berechtigungen ausprägen

Nach der Festlegung von Berechtigungsbereichen und -gruppen können Sie die Berechtigungen zu dem Berechtigungsobjekt SM_SDOC ausprägen. Dazu rufen Sie, wie für SAP-Berechtigungen gewohnt, die Berechtigungspflege in Transaktion SUO3 auf.

Berechtigungs-objekt SM_SDOCADM

Angesichts der Mächtigkeit der Lösungsverwaltung sind die Berechtigungen für diese Anwendung sehr umfassend. In der Lösungsverwaltung ist die Möglichkeit zerstörerischer Aktionen besonders kritisch, was differenzierte Berechtigungen erforderlich macht. Hierzu wird das Berechtigungsobjekt SM_SDOCADM bereitgestellt. Die darin enthaltenen Berechtigungen erlauben es, Lösungen anzulegen, Einstellungen der Lösungsverwaltung zu ändern, öffentliche Suchprofile zu nutzen oder Sichten (Views) in der Lösungsdokumentation anlegen zu können.

Das Berechtigungsobjekt SM_SDOCADM hat folgende Struktur:

1. SLAN: Restriktion des Zugriffs und der Bearbeitungsmöglichkeit auf eine Lösung

2. SBRA: Restriktion des Zugriffs und der Bearbeitungsmöglichkeit auf einen Branch

3. SBRAASPECT: sogenannte *Aspekte*, d. h. Bereiche für die Pflege

4. ACTVT: Aktivitäten, die durchgeführt werden dürfen, wie Anlegen, Ändern und Löschen

Aspekte

Im Feld SDBRAASPECT des Berechtigungsobjekts SM_DOCADM können folgende Aspekte gepflegt werden:

■ SLAN: Anlegen/Löschen einer Lösung

■ SBRA: Anlegen/Löschen eines Branches

■ VIEW: Anlegen öffentlicher Profile in Sichten und Umfängen (Scopes)

■ PROPERTIES: Ändern regulärer Attribute

■ CHCONTROL: Setzen oder Entfernen der Zuordnung einer Change-Change-Control-Landschaft zu einem Branch

■ SITE: Aktivieren der Standortfunktionalität

■ LOGCOMP: Pflegen logischer Komponentengruppen und logischer Komponenten

■ LIBRARY: Ausführen des Generierungs-Cockpits

■ SRCH_INDEX: Generieren/Nachgenerieren des Such-Indexes

- DOCU_TYPE: Zuordnung von Dokumentenarten
- CONT_LANGU: Pflegen der möglichen Sprachen der Lösungs-
  dokumentation
- SBPP: Hochladen von Lösungsdokumentationsinhalten
- DEPLOYMENT: Möglichkeit, bereits deployte Lösungsdokumentations-
  inhalte in der Export-/Import-Sicht zu löschen

Die Anzeigeberechtigung wird nur gegen die Ausprägung des Feldes SLAN geprüft.

Einige Berechtigungen für Aktionen in der Lösungsdokumentation sind darüber hinaus lösungsübergreifend. Die Ausprägung des Feldes SLAN wird dabei ignoriert. Folgende Aspekte sind in diesem Kontext relevant:

- DOCU_TYPES: Verwaltung von Dokumentenarten
- LAYOUT: Sichern öffentlicher Sichten
- SRCH_CRIT: Sichern öffentlicher Suchen
- SYSROLE: Pflege von Systemrollen
- REPORT: Anlegen, Ändern oder Löschen von Reports
  der Lösungsdokumentation

Im Kontext der Lösungsdokumentation kommt weiterhin das *SAP Knowledge Warehouse* (KW) des SAP Solution Managers zum Einsatz. Deshalb gelten neben den spezifischen Berechtigungsobjekten für die Lösungsdokumentation und -verwaltung auch weiterhin die Berechtigungsobjekte für die Pflege von Dokumenten aus dem KW. Die folgenden beiden Berechtigungsobjekte definieren daher die Zugriffsberechtigungen auf Dokumente des KW und sind Teil der Berechtigungskonfiguration innerhalb der SAP-Basis:

SAP Knowledge Warehouse

- S_SMDATT: Definition der Dokumentenordnergruppe sowie der Attribute und deren Ausprägung
- S_SMDDOC: Definition der Dokumentenart, des Dokumentenstatus, der Sensitivität sowie der Aktivitäten, die für Dokumente ausgeführt werden dürfen

SAP liefert Standardprofile für einzelne Rollen aus, die mit dem SAP Solution Manager arbeiten. Sie können diese Standardprofile als Vorlage verwenden, müssen die Berechtigungsbereiche und -gruppen jedoch für Ihre spezifischen Anforderungen anpassen. Folgende Berechtigungsrollen werden mit der Lösungsdokumentation ausgeliefert:

Standardprofile

- SAP_SM_SL_ADMIN: Lösungsadministrator
- SAP_SM_SL_DISPLAY: Anzeige der Lösungsdokumentation

- **SAP_SM_SL_EDIT**: Pflege der Lösungsdokumentation ohne Diagramme
- **SAP_SM_SL_EDIT_BPMN**: Pflege der Lösungsdokumentation mit Diagrammen

Abbildung 3.54 zeigt den Aufbau und die Berechtigungen der SAP-Standardrolle für den Lösungsadministrator.

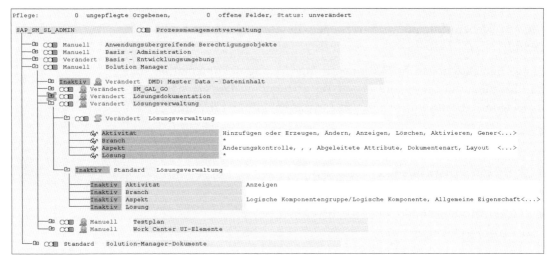

Abbildung 3.54 Standardrolle für den Lösungsadministrator

In Abbildung 3.55 sehen Sie die Standardrolle für die Anzeige der Lösungsdokumentation, die z. B. an den Entwickler einer Lösung vergeben werden kann.

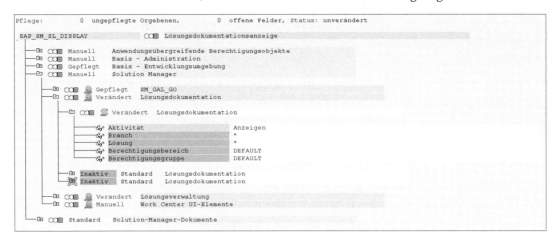

Abbildung 3.55 Standardrolle für Lösungsentwickler

Neben diesen Standardberechtigungsrollen gibt es die Berechtigungsrolle SAP_SM_KW aus dem KW, die für die Pflege der Dokumente vorkonfiguriert ist.

Kapitel 4

Abbildung von Prozessstrukturen in der Lösungsdokumentation

Prozesse werden in der Lösungsdokumentation hierarchisch strukturiert.
Mit dieser Struktur und deren Elementen beschäftigt sich dieses Kapitel.

Die Datenablage für das Prozessmanagement wird als *Lösungsdokumentation* bezeichnet. Im Wesentlichen besteht die Lösungsdokumentation aus zwei großen Ablagebereichen:

- Als erste Ablage ist die *Prozesshierarchie* zu nennen, in der alle Strukturelemente von Prozessen hierarchisch angeordnet werden. Diese Hierarchie ist Thema dieses Kapitels.

- Daneben gibt es die *Bibliotheken*, in denen Bibliothekselemente wie Prozessschritte, Schnittstellen, Entwicklungselemente, Konfigurationseinheiten, ausführbare Einheiten und Alert-Konfigurationen angelegt werden. Die Bibliotheken können als Basis für den Aufbau von Prozessen in der Prozesshierarchie dienen und werden im folgenden Kapitel ausführlich behandelt.

In diesen zwei Ablagen können den Strukturelementen bzw. Bibliothekselementen weitere Elemente wie z. B. Diagramme, Dokumente und Testfälle zugeordnet werden.

4.1 Oberfläche und einige grundlegende Funktionen der Lösungsdokumentation

Im SAP Solution Manager 7.2 ruft Transaktion SOLDOC die Lösungsdokumentation auf. Anstatt den Transaktionscode einzugeben, können Sie auch über das SAP Solution Manager Launchpad in die Lösungsdokumentation navigieren. Dies ist auch aus anderen Bereichen des SAP Solution Managers möglich, die mit der Lösungsdokumentation integriert sind, z. B. aus dem Change Request Management.

Aufruf

Den Aufbau der Oberfläche der Transaktion sehen Sie in Abbildung 4.1:

❶ Im oberen Bereich der Transaktion werden *globale Funktionen* wie die Suche, die Listen- oder Browser-Anzeige, der Verwendungsnachweis (siehe Abschnitt 5.9, »Verwendungsnachweis für Bibliothekselemente«), die Auswahl des angezeigten Umfangs durch Sichten, das Navigationsprotokoll und die Favoriten angezeigt. Außerdem können Sie hier Branches, Standorte, Systeme und Änderungsaufträge selektieren.

❷ Der *Attributbereich* auf der rechten Seite definiert die *statischen Attribute* für das jeweils selektierte Strukturelement, Bibliothekselement oder freie Element.

❸ In der *Elementliste* im unteren Bereich können Sie *dynamische Attribute* zu jedem Strukturelement, Bibliothekselement oder freie Element pflegen.

❹ Im *Browser* sehen Sie die hierarchische Struktur der Lösungsdokumentation, während in der *Listensicht* eine flache Liste der Strukturelemente und der diesen zugeordneten Elemente angezeigt wird.

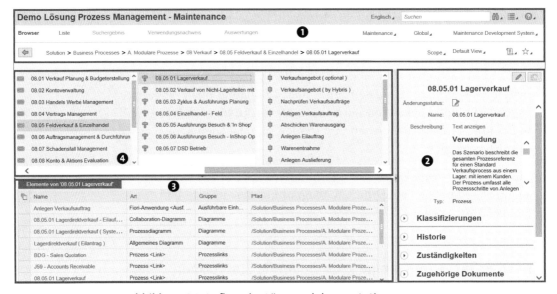

Abbildung 4.1 Aufbau der Lösungsdokumentation

Statische und dynamische Attribute

Statische Attribute sind Attribute wie Name, Status, logische Komponente, Standort, zugehörige Dokumente, Historie oder Speicherort. Sie sind vom System vorbelegt, variieren aber je Strukturelement bzw. Elementtyp.

Dynamische Attribute sind typisiert in ausführbare Einheiten, Diagramme, Dokumente, Testfälle und Alerting-Objekte und können jeweils unterschiedlichen Strukturelementen sowie Elementen der Lösungsdokumentation zugeordnet werden.

Die *Suchfunktion* und das *Konfigurationsmenü* () rechts oben in den globalen Funktionen sind die Funktionen, die Sie innerhalb der Lösungsdokumentation am häufigsten verwenden werden (siehe Abbildung 4.2).

Suchfunktion

Suchen	🔭 ⯆ ☰ ⯆

Abbildung 4.2 Suchfunktion und Konfigurationsmenü

Die erweiterte Suche, die Sie in Abbildung 4.3 sehen, erreichen Sie über das Fernglassymbol (🔭). Sie können z. B. nach allen Strukturelementen der Lösungsdokumentation suchen, auf die ich in Abschnitt 4.2.2, »Prozesshierarchien im SAP Solution Manager 7.2« im Einzelnen eingehe, oder nach allen Elementtypen der Bibliotheken, die ich in Kapitel 5, »Bibliotheken«, vorstelle.

Eine Suchanfrage kann innerhalb einer Lösungsdokumentation gesichert werden. Sie können für die gesicherte Suche sowohl eine private (nur für den eigenen Benutzer) als auch eine öffentliche Sichtbarkeit einstellen.

Abbildung 4.3 Suchanfragen sichern

Neben der Suchfunktion existieren folgende generelle Einstellungen, die Sie über das Konfigurationsmenü vornehmen können:

Konfigurationsmenü

- Auswahl einer Lösung
- Definition eines Umfangs (Scope, siehe Abschnitt 3.5, »Umfänge und Sichten verwenden«)

- Reportausführung (siehe Abschnitt 6.4, »Vollständigkeits-Reporting für die Dokumentation«)
- Generierung von Prozessdokumenten
- Definition freier Diagrammeinheiten
- allgemeine Einstellungen

Allgemeine Einstellungen

Die *allgemeinen Einstellungen* rufen Sie auf, indem Sie auf den Pfeil neben dem Menüsymbol (▤) klicken. Diese Einstellungen erlauben Ihnen benutzerspezifische Anpassungen der Lösungsdokumentation wie die Beschränkung der Anzeige auf einen Gültigkeitsbereich (*Umfang* bzw. *Scope*) oder bestimmte Elementtypen (siehe Abbildung 4.4).

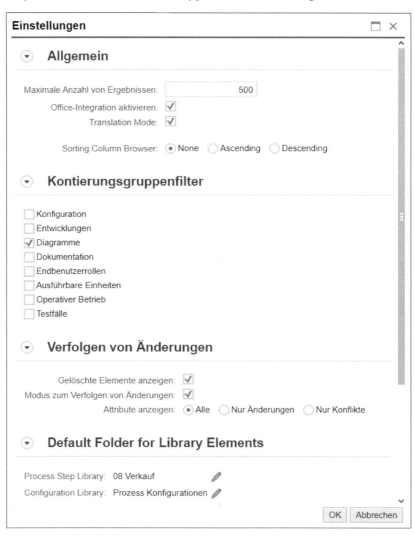

Abbildung 4.4 Allgemeine Einstellungen

Sie können hier auch eine *Änderungsnachverfolgung* anzeigen lassen oder bestimmte Ordner vorselektieren, in die neue Bibliothekselemente abgelegt werden sollen. Die letzteren beiden Funktionen sind nützliche Einstellungsmöglichkeiten, die es in der Lösungsdokumentation im SAP Solution Manager 7.1 noch nicht gab.

Unterhalb der Suche und des Konfigurationsmenüs können Sie auswählen, für welchen Branch (hier **Entwicklung**) und für welche Systemrolle (hier **Entwicklungssystem**) Sie die Lösungsdokumentation anzeigen möchten (siehe Abbildung 4.5). **Global** bedeutet, dass der Default-Standort selektiert wird, also kein spezifischer Standort wie APA oder EMA und dessen Systemlandschaft. Das Standortkonzept habe ich in Abschnitt 3.4, »Standortkonzept«, dargestellt.

Sichten und Umfang wählen

Abbildung 4.5 Branch und Systemrolle auswählen

Wiederum darunter können Sie eine benutzerspezifische Sicht (View) auf die Lösungsdokumentation auswählen. In Abbildung 4.6 ist beispielsweise der **Default View** ausgewählt. Wie Sie eigene Sichten anlegen, erfahren Sie in Abschnitt 3.5, »Umfänge und Sichten verwenden«. Daneben können Sie über das Schriftrollensymbol (🗐) das Navigationsprotokoll aufrufen. Es erlaubt die Rückkehr zu zuvor aufgerufenen Navigationsereignissen, also zu bestimmten Elementen in der Lösungsdokumentation. Über das Sternsymbol (⭐) können Sie bestimmte Navigationsereignisse als Favoriten definieren.

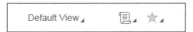

Abbildung 4.6 Sichtenauswahl, Navigationsprotokoll und Favoriten

4.2   Prozesshierarchien und ihre Elemente

Ich beschreibe in diesem Abschnitt zunächst die Hierarchie der Lösungsdokumentation im SAP Solution Manager 7.1 und gehe dann auf die abweichende Struktur in Version 7.2 ein. Die Dreistufigkeit aus Szenario, Prozess und Prozessschritt im SAP Solution Manager 7.1 ist auch Teil der Prozessstruktur in Release 7.2. Viele Kunden haben einen großen Bestand an historischen Prozesshierarchien aus dem SAP Solution Manager 7.1 und den angebundenen Drittanbieterwerkzeugen. Um diese auf das neue Konzept in Release 7.2 übertragen zu können, ist es wichtig, die Unterschiede in der Struktur zu kennen und das neue Design zu verstehen.

4.2.1   Prozesshierarchien im SAP Solution Manager 7.1

| Projekte in SAP Solution Manager 7.2 | In der Lösungsdokumentation im SAP Solution Manager 7.1 gab es eine dreistufige Prozesshierarchie aus Szenario, Prozess und Prozessschritt. Diese wurde in *Projekten* organisiert. Auf Ebene von *Szenarien* konnten Sie Organisationseinheiten sowie Stammdaten beschreiben und ablegen. Auch auf Ebene eines Projekts bzw. einer Lösung können Organisationseinheiten und Stammdaten szenarioübergreifend abgelegt werden. In der exemplarischen Prozesshierarchie eines Projekts in Abbildung 4.7 erkennen Sie beispielsweise das Szenario **Vertriebs- und Serviceprozesse in ERP**. Diesem ist standardmäßig jeweils einen Ordner für Organisationseinheiten und Stammdaten zugeordnet. |

Das Projekt bzw. die Lösung bildet in dieser Hierarchie selbst ein Hierarchieelement, hier das Wurzelelement **Templateprojekt für ERP**. Es handelt sich bei dieser Hierarchie also um eine Bereichshierarchie für die Prozessstrukturen in SAP ERP.

Geschäftsprozesse, Organisationseinheiten und Stammdaten

Neben den Organisationseinheiten und Stammdaten werden *Geschäftsprozesse* unterhalb des Szenarios angeordnet, in Abbildung 4.7 beispielsweise der Prozess **Master Data Governance for Customer**. Weiter unterhalb dieser Prozesse werden wiederum Prozessschritte angeordnet, hier z. B. der Prozessschritt **Initial load for customer**.

Konfigurationen

Konfigurationen können im SAP Solution Manager 7.1 ausschließlich auf Ebene der Projekte dokumentiert werden und existieren nicht in der Lösung. Konfigurationsstrukturen sind frei definierbar und können mehr als drei Hierarchieebenen darstellen.

Abbildung 4.8 zeigt die Abbildung von Konfigurationen mit einer Struktur für die Bereiche Sicherheit (**Security**) und Berechtigungen (**Authorizations**). Die Konfigurationen werden durch Aufruf von Transaktion SOLAR02 definiert, während Prozesshierarchien durch Aufruf von Transaktion SOLAR01 (Blueprint) angelegt werden.

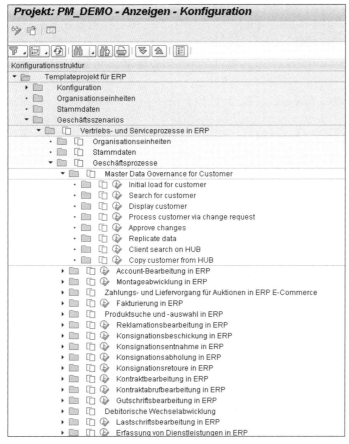

Abbildung 4.7 Projekthierarchie im SAP Solution Manager 7.1 mit Szenarien, Prozessen und Prozessschritten

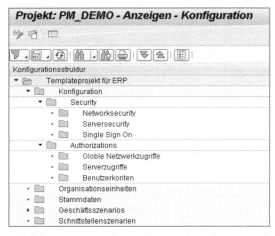

Abbildung 4.8 Konfigurationsstruktur im SAP Solution Manager 7.1

Schnittstellen-
szenarien

Des Weiteren existierten im SAP Solution Manager 7.1 noch sogenannte *Schnittstellenszenarien* als isolierte Struktur. Sie erlaubten die Beschreibung von Schnittstellen, allerdings ohne diese im Kontext von Prozessen referenzieren oder in das Schnittstellen-Monitoring (Application Interface Monitoring, AIM) einbinden zu können.

Referenz-
architektur

Um den Unterschied zwischen der Architektur der Lösungsdokumentation im SAP Solution Manager 7.1 und in Release 7.2 zu erklären, bediene ich mich des allgemeinen Prozessleveldesigns der Plattform ARIS. Aus den frühen Phasen der Prozessmodellierung im SAP Solution Manager und aufgrund der Popularität von ARIS schon zu Zeiten des R/3-Rollouts kennen Sie vielleicht die Hierarchielevel L1 bis L5. Der SAP Solution Manager 7.1 bildete die Level L2 bis L4 dieser Hierarchie ab (siehe Tabelle 4.1).

ARIS	SAP Solution Manager 7.1
L1: Prozessbereich	nicht abgebildet auf Strukturebene
L2: Hauptprozess	abgebildet durch Szenario
L3: Prozess	abgebildet als Prozess
L4: Teilprozess	abgebildet als Prozessschritt
L5: Unterprozess	nicht abgebildet auf Strukturebene
L6: Funktion, Task	nicht abgebildet auf Strukturebene

Tabelle 4.1 Prozessleveldesign in ARIS und dessen Abbildung im SAP Solution Manager 7.1

4.2.2   Prozesshierarchien im SAP Solution Manager 7.2

Mit dem SAP Solution Manager 7.2 wurden die drei Hierarchieebenen L2 bis L4 erweitert; die Strukturelemente Szenario, Prozess und Prozessschritt wurden beibehalten. Außerdem wurde die Möglichkeit, Schnittstellen abzubilden, in die Prozesshierarchie integriert. Die Lösungsdokumentation wurde um eine Bibliotheksfunktion erweitert, die ich in Kapitel 5, »Bibliotheken«, erläutere. Ich werde zwischen Strukturelementen, Bibliothekselementen und freien Elementen unterscheiden.

Geschäftsprozesse und Bibliotheken

Die interne Struktur der Lösungsdokumentation habe ich bereits in Abschnitt 1.5, »Prozessmanagement im SAP Solution Manager 7.2«, kurz vorgestellt. Unterhalb des Ordners der Geschäftsprozesse werden Prozesse und Prozessketten innerhalb von Szenarien organisiert. Diesen Prozessen werden Prozessschritte, Schnittstellen, Konfigurationen und z. B. ausführbare Einheiten, Entwicklungselemente und Dokumente als dynamische Attribute zugeordnet. Prozessschritte und Schnittstellen sowie ausführbare Einheiten werden jeweils in einer zentralen Bibliothek verwaltet. Elemente der Bibliothek können innerhalb der Lösungsdokumentation referenziert werden.

Schauen wir uns zuerst die Grundstruktur im Browser-Bereich nach der Anlage einer neuen Lösung an. Hier sind bereits zwei Ordner vorgegeben: **Geschäftsprozesse** und **Bibliotheken** (siehe Abbildung 4.9). Im Bereich der globalen Funktionen sind standardmäßig der Produktiv-Branch und das Produktivsystem ausgewählt. Die Lösungsdokumentation kann in diesem Branch nicht gepflegt werden. Der Produktiv-Branch erhält Änderungen ausschließlich aus dem Wartungs-, dem Entwicklungs- und dem Betriebs-Branch.

Geschäftsprozesse und Bibliotheken

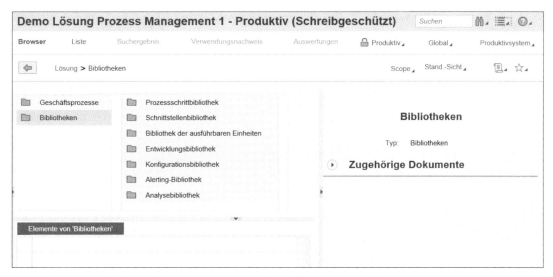

Abbildung 4.9 Default-Struktur einer Lösung nach Aufruf von Transaktion SOLDOC

Unterhalb der Struktur **Geschäftsprozesse** können sich entweder weitere Hierarchieelemente vom Typ *Mappe* befinden oder Szenarien, Stammdaten oder Organisationseinheiten strukturiert angeordnet werden. Eine Empfehlung für den Aufbau der Geschäftsprozesshierarchie gebe ich in den folgenden Abschnitten.

Bezugnehmend auf das Hierarchielevelmodell aus ARIS mit den Levels L1–L5 (siehe Abschnitt 4.2.1, »Prozesshierarchien im SAP Solution Manager 7.1«), empfehle ich, auf der nächsten Ebene unterhalb des

Modulare Prozesse und Prozessketten

Ordners **Geschäftsprozesse** einen Ordner für Prozesstypen wie modulare Prozesse und Prozessketten anzulegen. Markieren Sie dazu den Ordner **Geschäftsprozesse**, und öffnen Sie das Kontextmenü für den Hierarchiebereich unterhalb dieses Ordners. Wählen Sie hier den Typ **Mappe** aus. *Modulare Prozesse* sind die Grundbausteine für jede Änderung in den IT-Systemen. Sie bilden außerdem die funktionalen Einheiten für Einzelprozesstests wie des Prozesses »Einkauf«. *Prozessketten* folgen den Wertschöpfungsketten von Firmen und erlauben Integrationsfunktionstests, z. B. für den Prozess »Auftrag zu Rechnungsabschluss«.

Neben den Ordnern für die modulare Prozesse und Prozessketten empfiehlt es sich, einen Ordner für Best-Practices-Vorlagen von SAP anzulegen. Über diese können Sie die Konfigurationsvorlagen von SAP in Ihre Lösungsdokumentation einbinden.

Namens-
konventionen
Als Konvention für die Benennung dieses Ordners folge ich der Empfehlung von SAP und nutze alphabetische Kennzeichen, wie in Abbildung 4.10 zu sehen, z. B.:

- A: Modulare Prozesse
- B: End-to-End-Prozesse
- C: SAP Best Practice

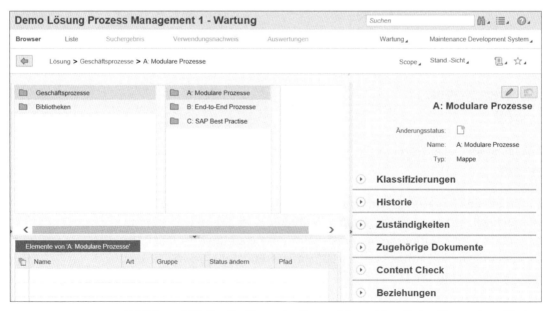

Abbildung 4.10 Zweite Ebene der Prozesshierarchie mit den Elementen »Modulare Prozesse«, »End-to-End-Prozesse« und »SAP Best Practice«

Modulare Prozesse und Prozessbereiche

Technisch sind weitere Ebenen von Ordnern möglich. Einzelne *Prozessbereiche* sollten etwa unterhalb der Ebene **Modulare Prozesse** angelegt werden. Markieren Sie dazu den Ordner **Modulare Prozesse** und nutzen Sie das Kontextmenü auf der Ebene unterhalb dieser Hierarchieebene, um einen Prozessbereich vom Typ Mappe zu definieren.

Prozessbereiche

Die Prozessbereiche entsprechen Level L1 des Referenzmodells. Zur Benennung des Ordners für die einzelnen Prozessbereiche empfiehlt SAP Nummerngruppen. Dabei steht jeweils eine zweistellige Nummer für einen Prozessbereich, z. B. »08 Verkauf« (siehe Abbildung 4.11). Eine Nummerngruppe repräsentiert somit ein Level der Darstellungsebene.

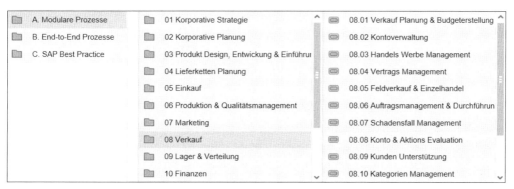

Abbildung 4.11 Ordner für die Prozessbereiche

Szenarien

Wenn wir der Logik des Hierarchielevelmodells weiter folgen, sollten unterhalb der Prozessbereiche vom Typ Mappe die *Szenarien* vom Typ Szenario liegen. Dies entspricht Level L2 des Referenzmodells. Gehen Sie wie gewohnt vor, um diese Ebene anzulegen: Wählen Sie das Strukturelement der übergeordneten Hierarchieebene (den Prozessbereich) aus, und öffnen Sie mit einem Rechtsklick das Kontextmenü für die darunterliegende Ebene. Hier wählen Sie den Eintrag **Szenario**.

Typ Szenario

Unterhalb der Szenarien können die Ordner vom Typ Prozess für die Prozesse angelegt werden, also Level L3. Als Namenskonvention für die Szenarien wird die Nummernkennung mit je einer weiteren zweistelligen Nummer erweitert, z. B. »08.05 Feldverkauf & Einzelhandel«. Für die Prozesse wird wieder eine zweistellige Nummer angehängt, beispielsweise »08.05.01 Lagerverkauf«. Diese beiden Ebenen sehen Sie in Abbildung 4.12.

Unterhalb von Szenarien können neben den Prozessstrukturelementen auch Strukturelemente für Organisationseinheiten oder Stammdaten existieren.

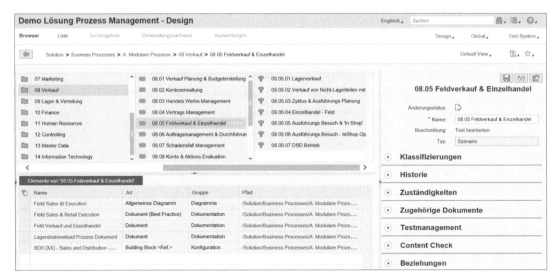

Abbildung 4.12 Ordnerstruktur für Szenarien und Prozesse

Prozessschritte und Schnittstellen

Referenzen auf Bibliothekselemente

Die Strukturelemente *Prozessschritt* und *Schnittstelle* sind wiederum unterhalb von Prozessen angeordnet. Mit ihnen beginnt eine Modularisierungsebene von Elementen, die ausschließlich in der entsprechenden Bibliothek angelegt werden. Im Prozessmodell wird lediglich auf diese Objekte in der Bibliothek referenziert. Sie erzeugen eine Referenz auf einen Prozessschritt oder eine Schnittstelle mithilfe des Kontextmenüs, das Sie eine Ebene unterhalb eines Strukturelements vom Typ Prozess öffnen.

Allerdings können Sie die referenzierten Prozessschritte und Schnittstellen in der Prozesshierarchie um statische Attribute erweitern. Diese Erweiterungen sind dann nur in der Referenz sichtbar, also nicht in der Bibliothek beim Originalelement. Die dynamischen Attribute einer Referenz in der Elementliste sind erweiterbar. Referenzen auf Prozessschritte erlauben somit die Interpretation eines Schritts aus der Prozessschrittbibliothek im Prozesskontext.

Prozessschrittreferenz

Abbildung 4.13 zeigt als Beispiel die Referenz auf den Prozessschritt **Verkaufsangebot (optional)**. Dieser Schritt ist unterhalb des Prozesses **08.05.01 Lagerverkauf** angeordnet und weist keine Nummernkennung auf. Der Prozessschritt ist ein Objekt der Prozessschrittbibliothek. Die statischen Attribute auf der rechten Seite, z. B. die **Klassifizierungen**, beschreiben die

Referenz näher. Diese Informationen sind prozessspezifisch. Auch die in der Elementliste im unteren Bereich zugeordnete ausführbare Einheit **Überarbeiten Angebot** (eine SAP-Fiori-Applikation) ist eine Referenz. Das originale Objekt ist in der Bibliothek der ausführbaren Einheiten dokumentiert.

Abbildung 4.13 Prozessschritt als Referenz auf einen Originalprozessschritt

Mit dem Aufbau der *Prozessschrittbibliothek*, die lösungsweit eindeutige Objekte enthält, löst der SAP Solution Manager 7.2 das Problem der Redundanzen innerhalb von Prozessschrittdokumentationen. Diese Redundanzen waren im SAP Solution Manager 7.1 kaum zu beherrschen.

Genau wie die Prozessschritte können auch Schnittstellen referenziert werden, die in der Schnittstellenbibliothek dokumentiert werden. In Abbildung 4.14 sehen Sie beispielsweise die Referenz auf die Schnittstelle **Angebot zu Verkauf**. Sie weist statische Attribute und ein Alert-Element in der der Elementliste auf. Das Konzept der Schnittstellen wird in Abschnitt 5.2, »Schnittstellenbibliothek«, detaillierter beschrieben.

Schnittstellenreferenz

Prozessschritte und Schnittstellen kommen nur als Referenz in der Prozesshierarchie vor; sie können also mit einer Kardinalität von 1:n in mehreren Prozessen verwendet werden. Daher gibt es für die Elemente dieser Ebene auch keine Namenskonvention mit inkrementeller Nummerierung nach dem Schema nn-nn-nn-nn wie bei den anderen Strukturelementen der Hierarchie.

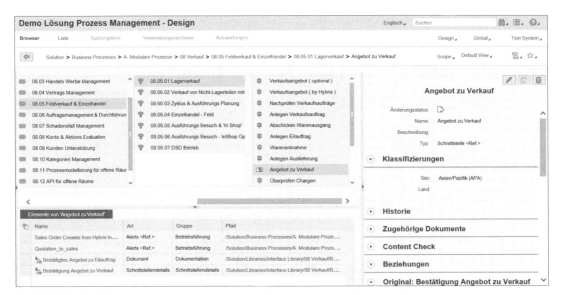

Abbildung 4.14 Schnittstelle »Angebot nach Verkauf«

Die Referenzen auf Prozessschritte und Schnittstellen bilden die tiefste Modellierungsebene der Prozesshierarchie. Eine fünfte Ebene L5 existiert, wenn überhaupt, ausschließlich im Kontext des Testschrittdesigners von Focused Build, der dort im Umfeld des Testmanagements verwendet wird. Auf dieses Werkzeug komme ich in Abschnitt 6.3.3, »Testschritte in Focused Build«, zurück.

Prozessketten

End-to-End-Prozesse
Zur Kennzeichnung von *Prozessketten* (End-to-End-Prozesse) wird keine Nummerierung empfohlen. Stattdessen können Sie eine einleitende Kennung vor der Bezeichnung der Prozesskette ergänzen, z. B. »E2E« (für End-to-End-Prozess). Eine Prozesskette kann damit beispielsweise »E2E Auftrag zu Bezahlung« (Order-to-Cash) oder »E2E Einkauf zu Bezahlung« (Procurement-to-Pay) heißen. Prozesskettennamen setzen sich meist aus den Namen des Start- und des Endprozesses zusammen, getrennt durch das Wort »zu«.

Typ Szenario
Prozessketten sind keine Prozessbereiche, sondern Elemente vom Typ Szenario. Eine Ebene tiefer liegen die Spezialisierungen einer Prozesskette vom Typ Prozess wie »Auftrag zu Bezahlung für fertige Güter« (Order-to-Cash for finished goods). Daher werden Prozessketten auf die gleiche Weise wie Szenarien bzw. modulare Prozesse angelegt.

Prozessketten werden durch eine Kette von Prozessschritten und Schnittstellen aus der Prozessschritt- und Schnittstellenbibliothek ausgeprägt. Logisch stellen die Prozessschritte und Schnittstellen einer Prozesskette eine Aggregation der Prozessschritte und Schnittstellen dar, die in den modularen Prozessen modelliert wurden.

Ein Architekt prägt Prozessketten daher erst nach der Ausprägung modularer Prozesse aus. Anders ist das bei einem Business-Analysten, der meist erst Prozessketten definiert, bevor einzelne modulare Prozesse ausgeprägt werden.

Die Prozessschritte der Prozessketten sind – analog zu den Prozessschritten modularer Prozesse – Referenzen auf die Prozessschrittbibliothek. Abbildung 4.15 verdeutlicht die Verwendung der Prozessschrittreferenzen (durch unterschiedliche Graustufen gekennzeichnet) in einer Prozesskette oder einem modularen Prozess schematisch.

Prozessschritte der Prozessketten

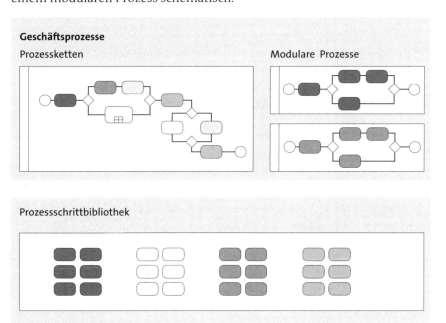

Abbildung 4.15 Referenzierung von Prozessschritten der Bibliothek in modularen Prozessen und Prozessketten

Prozessketten haben allerdings eine Hierarchiestufe weniger als modulare Prozesse, da die Ebene der Prozessbereiche bei den Prozessketten nicht existiert. Abbildung 4.16 zeigt als Beispiel die Prozesskette **Einkauf-zu-Bezahlung**, die unterhalb des Ordners **B: End-to-End-Prozesse** liegt. Das Strukturelement ist vom Typ Szenario. Unterhalb der Prozesskette liegen noch Spezialisierungen der Prozesskettenausführung vom Typ Prozess.

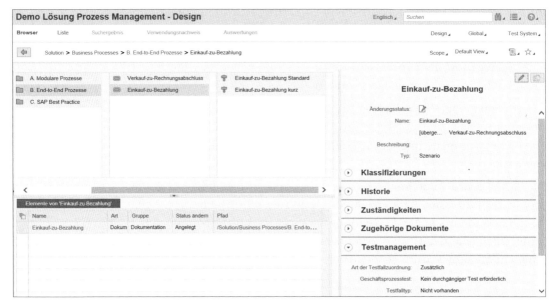

Abbildung 4.16 Abbildung einer Prozesskette in der Lösungsdokumentation

4.3   Attribute von Strukturelementen

Alle Strukturelementtypen wie diejenigen vom Typ Mappe, Szenario oder Prozess tragen sowohl statische als auch dynamische Attribute. Diese werde ich in den folgenden Abschnitten beschreiben. Die statischen und dynamischen Attribute von Prozessschritten und Schnittstellen erläutere ich in Kapitel 5, »Bibliotheken«, im Kontext von Bibliothekselementen. Es sei bereits darauf hingewiesen, dass statische und dynamische Attribute zu jedem Element der Lösungsdokumentation unterstützt werden, wenn auch mit unterschiedlichen Elementtypen.

4.3.1   Mappen

Ordner Mappen, d. h. Ordner, können in der Lösungsdokumentation folgende statische Attribute haben:

- Name des Ordners
- Typ: Mappe (nicht änderbar)
- Langtext
- Standort, Land
- Zuständigkeit

- zugehörige Dokumente (z. B. die Vorgangsarten Änderungsauftrag, Incident etc.; welche Vorgangsarten hier zugeordnet werden können, ist konfigurierbar)
- Inhaltsprüfung (Prüfung, ob beim Versionsabgleich der Branches Regeln verletzt wurden)
- Beziehungen (Referenz zu dem Element, dem das aktuelle Element zugeordnet ist)

Die statischen Attribute können Sie direkt auf der rechten Seite sehen und ändern, wie in Abbildung 4.17 zu sehen.

Attributbereich

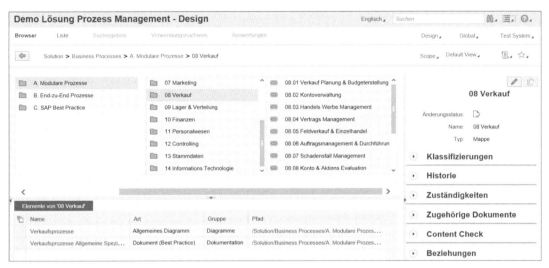

Abbildung 4.17 Anzeige der statischen Attribute

Als dynamische Attribute in der Elementliste erlauben Ordner Dokumente und universelle Diagramme. In Abbildung 4.17 sind beispielsweise ein universelles Diagramm und ein Prozessdokument zugeordnet. Sie können dynamische Attribute über das Kontextmenü der Elementliste zuordnen.

Elementliste

Die zur Selektion angebotenen Dokumentenarten werden in der Lösungsverwaltung konfiguriert. Im Falle eines Ordners für Prozessbereiche wird beispielsweise vor allem die Dokumentenart *Prozessdokumentation* verwendet. Zu jedem Strukturelement, also auch zu Mappen, kann ein *Wertkettendiagramm* generiert werden, das die untergeordneten Strukturelemente in einer Ordnungsrelation darstellt. Ein Beispiel für ein solches Diagramm finden Sie in Abschnitt 6.2.1, »Wertkettendiagramme«.

4.3.2   Szenarien

Szenarien bezeichnen im Kontext modularer Prozesse den Hauptprozess, während sie im Kontext von Prozessketten bereits eine Prozesskette beschreiben. Aufgrund der unterschiedlichen Bedeutung von Strukturelementen vom Typ Szenario sind einige Attribute für diesen Hierarchieelementtyp im Kontext von modularen Prozessen oder Prozessketten mehr oder weniger sinnvoll.

Statische Attribute

Generell erlauben Strukturelemente vom Typ Szenario folgende statische Attributzuordnungen:

- Name des Szenarios
- Langtext
- Typ: Szenario (nicht änderbar)
- Standort
- Land
- Zuständigkeit
- zugehörige Dokumente
- Testfallzuordnung: exklusiv oder additiv. Bei einer additiven Testfallzuordnung werden zu den Testfällen referenzierter Strukturelemente auch die Testfälle der Originale sowie untergeordnete Strukturelemente und deren Testfälle in der Test Suite angeboten. Bei einer exklusiven Zuordnung werden nur die Testfälle des aktuellen Strukturelements angeboten.
- Geschäftsprozesstest: Prozesskettentest erforderlich/nicht erforderlich. Falls das Szenario einen End-to-End-Prozess darstellt, ist ein solcher Test in der Regel erforderlich. Sofern das Szenario einen Hauptprozess der modularen Prozesse darstellt, ist ein solcher Test eher nicht erforderlich.
- Testfalltyp: manuell oder automatisch (wird vom System gesetzt, abhängig von den zugeordneten Testfällen)
- Inhaltsprüfung
- Beziehungen

Dynamische Attribute

Dynamische Attribute können in der Elementliste konfiguriert werden. Sie sind allerdings eher im Kontext modularer Prozesse sinnvoll. So können Sie z. B. Entwicklungselemente auf Ebene von Paketen oder umfassende Konfigurationseinheiten über diese Attribute dokumentieren. Die Ele-

mentliste erlaubt für Szenarien nur universelle Diagramme und keine Kol-
laborations- oder Prozessdiagramme. Diese Diagrammtypen kommen erst
auf Ebene der untergeordneten Strukturelemente zum Einsatz, also z. B. bei
Strukturelementen vom Typ Prozess.

Neben den allgemeinen Diagrammen können einem Szenario folgende
dynamische Attribute über die Elementliste zugeordnet werden:

- Konfigurationseinheit: umfassende Konfigurationselemente für ein ge-
  samtes Szenario innerhalb einer modularen Prozesshierarchie

- Entwicklungselemente (meist Pakete)

- Dokumente zur Beschreibung von Szenarien in Abgrenzung von anderen Szenarien des gleichen Prozessbereichs

- Endanwenderrollen (als Liste)

- ausführbare Einheiten (eher nicht sinnvoll, da Prozessketten als Ordner
  vom Typ Prozess definiert sind)

- Testfälle (auf dieser Ebene ebenfalls weniger sinnvoll)

Der Hauptprozess **08.05 Feldverkauf & Einzelhandel** innerhalb des Prozess-   **Beispiele**
bereichs **08 Verkauf** in Abbildung 4.18 ist ein Strukturelement vom Typ Szenario. Ihm sind als dynamische Attribute beispielsweise ein universelles
Diagramm, ein Dokument und ein Building Block mit Best-Practices-Konfi-
gurationsobjekten zugeordnet. *Building Blocks* sind spezielle von SAP ausgelieferte Bündel von Konfigurationseinheiten.

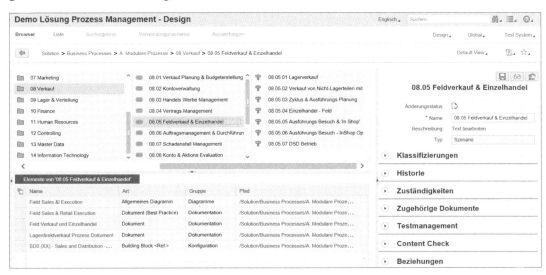

Abbildung 4.18 Dynamische Attribute eines Szenarios

Die Prozesskette **Verkauf-zu-Rechnungsabschluss** in Abbildung 4.19 ist ebenfalls ein Strukturelement vom Typ Szenario. Als dynamische Attribute sind dieser Prozesskette ein universelles Diagramm und ein Prozessdokument zugeordnet, die die generelle Prozesskette dokumentieren. Die eigentlichen Prozessablaufinformationen sind jedoch den untergeordneten Strukturelementen vom Typ Prozess zugeordnet.

Abbildung 4.19 Dynamische Attribute einer Prozesskette

4.3.3   Prozesse

Strukturelemente vom Typ Prozess werden unterschiedlich verwendet, je nachdem, ob der Prozess im Kontext von modularen Prozessen oder Prozessketten definiert wird:

- Im Kontext eines modularen Prozesses beschreibt ein Strukturelement vom Typ Prozess Level L3 unseres Referenzmodells.

- Im Kontext von Prozessketten beschreibt das Strukturelement vom Typ Prozess die Spezialisierung einer Prozesskette und dient als Strukturelement für die Prozesskettenablaufstruktur.

Statische Attribute Dementsprechend werden die statischen Attribute je nach Kontext unterschiedlich genutzt. Generell können Sie für Prozesse die folgenden statischen Attribute definieren:

- Name des Prozesses
- Langtext

- Typ: Prozess (nicht änderbar)

- Standort

- Land

- Aktivität: pimär/unterstützend. Im Kontext von Prozessketten werden eher primäre Prozesse verwenden, während modulare Prozesse auch unterstützend sein können.

- Prozessverfügbarkeit: z. B. »24×5«, also 24 Stunden an fünf Werktagen. Dieses Attribut ist eher für modulare Prozesse als für Prozessketten relevant.

- Zuständigkeit

- zugehörige Dokumente

- Testfallzuordnung: exklusiv oder additiv

- Geschäftsprozesstest: erforderlich/nicht erforderlich. Ist meist sowohl im Kontext von Prozessketten als auch von Tests modularer Prozesse relevant.

- Testfalltyp: manuell/automatisch (wird vom System gesetzt)

- Inhaltsprüfung

- Beziehungen

Auch bei der Zuordnung dynamischer Attribute in der Elementliste müssen Sie abwägen, welche Attribute jeweils im Kontext von modularen Prozessen oder Prozessketten sinnvoll sind. Generell können Sie für Prozesse die folgenden dynamischen Attribute pflegen:

Dynamische Attribute

- Konfigurationseinheiten (siehe Abschnitt 5.8.3, »Konfigurationseinheiten anlegen und referenzieren«)

- Entwicklungselemente (siehe Abschnitt 5.8.4, »Entwicklungselemente anlegen und referenzieren«)

- universelle Diagramme, Kollaborations- und Prozessdiagramme

- Dokumente: Zur Beschreibung von Prozessen bzw. der spezialisierten Prozesskette wird meist die Dokumentenart Prozessdokumentation verwendet.

- Endanwenderrollen (als Liste)

- ausführbare Einheiten (sinnvoll als Starttransaktion des Prozesses oder der Prozesskette)

- Testfälle: Testkonfigurationen, Testdokumente und Testschritte (bei den Testschritten handelt es sich um ein Objekt aus Focused Build)
- Prozesslinks, d. h. Links zu Prozessen, mit denen der aktuelle Prozess in Verbindung steht. Prozesslinks werden auch automatisch vom System eingefügt, wenn ein Prozess in einem Diagramm referenziert wird.
- Prozessvariante: abweichender Ablauf des Prozesses bzw. der Prozesskettenspezialisierung (siehe folgender Abschnitt)
- Alert-Konfigurationen für das Geschäftsprozess-Monitoring
- Analysekonfigurationen für die Geschäftsprozessanalyse

Beispiele Der modulare Prozess **08.05.01 Lagerverkauf** in Abbildung 4.20 ist als Strukturelement vom Typ Prozess unterhalb des Szenarios **08.05 Feldverkauf & Einzelhandel** definiert. Als dynamische Attribute sind ihm beispielsweise verschiedene ausführbare Diagramme, Prozesslinks und eine Prozessvariante zugeordnet.

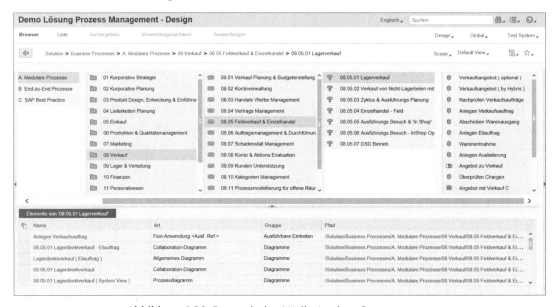

Abbildung 4.20 Dynamische Attribute eines Prozesses

Die Prozesskette **Verkauf-zu-Rechnungsabschluss Standard** in Abbildung 4.21 ist ebenfalls ein Strukturelement vom Typ Prozess. Sie ist als Spezialisierung der Prozesskette **Verkauf-zu-Rechnugsabschluss** vom Typ Szenario definiert.

Abbildung 4.21 Prozesskette als Spezialisierung einer anderen Prozesskette

4.3.4   Prozessvarianten

Wie im vorangehenden Abschnitt im Zuge der dynamischen Elemente bereits angesprochen, besteht die Möglichkeit, eine *Prozessvariante* zu einem Mutterprozess zu definieren. Anders als ihre Mutterprozesse werden Prozessvarianten nicht in der Prozesshierarchie dargestellt, sondern als dynamische Attribute zu Prozessen in der Elementliste gepflegt. Prozessvarianten haben die gleichen statischen Attribute wie Prozesse und existieren nur in Zusammenhang mit ihrem Mutterprozess.

Prozessvarianten stellen Variationen eines Prozesses hinsichtlich seines Ablaufs dar. Sie werden vor allem zur Abbildung verschiedener Testfälle und der unterschiedlichen Nutzung des Prozesses an mehreren Standorten oder in verschiedenen Ländern genutzt. Unter Umständen kann auch der Prozessverantwortliche, meist auch das Prozessdiagramm abweichen.

Variationen eines Prozesses

Damit verhindern Prozessvarianten eine zu komplexe Darstellung aller Prozessvarianten in einem einzigen Prozessdiagramm oder eine zu große Komplexität der Prozesshierarchie. Diese Komplexität läge vor, wenn jede Prozessvariante als Prozess dargestellt würde. Prozessvarianten können sowohl im Kontext modularer Prozesse als auch im Kontext von Prozessketten vom Typ Prozess angewandt werden.

Statische Attribute Die folgenden statischen Attribute können für Prozessvarianten definiert werden:

- Name der Prozessvariante
- Langtext
- Typ: Prozessvariante (nicht änderbar)
- Standort
- Zuständigkeit
- zugehörige Dokumente
- Testfallzuordnung: exklusiv oder additiv
- Geschäftsprozesstest: erforderlich/nicht erforderlich
- Testfalltyp: manuell/automatisch
- Inhaltsprüfung
- Beziehungen

In Abbildung 4.22 sehen Sie rechts die statischen Attribute einer Prozessvariante **Lagerverkauf (mit Eilauftrag)** des Prozesses **08.05.01 Lagerverkauf**. Diese statischen Attribute werden angezeigt, wenn Sie die Prozessvariante in der Elementliste auswählen.

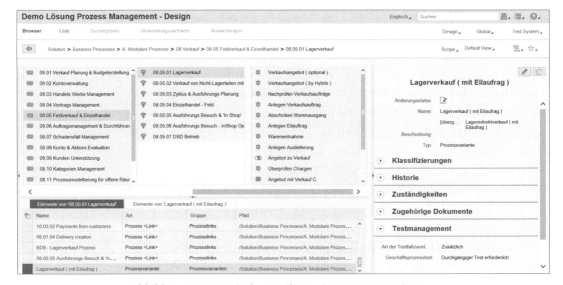

Abbildung 4.22 Statische Attribute einer Prozessvariante

Dynamische Attribute Prozessvarianten haben abweichend zum Mutterprozess ihre eigenen dynamischen Attribute. Sie können z. B. die folgenden dynamischen Attribute zuordnen:

- Diagramme
  (universelles Diagramm, Kollaborationsdiagramm, Prozessdiagramm)
- Dokumente
- ausführbare Einheiten
- Testfälle

Generell können Prozessvarianten abhängig vom Zweck der Variante die gleichen dynamischen Attribute zugeordnet werden wie Prozessen. Der Prozessvariante **Lagerdirektverkauf (mit Eilauftrag)** sind in Abbildung 4.23 beispielsweise eine ausführbare Einheit, ein Prozessdokument, ein Testschritt, eine Testkonfiguration und drei Testdokumente als dynamische Attribute in der Elementliste zugeordnet. Sie erreichen die Elementliste der Prozessvariante, indem Sie die Prozessvariante selektieren und dann die Registerkarte der Prozessvariante in der Elementliste auswählen.

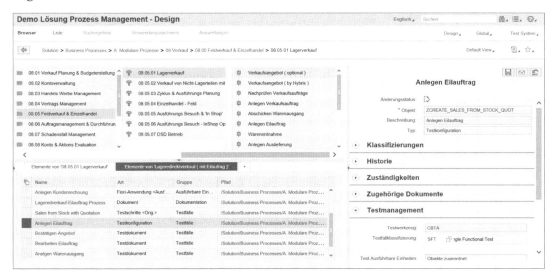

Abbildung 4.23 Dynamische Attribute für eine Prozessvariante

4.3.5   Prozessketten

Prozessketten können die gleichen Attribute zugeordnet werden, die Sie von modularen Prozessen kennen (siehe Abschnitt 4.3.3, »Prozesse«). Auch für dynamische Attribute können Sie aus dem gleichen Vorrat der modularen Prozesse schöpfen. Im rechten Bereich von Abbildung 4.24 sehen Sie beispielsweise die statischen Attribute zu der Prozesskette **Verkauf-zu-Rechnungsabschluss Standard**, eines Strukturelements vom Typ Prozess. Sie erkennen hier auch die dynamischen Attribute in der Elementliste: ein

Statische und dynamische Attribute

Kollaborationsdiagramm, eine Prozessdokumentation und eine Testkonfiguration zu einem automatisch ausführbaren Test.

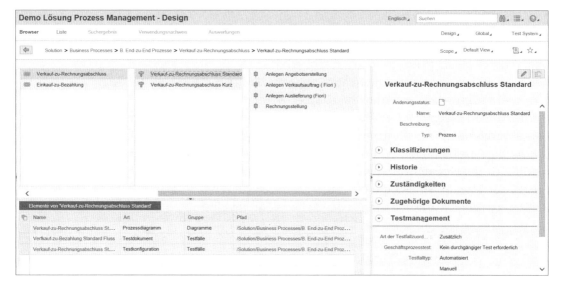

Abbildung 4.24 Statische und dynamische Attribute zu einer Prozesskette

4.3.6 Prozessschrittreferenzen

Prozessschritte als modulare Einheiten einer Prozesshierarchie sind immer Referenzen auf Prozessschritte in der Prozessschrittbibliothek. Alle Bibliothekselemente beschreibe ich in Kapitel 5, »Bibliotheken«, im Detail. Prozessschritte können daher anders als die Strukturelemente vom Typ Mappe, Szenario oder Prozess, die ich in den vorangehenden Abschnitten beschrieben habe, nicht in der Prozesshierarchie angelegt, sondern nur aus dieser heraus erzeugt und referenziert werden. Wie das geht, erfahren Sie in Abschnitt 5.8.1, »Prozessschritte anlegen und referenzieren«. Im Umfeld der Prozesshierarchie spricht man daher von *Prozessschrittreferenzen*. Zu diesen Referenzen können sowohl statische als auch dynamische Attribute zusätzlich zu den Attributen gepflegt werden, die die Originalelemente in der Bibliothek bereits aufweisen.

Freie Aufgaben | Für den Fall einer Top-down-Modellierung ausgehend von den Geschäftsbereichen kann ein Prozessschritt zu einer Prozesskette bzw. einem Prozess direkt in einem Diagramm als rein grafisches Objekt angelegt werden. Solche Prozessschritte werden als *freie Aufgaben* bzw. *Aktivitäten* dargestellt. Freie Aufgaben können im Kontext des Application Lifecycle Managements während der Design- und Build-Phase in Prozessschrittreferenzen konvertiert werden. Ich empfehle jedoch ein Bottom-up-Design der Prozessschritte, beginnend mit dem Aufbau einer Prozessschrittbibliothek für Ihre Transaktion. Diese kann automatisch auf Grundlage des Transaktionsprotokolls erzeugt werden.

Aus Sicht der Prozesshierarchie muss für jeden Prozessschritt entschieden werden, ob ein Prozessschritt aus der Bibliothek *redefiniert* wird, d. h. ob eine Prozessschrittreferenz für einen bestehenden Prozessschritt angelegt werden kann oder ob ein neuer Prozessschritt in der Bibliothek erzeugt werden muss. So kann beispielsweise ein Eilantrag für den Direktverkauf als eigener Prozessschritt in der Bibliothek oder als Referenz auf einen Verkaufsauftrag im Prozesskontext erzeugt werden.

Redefinition oder Neuanlage?

Die Namen von Prozessschritten sind leider nicht eindeutig, sodass es sinnvoll erscheint, unternehmenseigene Richtlinien (eine *Governance*) für den Aufbau einer Prozessschrittbibliothek zu definieren. Während eine Prozesshierarchie auch von den Mitarbeitern der Fachabteilungen gepflegt werden kann, empfehle ich, den Aufbau einer Prozessschrittbibliothek Lösungsarchitekten anzuvertrauen. Dies ist besonders wichtig, da Redundanzen in der Prozessschrittbibliothek nur schwer bereinigt werden können, wenn es bereits Referenzen auf Prozessschritte dieser Bibliothek gibt. Um Redundanzen zu beseitigen, müssten vorab alle Referenzen aufgehoben werden.

Namenskonventionen

Die folgenden statischen Attribute können Sie Prozessschritten auf Referenzebene zuweisen:

Statische Attribute

- Name des Referenzprozessschritts (Pflichtfeld)
- Fließtext
- Elementtyp: Prozessschritt (nicht änderbar)
- Standort
- Land
- Aufgabentyp. Hier können Sie folgende Typen vergeben:
  - unspezifiziert
  - gesendete Aufgabe
  - empfangene Aufgabe
  - Serviceauftrag (Service Order)
  - benutzerspezifischer Auftrag
  - manueller Auftrag
  - automatischer Auftrag
  - Geschäftsregelauftrag

- Zuständigkeit

- zugehörige Dokumente

- Testfallzuordnung: exklusiv oder additiv

- Testfalltyp: manuell/automatisch

- Inhaltsprüfung

- Beziehungen

Dynamische Attribute

Neben den statischen Attributen können den vererbten Attributen des referenzierten Prozessschritts folgende dynamische Attribute zugeordnet werden:

- Konfigurationen

- Entwicklungselemente

- universelle Diagramme

- Dokumente
  (in der Regel technische Spezifikationen und Testfalldokumente)

- Endanwenderrollen

- ausführbare Einheiten

- Alert-Konfigurationen für das Geschäftsprozess-Monitoring

- Analysekonfigurationen für die Geschäftsprozessanalyse

- Testfälle (Testkonfiguration, Testschritte, Testfalldokumente)

Details zu den einzelnen Attributen erläutere ich in Abschnitt 5.8.1, »Prozessschritte anlegen und referenzieren«, im Kontext der Prozessschrittbibliothek.

Beispiel

In Abbildung 4.25 sehen Sie die Prozessschrittreferenz **Verkaufsangebot (optional)**. Der referenzierte Prozessschritt in der Bibliothek hat den Namen **Angebot überarbeiten – mein Angebot**, wie Sie auf der rechten Bildschirmseite erkennen können. Als dynamische Attribute sind in der Elementliste eine ausführbare Einheit (eine SAP-Fiori-Applikation), eine technische Spezifikation und ein Testfalldokument zugeordnet. Die ausführbare Einheit wurde vom Originalprozessschritt an die Prozessschrittreferenz vererbt, während die technische Spezifikation und das Testfalldokument auf der Referenzebene definiert wurden.

Originalprozessschritt

Wenn Sie nun über den Ordner **Bibliotheken** in die Prozessschrittbibliothek navigieren, wird der Originalprozessschritt **Angebot überarbeiten – mein Angebot** als Element der SAP-Best-Practices-Bibliothek angezeigt (siehe Abbildung 4.26). Hier sehen Sie auch, dass die technische Spezifikation und das Testfalldokument nicht zum Originalprozessschritt gehören.

Sie gelangen zum Original des Prozessschritts, indem Sie zur Position des Originalprozessschritts in den statischen Attributen springen. Scrollen Sie dazu bis an das Ende der statischen Attribute der Prozessschrittreferenz.

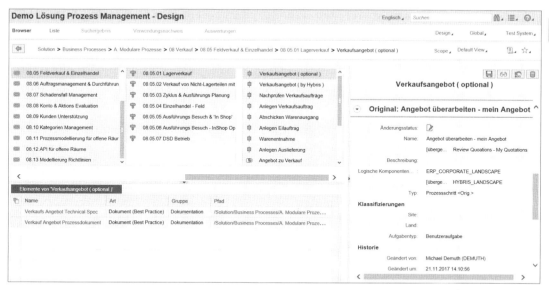

Abbildung 4.25 Prozessschrittreferenz mit Verweis auf Originalprozessschritt

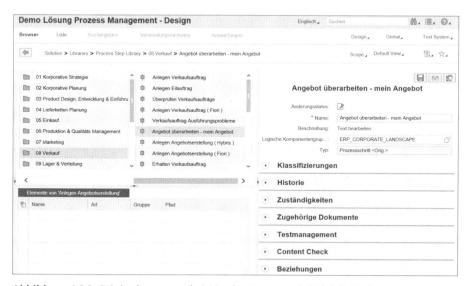

Abbildung 4.26 Originalprozessschritt in der Prozessschrittbibliothek

4.3.7   Schnittstellenreferenzen

Neues Konzept   Schnittstellen befinden sich auf Ebene L4 der Strukturelemente und stehen neben Prozessschritten. Das Schnittstellenkonzept unterscheidet sich wesentlich von dem Schnittstellenkonzept im SAP Solution Manager 7.1. Während Schnittstellen in Release 7.1 parallel zu Szenarien als sogenannte *Schnittstellenszenarien* modelliert wurden, werden Schnittstellen in Release 7.2 als Referenz immer unterhalb von Prozessen und parallel zu Prozessschritten angeordnet. Die Originale sind Elemente der Schnittstellenbibliothek.

Schnittstellenstrukturelemente in der Lösungsdokumentation erlauben die technische Beschreibung einer Schnittstelle und sind im Kontext des Schnittstellen-Monitorings relevant. Anders als im SAP Solution Manager 7.1 ist in Version 7.2 eine Integration in die Monitoring- und Alerting-Infrastruktur (MAI) realisiert.

Statische Attribute   Wie die Prozessschrittreferenzen können auch die Schnittstellenreferenzen in der Prozesshierarchie um statische und dynamische Attribute erweitert werden. Als statische Attribute von Schnittstellenreferenzen können Sie die folgenden vergeben:

- Schnittstellenname
- Fließtext
- Typ: Schnittstelle (nicht änderbar)
- Standort
- Land
- zugehörige Dokumente
- Inhaltsprüfung
- Beziehungen

Dynamische Attribute   Als dynamische Attribute können Sie der Referenz folgende hinzufügen:

- Konfigurationsobjekte
- Entwicklungselemente
- Dokumente
- Alert-Konfigurationen für das Geschäftsprozess-Monitoring
- Analysekonfigurationen für die Geschäftsprozessanalyse

Insbesondere Alerts werden meist auf Ebene der Referenz definiert, da Alerts in verschiedenen Prozesskontexten unterschiedlich ausgeprägt sind. Elementtypen wie Entwicklungselemente, Konfigurationsobjekte, Alerts und

Analysen sind neben den Prozessschritten und Schnittstellen Elemente der Bibliotheken und werden in Kapitel 5, »Bibliotheken«, beschrieben.

Abbildung 4.27 zeigt eine Referenz auf eine Bibliotheksschnittstelle **Angebot zu Verkauf** innerhalb der Prozesshierarchie. Neben dem Namen der Referenz ist in den statischen Attributen auch der Standort definiert. Als dynamisches Attribut existiert eine Alert-Konfiguration, bei der es sich um eine Referenz auf ein Alerting-Objekt der Bibliothek handelt, allerdings nicht um das Alerting-Objekt des Schnittstellenoriginals. Alerting-Elemente sind genau wie Schnittstellen und Prozessschritte ebenfalls Elemente der Bibliothek. Alerting-Objekte als Teil der Bibliothek beschreibe ich in Abschnitt 5.6, »Alerting-Bibliothek«, im Detail.

Beispiele

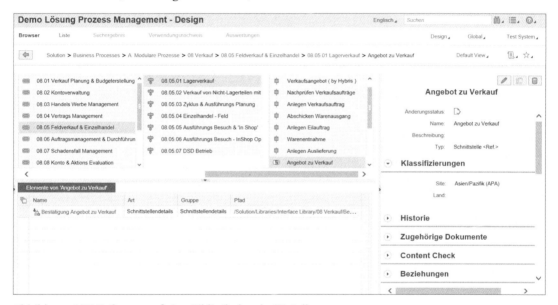

Abbildung 4.27 Referenz auf eine Bibliotheksschnittstelle

Die Schnittstellenreferenz **Angebot zu Verkauf** bezieht sich auf das Originalobjekt **Bestätigung Angebot zu Verkauf** in der Schnittstellenbibliothek. Hier wird in den statischen Attributen SAP Hybris als sendendes und SAP ERP als empfangendes System definiert (siehe Abbildung 4.28). Die technische Umsetzung der Schnittstelle erfolgt via Remote Function Call (RFC).

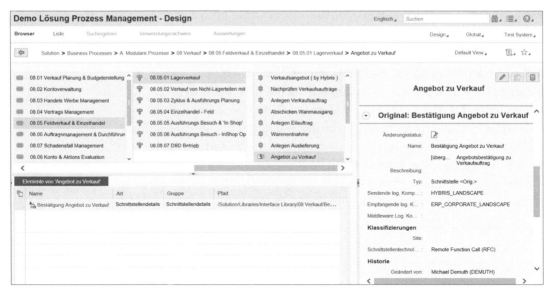

Abbildung 4.28 Originalschnittstelle in der Schnittstellenbibliothek

Kapitel 5
Bibliotheken

Die Lösungsdokumentation im SAP Solution Manager 7.2 stellt erstmals eine Bibliothek mit wiederverwendbaren Dokumentationselementen bereit. Dabei existieren die Bibliothekselemente neben denen der Prozesshierarchie und können wie diese durch Ordner strukturiert werden. In diesem Kapitel erfahren Sie, wie Sie mit den Bibliothekselementen arbeiten.

Die Bibliotheken der Lösungsdokumentation sind ein völlig neues Konzept im SAP Solution Manager 7.2. Dieses Konzept löst die Probleme mit Redundanzen, die bei der Lösungsdokumentation mit Projekten und Lösungen im SAP Solution Manager 7.1 häufig vorkamen. Neben dem Konzept der Branches zur Lösung von Versionsunstimmigkeiten ist das Konzept der Bibliothek damit die zweite große Innovation der neuen Lösungsdokumentation.

Bei den *Bibliotheken* handelt es sich um Ablagen vordefinierter Elementtypen. Bibliothekselemente können teilweise aufeinander Bezug nehmen und als Referenzen für die Strukturelemente der im vorangehenden Kapitel beschriebenen Prozesshierarchie dienen. Die Elemente in den Bibliotheken sind teilweise eindeutig benannt, teilweise haben mehrere Elemente innerhalb einer Lösung aber auch die gleichen Namen. Ausführbare Einheiten und Entwicklungselemente sind lösungsweit für jede logische Komponente immer eindeutig definiert.

Der SAP Solution Manager sieht folgende Bibliotheken für die verschiedenen Elementtypen vor:

- Prozessschrittbibliothek
- Schnittstellenbibliothek
- Bibliothek der ausführbaren Einheiten
- Entwicklungsbibliothek
- Konfigurationsbibliothek
- Alerting-Bibliothek
  (im Kontext des Geschäftsprozess- und Schnittstellen-Monitorings)
- Analysebibliothek (im Kontext der Geschäftsprozessanalyse)

Prozessschritte, Schnittstellenelemente sowie Konfigurationseinheiten werden als Strukturelemente der Bibliothek definiert, während Entwicklungselemente, ausführbare Einheiten, Business Process Monitoring Alerts und Business Process Analytics Alerts als dynamische Attribute der Elementliste des jeweiligen Ordners gepflegt werden.

In den folgenden Abschnitten stelle ich die einzelnen Bibliotheken und die darin abgelegten Elemente vor. Anschließend erläutere ich, wie Sie diese Elemente in der Lösungsdokumentation verwenden bzw. darauf referenzieren können.

5.1   Prozessschrittbibliothek

Prozessschritte   *Prozessschritte* sind die Strukturelemente auf niedrigster Ebene der Prozesshierarchie (siehe Abschnitt 4.2.2, »Prozesshierarchien im SAP Solution Manager 7.2«). Es handelt sich um modulare Einheiten zur Definition einzelner Geschäftsfunktionen, die ein Unternehmen benötigt, um seine Ziele zu erreichen. Ein Prozessschritt repräsentiert dabei eine softwareunabhängige Geschäftsaktivität, etwa das Anlegen eines Verkaufsauftrags oder eine Materialentnahme. Ein Prozessschritt ist einer Organisationseinheit einer Firma zugeordnet und wird in der Regel von nur einem Benutzer bzw. einer Benutzerrolle ausgeführt.

Prozessschritte können in Interaktion mit einem System, aber auch vollständig manuell umgesetzt oder ausschließlich automatisiert durch ein Programm ausgeführt werden. Sofern Sie keine ausschließlich manuelle Tätigkeit wie die manuelle Überprüfung einer Anzahl von bestimmten Teilen beschreiben, verweisen Prozessschritte in der IT-Dokumentation in der Regel auf *ausführbare Einheiten*. Ausführbare Einheiten sind im SAP-Umfeld alle über Launchpads oder den OK-Code zu startenden Anwendungen wie eine Auftragseingangsbearbeitung. Unterschiedliche Prozessschritte können auf die gleiche ausführbare Einheit verweisen. Zum Beispiel können ein Prozessschritt für einen Verkaufsauftrag und ein Prozessschritt für einen Eil(verkaufs)auftrag beide auf Transaktion VA01 in einem SAP-ERP-System verweisen.

Einen Sonderfall innerhalb der Prozessmodellierung stellt ein *Schnittstellenschritt* dar. Mittels Schnittstellenschritten werden Schnittstellen modelliert. Diese Elemente sind in der Lösungsdokumentation des SAP Solution Managers Teil der Schnittstellenbibliothek und nicht der Prozessschrittbibliothek.

Prozessschritte werden in der Prozessschrittbibliothek strukturiert angelegt. Für einen Lösungsarchitekten dienen sie als modulare Einheiten für die Bottom-up-Prozessmodellierung. Die Prozessschrittbibliothek stellt damit die Gesamtheit der einzelnen Fähigkeiten (*Capabilities*) einer Lösung bereit.

Um die Prozessschrittbibliothek zu strukturieren, empfehle ich Ihnen, wie in Abbildung 5.1 die gleichen, mit zweistelligen Nummern gekennzeichneten Prozessbereichsordner anzulegen, die Sie für modulare Prozesse in der Prozesshierarchie definiert haben (siehe Abschnitt 4.2.2, »Prozesshierarchien im SAP Solution Manager 7.2«). Auf diese Weise vereinfachen Sie die Suche nach den relevanten Prozessschritten bei der Definition modularer Prozesse, aber auch bei der Erstellung von Prozessketten in der Lösungsdokumentation.

Prozessschritt-
bibliothek
strukturieren

Sie legen einen Prozessschritt direkt in der Bibliothek an, indem Sie im Browser-Bereich unterhalb des Ordners eines Prozessbereichs, z. B. **08 Verkauf**, das Kontextmenü öffnen und den Eintrag **Prozessschritt** wählen. Wie Sie einen neuen Prozessschritt ausgehend von einer Referenz in der Prozesshierarchie anlegen, beschreibe ich in Abschnitt 5.8.1, »Prozessschritte anlegen und referenzieren«.

Prozessschritt
anlegen

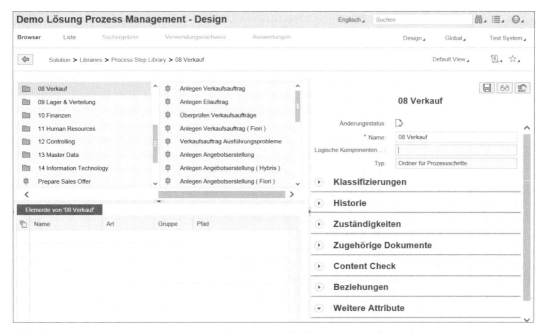

Abbildung 5.1 Anordnung von Prozessschritten unterhalb von Prozessbereichen innerhalb der Prozessschrittbibliothek

Einem Prozessschritt können innerhalb der Bibliothek mehrere statische und dynamische Attribute zugeordnet werden. Die dynamischen Attribute werden in jeder Referenz auf diesen Originalprozessschritt sichtbar, die innerhalb eines modularen Prozesses oder einer Prozesskette erzeugt wird. Darüber hinaus können auf Ebene der Referenz statische und weitere dynamische Attribute hinzugefügt werden, wie in Abschnitt 4.3.6, »Prozessschrittreferenzen«, beschrieben.

Statische Attribute

Sie können die folgenden statischen Attribute für einen Originalprozessschritt pflegen:

- Name des Prozessschritts (Pflichtfeld)
- Fließtext
- Elementtyp: Prozessschritt (nicht änderbar)
- logische Komponentengruppe, sofern der Prozessschritt durch eine ausführbare Einheit realisiert werden kann (logische Komponentengruppen können auch ohne Systemzuweisung existieren)
- Standort (siehe auch Abschnitt 3.4, »Standortkonzept«)
- Land
- Folgende Aufgabentypen beschreiben mit BPMN 2.0 definierte Aktivitätstypen und bestimmen die grafische Typisierung eines Prozessschritts in Diagrammen. Ich beschreibe die Details hierzu in Abschnitt 7.2, »Aufgaben«, im Rahmen der Prozessmodellierung.
  - unspezifiziert
  - gesendete Aufgabe
  - empfangene Aufgabe
  - Serviceauftrag
  - Benutzerauftrag
  - manueller Auftrag
  - Script-Auftrag
  - Geschäftsregelauftrag
- Zuständigkeiten
- zugehörige Dokumente (z. B. Änderungsaufträge oder Incidents): Welche Vorgangsarten einem Prozessschritt zugewiesen werden können, können Sie bei der Konfiguration des SAP Solution Managers in Transaktion SOLMAN_SETUP über die Aktivierung von Business Add-ins (BAdIs) konfigurieren (siehe Abschnitt 3.7, »Integration der Lösungsdokumentation in das Change Request Management und Release Management«).
- Testfallzuordnung: exklusiv oder additiv. Bei einer additiven Testfallzuordnung werden zu den Testfällen referenzierter Strukturelemente auch die Testfälle der Originale sowie untergeordnete Strukturelemente und

deren Testfälle in der Test Suite angeboten. Bei einer exklusiven Zuordnung werden nur die Testfälle des aktuellen Elements angeboten.

- Testfalltyp: manuell oder automatisch (wird vom System gesetzt)
- Inhaltsprüfung (Prüfung, ob beim Abgleich der Branches Regeln verletzt wurden)
- Beziehungen (Referenz zu dem Speicherort, dem der Prozessschritt zugeordnet ist)

Folgende dynamische Attribute können Sie einem Prozessschritt der Bibliothek in der Elementliste zuweisen:

Dynamische Attribute

- Konfigurationen
- Diagramme (nur allgemeine Diagramme)
- Entwicklungselemente
- Dokumente (Templates, hochgeladene Dateien, Zuordnungen aus Bibliotheken, Best Practices, URLs externer Dokumente)
- Endanwenderrollen
- ausführbare Einheit
- Alerts
- Analysen
- Testfälle (Testkonfigurationen, Testdokumente, Testschritte)

Testschritte in Focused Build

Das Konzept der *Testschritte* ist Teil der Lösung Focused Build. Es erlaubt die Modellierung von Aktivitäten unterhalb der Ebene des Prozessschritts (also unterhalb der Ebene L4 in der in Abschnitt 4.2.1, »Prozesshierarchien im SAP Solution Manager 7.1«, beschriebenen Referenzlevelarchitektur). In Focused Build können die Hierarchielevel der Lösungsdokumentation also um eine weitere Ebene L5 für den Test erweitert werden.

Testschritte werden ausschließlich in der Test Suite im SAP Solution Manager 7.2 verwendet. Ihre Anlage erfolgt in der Prozesshierarchie oder in der Prozessschrittbibliothek als dynamisches Element. Testschritte können somit auch zu Prozessen erzeugt werden, z. B. zu Prozessketten oder modularen Prozessen.

In Abbildung 5.2 sehen Sie beispielsweise den Prozessschritt **Anlegen Verkaufsauftrags (Fiori)** innerhalb der Prozessschrittbibliothek. Er ist unterhalb des Ordners des Prozesses **08 Verkauf** angeordnet. Als statische Attribute wurden ihm auf der rechten Seite eine logische Komponenten-

gruppe und der Aufgabentyp **Benutzeraufgabe** zugeordnet. In der Elementliste im unteren Bereich erkennen Sie als dynamische Attribute eine
ausführbare Einheit, einen Testschritt und ein Prozessdokument.

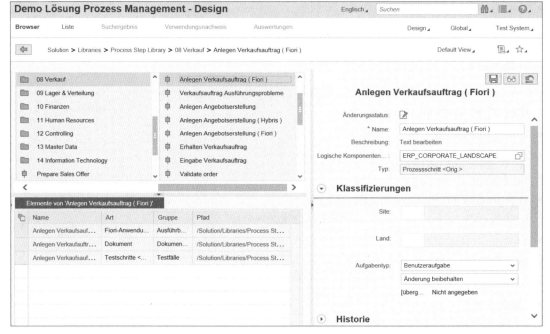

Abbildung 5.2 Prozessschritt mit statischen und dynamischen Attributen

Zuordnung
von Alert-
Konfigurationen

Im Kontext der Zuordnung von Alert-Konfigurationen zu Prozessschritten
ist zu bemerken, dass die meisten Alert-Konfigurationen für das Geschäftsprozess-Monitoring oder die Geschäftsprozessanalyse erst auf Referenzebene definiert werden. So können Alerts für bestimmte Key-Performance-
Indikatoren (KPIs) definiert werden, die erst im Prozesskontext bekannt
werden.

Alert-Konfigurationen für generische und eher technische KPIs sind allerdings auch auf Ebene der Originalprozessschritte sinnvoll. Durch die
Zuordnung solcher Alert-Konfigurationen auf Ebene des Originalelements
in der Prozessschrittbibliothek können Sie ein durchgehendes Monitoring
einzelner KPIs auf allen Referenzebenen erzwingen. Anders als andere
dynamische Attribute werden Alerts von dem Originalelement und der
Referenz geteilt. Der Alert für das Originalobjekt und jener für die Referenz
sind also bezüglich ihrer Konfiguration identisch.

Bei der Zuordnung von Prozessschritten zu modularen Prozessen oder Prozessketten werden Ihnen neben den zur Verfügung stehenden Prozessschritten der Prozessschrittbibliothek auch immer die zur Verfügung

stehenden Schnittstellen angeboten. Diese liegen in der Schnittstellenbibliothek. Bei den Schnittstellen handelt es sich um das zweite modellierungsrelevante Element in den Bibliotheken. Ihnen wenden wir uns im folgenden Abschnitt zu.

5.2   Schnittstellenbibliothek

Bereits im SAP Solution Manager 7.1 gab es ein Strukturelement namens *Schnittstellenszenario*. Zu solchen Schnittstellenszenarien konnten Sie Schnittstellen mit ihren technischen Einstellungen pflegen. Diese Schnittstellen konnten allerdings nicht weiter referenziert oder verwendet werden, etwa im Kontext von Prozessen oder im Rahmen des Business-Process-Schnittstellen-Monitorings.

Der SAP Solution Manager 7.2 stellt die Bibliothekselemente Sammelschnittstelle, Schnittstellenschritt und Schnittstelle bereit. Während *Schnittstellen* die elementaren technischen Daten einer Schnittstelle beschreiben, ermöglich *Schnittstellenschritte* die Erstellung von Schnittstellendiagrammen. *Sammelschnittstellen* dienen der integrierten Darstellung von miteinander logisch zusammenhängenden Schnittstellen und Schnittstellenschritten.

Schnittstellen werden analog zu den Prozessschritten in der Bibliothek als Teil der *Schnittstellenbibliothek* angelegt. Ebenfalls analog zu den Prozessschritten empfehle ich Ihnen, die Schnittstellen unterhalb eines Verzeichnisses für Prozessbereiche anzulegen. Der Verzeichnisname für die einzelnen Prozessbereiche sollte auch hier wieder mit einer zweistelligen Nummer beginnen, z. B. »08 Verkauf«, sofern Sie ihn für die Prozessschritte bereits so angelegt haben.

Unterhalb des Prozessbereichsverzeichnisses in der Schnittstellenbibliothek befindet sich zunächst eine Verzeichnisebene für Sammelschnittstellen, der Sie dann die Schnittstellenreferenzen bzw. Schnittstellenschritte zuordnen. Sie können Sammelschnittstellen also verwenden, um logisch zusammengehörende Schnittstellen wie alle Outbound- oder alle Inbound-Schnittstellen zu einem Vorgang oder alle Schnittstellenschritte zu Ihrer Modellierung zu gruppieren. Schnittstellen als technische Objekte und Schnittstellenschritte als Modellierungsobjekte sind auch sinnvoll in einer Sammelschnittstelle integrierbar.

Um eine Schnittstelle direkt in der Bibliothek anzulegen, öffnen Sie das Kontextmenü unterhalb der Ebene des Prozessbereichs und wählen den entsprechenden Eintrag. Wie Sie Schnittstellen oder Sammelschnittstellen

Schnittstellen

Schnittstellenbibliothek strukturieren

Schnittstelle anlegen

in der Schnittstellenbibliothek anlegen, zeige ich Ihnen in Abschnitt 5.8.2, »Schnittstellen und Sammelschnittstellen anlegen und referenzieren«.

Sammel-schnittstellen Für Schnittstellen, Schnittstellenschritte und Sammelschnittstellen können Sie in der Schnittstellenbibliothek jeweils unterschiedliche statische und dynamische Attribute definieren. Sie können Sammelschnittstellen die folgenden statischen Attribute zuweisen:

- Name der Sammelschnittstelle (Pflichtfeld)
- Fließtext
- Elementtyp: Sammelschnittstelle (nicht änderbar)
- sendende logische Komponentengruppe
- empfangende logische Komponentengruppe
- Standort
- Zuständigkeiten
- zugehörige Dokumente
- Inhaltsprüfung
- Beziehungen

In Abbildung 5.3 sehen Sie beispielsweise die Sammelschnittstelle **Bestätigung Angebot zu Verkauf**, die unterhalb des Prozessbereichsordners **08 Verkauf** definiert ist. Die in den statischen Attributen auf der rechten Seite zugeordneten logischen Komponentengruppen HYBRIS_LANDSCAPE und ERP_CORPORATE_LANDSCAPE beschreiben das sendende und das empfangende System dieser Sammelschnittstelle.

Dynamische Attribute Neben den statischen Attributen können einer Sammelschnittstelle die folgenden dynamischen Attribute zugeordnet werden:

- Konfigurationen zur Dokumentation der technischen Einstellungen der Schnittstelle, z. B. in den Protokollen Simple Mail Transfer Protocol (SMTP), File Transfer Protocol (FTP) oder Hypertext Transfer Protocol (HTTP)
- Entwicklungen, z. B. Implementierungen von Intermediate Documents (IDoc) oder Remote Function Calls (RFC)
- Dokumente, z. B. funktionale oder technische Spezifikationen der dem Verbund zugeordneten Schnittstellen
- Diagramme (Schnittstellendiagramme oder allgemeine Diagramme)
- Prozessreferenzen (Prozesse, die im Schnittstellendiagramm referenziert sind)

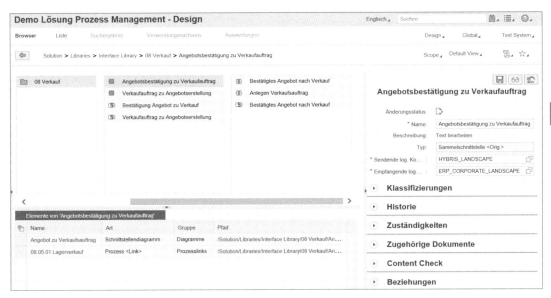

Abbildung 5.3 Darstellung einer Sammelschnittstelle in der Schnittstellenbibliothek

Prozessreferenzen können in Schnittstellendiagrammen erzeugt werden, sobald dort in Start- oder Endereignissen auf Prozesse Bezug genommen wird. Das Schnittstellendiagramm in Abbildung 5.4 modelliert beispielsweise die Schnittstellenschritte **Bestätigtes Angebot nach Verkauf** und **Anlegen Verkaufsauftrag**. Dabei ist der Schnittstellenschritt **Bestätigtes Angebot nach Verkauf** der logischen Komponentengruppe des sendenden Systems zugeordnet. Der Schnittstellenschritt **Anlegen Verkaufsauftrag** ist der logischen Komponentengruppe des empfangenden Systems zugeordnet. Das Startereignis referenziert den Prozess **08.05.01 Lagerverkauf**. Das Diagramm referenziert die Schnittstelle **Angebot zu Verkaufsauftrag**. Prozessreferenzen können einer Sammelschnittstelle auch ohne Diagramm zugewiesen werden. Dann fehlt jedoch die Information, ob der Prozess der Schnittstelle vor- oder nachgelagert ist.

**Schnittstellen-
diagramme**

Schnittstellenschritte können nur unterhalb von *Sammelschnittstellen* angelegt und gepflegt werden. Eine Sammelschnittstelle besteht also mindestens aus einem möglichen Schnittstellenschritt zwecks Modellierung der Schnittstelle. Sie erstellen einen Schnittstellenschritt, indem Sie eine Sammelschnittstelle selektieren und auf der darunterliegenden Ebene das Kontextmenü bedienen.

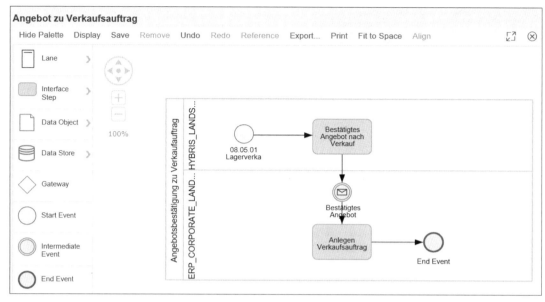

Abbildung 5.4 Beispiel für ein Schnittstellendiagramm mit Bezug auf den Prozess »08.05.01 Lagerverkauf« im Startereignis

Schnittstellen-
schritte

Schnittstellenschritte haben die folgenden statischen Attribute:

- Name des Schnittstellenschritts
- Elementtyp: Schnittstellenschritt
- Fließtext
- logische Komponente (entweder sendende oder empfangende logische Komponentengruppe des Schritts)
- Standort
- zugehörige Dokumente
- Inhaltsprüfung
- Beziehungen

Darüber hinaus können Sie die folgenden dynamischen Elemente in der Elementliste zuordnen:

- Konfiguration
- Entwicklung
- Dokumente
- Betriebsführung mit Alerts für das Schnittstellen-Monitoring und Alert-Analysen für die Geschäftsprozessanalyse

Schnittstellen

Die eigentliche technische Einheit zur Schnittstellenbeschreibung ist die *Schnittstelle*. Hier werden die technischen Details der Schnittstelle definiert.

Eine Schnittstelle kann direkt unterhalb des Schnittstellenverzeichnisses angelegt und auch als Element einer Sammelschnittstelle referenziert werden. Sie legen eine Schnittstelle an, indem Sie unterhalb der Ebene des Schnittstellenverzeichnisses das Kontextmenü aufrufen und den entsprechenden Eintrag wählen. Schnittstellen werden ausgehend von der Prozessreferenz ebenfalls als Originalobjekte in der Schnittstellenbibliothek angelegt. Dieses Vorgehen beschreibe ich in Abschnitt 5.8.2, »Schnittstellen und Sammelschnittstellen anlegen und referenzieren«. Eine Schnittstelle kann außerdem ebenso wie ein Prozessschritt einem Prozess der Prozesshierarchie zugeordnet werden.

Schnittstellen haben die folgenden statischen Attribute:

Statische Attribute

- Name der Schnittstelle
- Fließtext
- Elementtyp: Schnittstelle <orig> (nicht änderbar)
- sendende logische Komponentengruppe
- empfangende logische Komponentengruppe
- logische Komponentengruppe für die Middleware
- Standort
- Land
- zugehörige Dokumente
- Inhaltsprüfung
- Beziehungen

Als dynamische Attribute können Sie Schnittstellenoriginalen folgende Elemente zuweisen:

Dynamische Attribute

- Konfiguration: Meist handelt sich hierbei um Voraussetzungen für die Kommunikation über die Schnittstellen, die von der Administration geschaffen werden müssen.
- Entwicklungen (meist Skripte oder API-Code (Application Programming Interface))
- Dokumente (zur technischen Beschreibung der Schnittstelle)
- Schnittstellendetails (technische Detailspezifikation)

Schnittstellendetails können nur für die Originalschnittstelle gepflegt werden, nicht aber für ihre Referenzen, da die technischen Eigenschaften sich durch deren Referenzierung nicht ändern. Abbildung 5.5 zeigt als Beispiel die Schnittstellendetails der Schnittstelle **Bestätigung Angebot zu Verkauf**. Die Daten werden direkt vom Schnittstellen-Monitoring verwendet. Über das Kontextmenü zur Elementliste einer Schnittstelle gelangen Sie in die Schnittstellendetails.

Schnittstellendetails

Letztlich beschreibt eine Schnittstelle in der Schnittstellenbibliothek ein ausführbares API. Analog dazu beschreibt eine *ausführbare Einheit* in der Bibliothek die ausführbaren Einheiten einer Anwendung. Ausführbare Einheiten werden auf Ebene von Prozessschritten im Dialog- oder Hintergrundmodus ausgeführt. Mit den ausführbaren Einheiten beschäftigt sich der folgende Abschnitt.

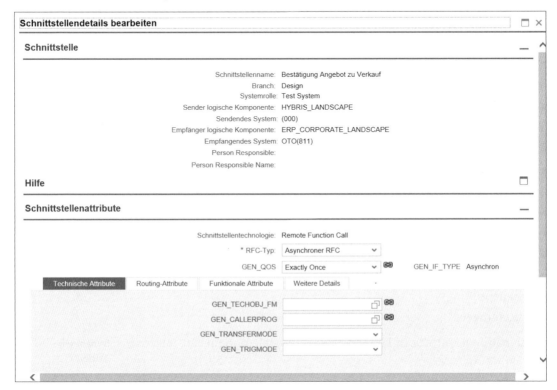

Abbildung 5.5 Details der Schnittstelle »Bestätigung Angebot zu Verkauf«

5.3   Bibliothek der ausführbaren Einheiten

Ausführbare Einheiten sind in der Lösungsdokumentation auf Ebene von Prozessschritten in der Regel dann relevant, wenn ein Prozessschritt keine rein manuelle Tätigkeit beschreibt. Bei ausführbaren Einheiten handelt es sich nicht um eigenständige Strukturelemente, sondern um Elemente, die als dynamische Attribute ergänzt werden können. Die durch dieses Attribut beschriebenen Programme können z. B. Transaktionen, Web-Dynpro-Anwendungen oder SAP-Fiori-Anwendungen sein. Anders als im SAP Solution Manager 7.1 werden ausführbare Einheiten nicht jedem Prozessstrukturelement direkt zugewiesen, sondern als Referenz auf ein Bibliothekselement

Ausführbare Einheiten

dokumentiert. Die häufigste Referenz auf eine ausführbare Einheit existiert auf Ebene des Bibliothekelements Prozessschritt. Das ausführbare Element wird also auf Ebene der Prozesshierarchie meist indirekt referenziert. Eine ausführbare Einheit kann allerdings auch als Starttransaktion eines Prozesses oder einer Prozesskette Sinn machen. Durch ausführbare Einheiten als Referenz sind Verwendungsnachweise der Verwendung in Prozessschritten und Prozessen möglich. Ausführbare Einheiten sind Teil der Bibliothek der ausführbaren Einheiten. Analog zu Prozessschritten verweisen ausführbare Einheiten immer auf eine logische Komponentengruppe und damit auf Systeme eines Produktsystemtyps (z. B. SAP ERP oder SAP CRM), auf dem ein Programm ausgeführt werden kann.

Ich empfehle Ihnen, die Struktur der Bibliothek der ausführbaren Einheiten von der Struktur der Prozessschritt- und Schnittstellenbibliothek abweichen zu lassen. Es liegt nahe, auf der dritten Hierarchieebene einen Ordner für ausführbare Einheiten für jedes Produktsystem bzw. für jede logische Komponentengruppe zu erstellen. Unterhalb der logischen Komponentengruppen werden dann ausführbare Einheiten im SAP-Namensraum automatisch der SAP-Anwendungshierarchie und kundeneigene Programme automatisch der Paketstruktur der ausführbaren Einheiten zugeordnet.

Bibliothek strukturieren

Leider interpretiert der SAP Solution Manager zum Datum der Drucklegung dieses Buches noch keine in Transaktion SE82 erstellte kundeneigene Anwendungshierarchie. Somit werden ausführbare Einheiten im Kundennamensraum immer unter einer Paketstruktur abgelegt. Dies hat allerdings auch den Vorteil, dass die Ablagestruktur für ABAP-Programme mit einer Ablagestruktur auf dem SAP NetWeaver Application Server Java kompatibel ist.

Um eine neue Struktur für die Bibliothek der ausführbaren Einheiten anzulegen, können Sie das *Bibliotheksgenerierungs-Cockpit* über das Menüsymbol (▤) in der Lösungsverwaltung starten. Dieses Cockpit sehen Sie in Abbildung 5.6. Zu jeder logischen Komponentengruppe und jedem Branch können Sie hier die Generierung der Anwendungshierarchie und der Paketstruktur sowohl für ausführbare Einheiten als auch für Entwicklungselemente einplanen.

Bibliothek generieren

Für die Bibliothek der ausführbaren Einheiten wählen Sie dazu zunächst die Bibliotheksart **Ausführbare Einheit** aus. Anschließend wählen Sie die logische Komponentengruppe aus, für die Sie die Bibliothek generieren möchten, in unserem Beispiel ERP_CORPORATE_LANDSCAPE. Klicken Sie auf den Link **Hinzufügen**, woraufhin sich das Pop-up-Fenster öffnet, das Sie ebenfalls in Abbildung 5.6 sehen. Wählen Sie hier beispielsweise den Branch **Design** aus, um die Bibliothek im Design-Branch mit Daten zu füllen. Abschließend prüfen Sie die Systemdaten der logischen Komponentengruppe und klicken auf **OK**.

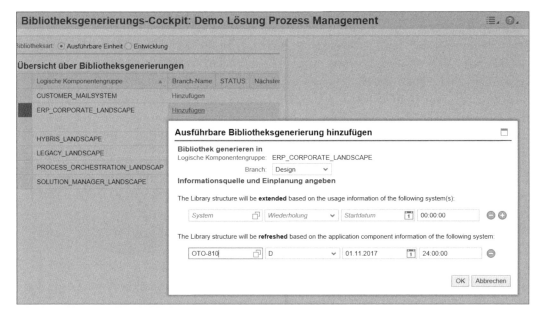

Abbildung 5.6 Bibliothek der ausführbaren Einheiten generieren

Durch das Bibliotheksgenerierungsprogramm werden die ausführbaren Einheiten einer logischen Komponentengruppe automatisch strukturiert in die Bibliothek gestellt. Voraussetzung für die Nutzung des Bibliotheksgenerierungs-Cockpits ist, dass die Aufzeichnung der Verwendungsdaten aktiviert wurde. Zusätzlich muss die Übertragung an das SAP-BW-System des SAP Solution Managers konfiguriert sein. Zum Abruf der Kundenobjekte muss außerdem das SAP-Solution-Manager-Szenario *Verwaltung von kundeneigenen Entwicklungen* konfiguriert worden sein. Sie können ausführbare Elemente aber auch manuell zu der Bibliothek hinzufügen. Jedes ausführbare Element existiert dabei nur einmal in der Bibliothek einer Lösung pro logischer Komponentengruppe. Manuell angelegte ausführbare Einheiten, die z. B. aus der Referenz eines Prozessschritts angelegt werden, werden in dem gleichen Ordner der Bibliothek der ausführbaren Einheiten abgelegt, der in den Einstellungen festgelegt wurde.

Ausführbare Einheit anlegen

Wie Sie eine ausführbare Einheit aus der Prozesshierarchie heraus manuell anlegen, erkläre ich in Abschnitt 5.8.5, »Ausführbare Einheiten anlegen und referenzieren«. Wollen Sie eine ausführbare Einheit direkt in der Bibliothek manuell anlegen, selektieren Sie einen Ordner für ausführbare Einheiten. Öffnen Sie das Kontextmenü in der Elementliste dieses Ordners. Wählen Sie dort den Eintrag **Ausführbare Einheit**. Das Bibliotheksgenerierungsprogramm ordnet manuell zugeordnete ausführbare Einheiten nachträglich den passenden Anwendungshierarchien oder Paketordnern für ausführbare Einheiten zu.

Abbildung 5.7 zeigt die Ordnerstruktur einer automatisch generierten Bibliothek der ausführbaren Einheiten. Hier erkennen Sie auch die zugeordneten statischen und dynamischen Attribute, die ich im Folgenden beschreibe.

Ordnerstruktur

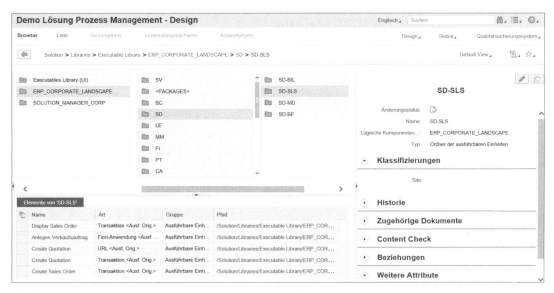

Abbildung 5.7 Ordnerstruktur einer Bibliothek der ausführbaren Einheiten

Die ausführbaren Einheiten werden als dynamische Attribute zu Ordnern abgelegt, die jeweils die ausführbaren Einheiten einer Systemkomponente zusammenfassen. In Abbildung 5.7 sehen Sie z. B. den Ordner **SD** für die Vertriebskomponente (*Sales and Distribution*) der Anwendungshierarchie eines SAP-ERP-Systems.

Einem solchen Ordner der ausführbaren Einheiten können die folgenden statischen Attribute zugeordnet werden:

Ordner der ausführbaren Einheiten

- Name des Ordners für ausführbare Einheiten
- logische Komponentengruppe
- Elementtyp: Ordner der ausführbaren Einheiten (nicht änderbar)
- Standort
- zugeordnete Dokumente
- Inhaltsprüfung
- Beziehungen

- Text der Struktur-ID: Name des entsprechenden Ordners der Anwendungshierarchie, falls die Bibliotheksstruktur aus der Anwendungshierarchie generiert wurde

Als dynamische Attribute können Sie einem Ordner für ausführbare Einheiten die folgenden Elemente zuordnen:

- Jobdokumentationen (Objekt aus dem Geschäftsprozessbetrieb im SAP Solution Manager, *Business Process Operations*, mit direkter Integration in einen *Batch Scheduler*)
- universelles Diagramm
- das ausführbare Element

Arten ausführbarer Einheiten
Ausführbare Einheiten als Elemente der Lösungsdokumentation können ganz unterschiedliche Arten von Programmen und Transaktionen beschreiben. Die folgenden Arten ausführbarer Einheiten sind Teil der Standardauslieferung des SAP Solution Managers; sie können durch Erweiterungen ergänzt werden:

- Business Server Pages (BSP)
- Desktop-Oberflächen aus dem SAP Customer Relationship Management (CRM), auch als *CRM PC UI* bezeichnet
- Webanwendungen aus SAP CRM, auch als *CRM Web UI* bezeichnet
- URL für ausführbare Kundenprogramme
- SAP-Fiori-Applikationen
- Web-Dynpro-Java-Anwendungen
- ABAP-Programme, die mit Transaktion SE38 oder SM38 ausführbar sind
- Applikationen aus SAP SuccessFactors
- Transaktionen
- Ausführungs-URLs ausführbarer Einheiten
- Web-Dynpro-ABAP-Konfigurationen
- Web-Dynpro-ABAP-Anwendungen

Kundeneigene Typen ausführbarer Einheiten
Falls eine ausführbare Einheit sich nicht den vom SAP Solution Manager unterstützten Typen von ausführbaren Elementen zuordnen lässt, erlaubt der Erweiterungsspot `SA_OTHER_OBJECTS` mit dem BAdI `BADI_SA_OBJECT_TYPE_ACTIVATION` eine Erweiterung der Objektlistenanzeige. Abbildung 5.8 zeigt die Definition dieses BAdIs. Von der erweiterten Liste aus ist dann auch die Navigation in das verwaltete System möglich, auf dem das ausführbare Element ausgeführt wird.

Um einen BAdI zu implementieren, starten Sie den ABAP Navigator mit Transaktion SE80. Wechseln Sie dann in den Bereich **Erw. spot Elementdefinitionen**, und selektieren Sie den Spot SA_OTHER_OBJECTS. Selektieren Sie hier das BAdI BADI_SA_OBJECT_TYPE_ACTIVATION.

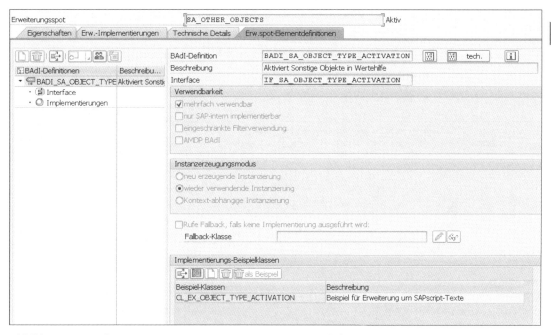

Abbildung 5.8 BAdI »BADI_SA_OBJECT_TYPE_ACTIVATION« definieren

Abbildung 5.9 zeigt eine von SAP ausgelieferte exemplarische Implementierung des BAdIs. Diese Beispielimplementierung können Sie kopieren und anpassen, um Ihre eigene Implementierung zu erstellen. Der Programmkommentar beinhaltet auch einen Link zu einer detaillierteren Implementierungsbeschreibung in der SAP Community. Sie können dieses BAdI mehrfach für verschiedene Typen ausführbarer Einheiten implementieren.

Beispielimplementierung

Ausführbare Einheiten haben die folgenden statischen Attribute:

Statische Attribute

- logische Komponentengruppe
- Objekt (Name des ausführbaren Elements)
- Elementtyp: Art des ausführbaren Elements (nicht änderbar)
- Standort
- Fokus (Checkbox zur Hervorhebung eines ausführbaren Elements)
- zugehörige Dokumente
- Testfalltyp: manuell oder automatisch (wird vom System gesetzt)

- technische Stückliste (Technical Bill of Material, TBOM); hier sind die folgenden Einstellungen möglich, die vom System gefüllt werden:
  - mit Auto-Test (BAdI wird über ein Testskript erzeugt)
  - von ausführbarer Einheit
    (BAdI wird über die ausführbare Einheit erzeugt)
  - TBOM-Status der ausführbaren Einheit
    (sofern dafür eine TBOM in der Elementliste zugeordnet wurde)
- Inhaltsprüfung
- Beziehungen

```
Methode    IF_SA_OBJECT_TYPE_ACTIVATION~ACTIVATE_OBJECT_TYPES              aktiv
    1  ⊟METHOD if_sa_object_type_activation~activate_object_types.
    2  |
    3  ⊟ *********************************************************************
    4  | * This example shows how you can add object type SAPscript-Text to solman.
    5  | * Create a new implementation copying this example.
    6  | * When the new implementation is activated you should see the new object type on transaction tab.
    7  | * Check this blog for a detailed description https://www.sdn.sap.com/irj/sdn/weblogs?blog=/pub/wlg/5337
    8  | *********************************************************************
    9  |
   10  |   DATA ls_object_type LIKE LINE OF object_types.
   11  |
   12  ⊟   LOOP AT object_types INTO ls_object_type.
   13  | * select which object type you whish to add on which tab. tab_name initial is required to make it appea
   14  ⊟     IF ( tab_name = 'TRANSACT' OR tab_name IS INITIAL )
   15  |       AND ( ls_object_type-urltype = 'SAPSCRIPT' ).
   16  | * activate selected object type
   17  |         ls_object_type-active = 'X'.
   18  | * describe the maximum lenght of the concatenated URL of that URL type
   19  |         ls_object_type-max_length = 64.
   20  | * determine if object type should be called in remote system via rfc or just local in solman system
   21  |         ls_object_type-remote_callable = ' '.
   22  |         MODIFY object_types FROM ls_object_type.
   23  ○     ELSE.
   24  | * do not change any other entries since this BAdI may be implemented multiple times.
   25  ⌐     ENDIF.
   26  ⌐   ENDLOOP.
   27  |
   28  └ENDMETHOD.
```

Abbildung 5.9 Von SAP bereitgestellter Beispielcode einer ausgelieferten Erweiterung des BAdIs »BADI_SA_OBJECT_TYPE_ACTIVATION«

Dynamische Attribute | Darüber hinaus können ausführbare Einheiten folgende dynamische Attribute haben:

- Konfigurationen
- Entwicklungen
- Dokumente
- TBOM
- Testfälle (Testkonfiguration, Testdokument, Testschritt)

TBOMs | Da TBOMs ausführbaren Einheiten und ihren Referenzen, aber keinen anderen Bibliothekselementen oder Strukturelementen zugeordnet werden können, müssen Variationen in der Ausführung der ausführbaren Elemente auf Ebene von Prozessvarianten oder Prozessschritten unterschieden werden. Indem eine TBOM dem gleichen ausführbaren Element, aber unterschiedlichen Strukturelementen bzw. Prozessschritten zugeordnet wird, kann der *Change Impact Analyzer* die Abweichungen in den Strukturelementen sowie in ihren Testfällen erkennen. Der Change Impact Analyzer als Werkzeug der Test Suite untersucht Änderungen, die in Transporten gespeichert sind, und gleicht diese mit TBOM-Inhalten ab, die wiederum ausführbaren Elementen zugeordnet sind.

Verwandt mit den ausführbaren Elementen sind die Entwicklungselemente, die ich im folgenden Abschnitt behandle. Logisch betrachtet sind ausführbare Einheiten sogar eine Teilmenge von Entwicklungselementen. Sie können daher in der Entwicklungsbibliothek redundant vorkommen.

5.4   Entwicklungsbibliothek

Entwicklungselemente stehen in direktem Zusammenhang mit ausführbaren Einheiten, aber auch mit Schnittstellen. Sie stellen die Codebasis für kundeneigene ausführbare Einheiten und Schnittstellen dar. Für die Ablage der Entwicklungselemente gelten daher die gleichen Empfehlungen wie für die ausführbaren Elemente (siehe Abschnitt 5.3, »Bibliothek der ausführbaren Einheiten«). Es handelt sich ebenfalls nicht um Elemente auf Ebene der Prozessstruktur, sondern um Elemente, die als dynamische Attribute zugeordnet werden. Unterhalb der Produktsystemebene bzw. der logischen Komponentengruppen empfehle ich, die Entwicklungselemente nach der Anwendungs- oder Pakethierarchie zu strukturieren. Beide Strukturen werden durch das Bibliotheksgenerierungs-Cockpit automatisch erstellt. Da Erweiterungen und kundeneigene Entwicklungselemente im Kundennamensraum erstellt werden, sind Entwicklungselemente stets durch eine Paketstruktur dargestellt.

Wie für die ausführbaren Einheiten im vorangehenden Abschnitt dargestellt, werden die Entwicklungselemente der ausgewählten logischen Komponente im Bibliotheksgenerierungs-Cockpit zunächst ausgelesen. Anschließend werden sie nach der Anwendungshierarchie und Paketstruktur gruppiert in der Bibliothek abgelegt.

Manuell angelegte Entwicklungselemente, die z. B. aus der Referenz heraus auf Ebene eines Prozessschritts in der Bibliothek erstellt werden, werden immer in dem in den Einstellungen festgelegten Ordner der Entwicklungsbibliothek abgelegt. Das Bibliotheksgenerierungsprogramm ordnet manuell zugeordnete Entwicklungselemente nachträglich den passenden Anwendungshierarchie- bzw. Paketordnern der Entwicklungen zu. Um ein

Entwicklungselement in der Bibliothek anzulegen, wählen Sie einen Ordner für Entwicklungen aus der Ordnerstruktur aus und öffnen das Kontextmenü zu der Elementliste dieses Ordners. Wählen Sie dort den Eintrag **Entwicklungselement**. Wie Sie ein Entwicklungselement aus der Referenz heraus anlegen, zeige ich Ihnen in Abschnitt 5.8.4, »Entwicklungselemente anlegen und referenzieren«.

Abbildung 5.10 zeigt die Anwendungshierarchiekomponente SD-SLS in der Entwicklungsbibliothek. Dieser Komponente sind eine Erweiterung und ein universelles Diagramm in der Elementliste zugewiesen. Unterhalb des Ordners <**PACKAGES**> sind die kundeneigenen Entwicklungspakete und die diesen Paketen zugeordneten Entwicklungselemente aufgeführt.

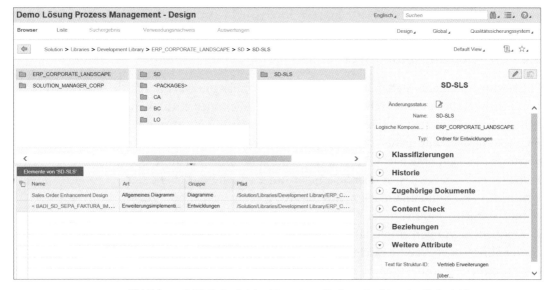

Abbildung 5.10 Beispielstruktur einer Ordnerstruktur der Entwicklungen

Ordner für
Entwicklungen

Für die Ordner für Entwicklungen, hier z. B. <**PACKAGES**>, können folgende statische Attribute gepflegt werden:

- Name des Ordners
- logische Komponentengruppe
- Elementtyp: Ordner für Entwicklungen (nicht änderbar)
- Standort
- zugehörige Dokumente
- Inhaltsprüfung
- Beziehungen
- weitere Attribute: Konfiguration kundeneigener Attribute in Transaktion SOLMAN_SETUP, z. B. Ergänzungen wie Schlüsselwörter

Als dynamische Attribute können Sie den Ordnern für Entwicklungen folgende Elemente zuordnen:

- Entwicklungselemente
- allgemeines Diagramm

Folgende Entwicklungselementtypen werden standardmäßig vom SAP Solution Manager unterstützt:

- Formulare aus SAP Interactive Forms by Adobe
- BSP-Anwendungen
- BSP-Erweiterungen
- ABAP-Klassen und -Interfaces
- Implementierungen klassischer BAdIs
- Erweiterungsimplementierungen (d. h. »neue« BAdIs)
- Extra Workbench-Objekte (zum Einbinden eigener logischer Objekte)
- Funktionsgruppen
- Funktionsbausteine
- Includes
- Internet Services in ABAP
- Pakete
- Programme
- Strukturen
- Tabellen
- Transaktionen
- Web-Dynpro-ABAP-Anwendungskonfigurationen
- Web-Dynpro-ABAP-Applikationen
- Web-Dynpro-ABAP-Komponenten

Arten von Entwicklungselementen

Falls Sie ein Entwicklungselement dokumentieren möchten, das nicht standardmäßig von der Lösungsdokumentation unterstützt wird, können Sie das BAdI `BADI_SA_OBJECT_TYPE_ACTIVATION` im Erweiterungsspot `SA_OTHER_OBJECTS` implementieren, um eine erweiterte Objektliste zu implementieren. Eine Beschreibung des Vorgehens sowie ein Implementierungsbeispiel finden Sie in Abschnitt 5.3, »Bibliothek der ausführbaren Einheiten«.

Kundeneigene Arten

Für die Entwicklungselemente selbst können Sie die folgenden statischen Attribute pflegen:

Statische Attribute

- logische Komponentengruppe
- Objektname (technischer Name, nicht änderbar)
- Name (Beschreibungstext des Entwicklungselements)

- Typ des Entwicklungselements, also einer der genannten unterstützten Typen kundeneigener Entwicklungen (nicht änderbar)

- Standort

- Zuständigkeiten

- zugehörige Dokumente

- Inhaltsprüfung

- Beziehungen

Dynamische Attribute
Als dynamische Attribute können ausschließlich Dokumente zugeordnet werden. Da Entwicklungselemente ebenfalls in der Entwicklungsumgebung dokumentiert werden können, stellt eine technische Spezifikation auf Ebene der Lösungsdokumentation hier eher eine Ausnahme dar.

Entwicklungselemente bilden zusammen mit Konfigurationsobjekten die Gesamtheit aller Implementierungen in einem verwalteten System ab. Der SAP Solution Manager 7.2 stellt aus diesem Grund Konfigurationen und Entwicklungselemente in *Konfigurationseinheiten* zusammen. Im folgenden Abschnitt stelle ich das Konzept der Konfigurationseinheiten vor.

5.5   Konfigurationsbibliothek

Konfigurations-einheiten
Die Bibliothek der Konfigurationseinheiten stellt innerhalb der Bibliotheken das umfassendste Element der Ablage dar. *Konfigurationseinheiten* können entweder auf Ebene von Strukturelementen referenziert, direkt in der Bibliothek abgelegt oder auch innerhalb der Bibliothek referenziert werden. Ich empfehle Ihnen, Konfigurationseinheiten sortiert nach deren Typen abzulegen, z. B. WRICEF-Konfigurationseinheiten für Erweiterungen, Berechtigungen für Profile und Rollen, Prozesse, Services usw. Die Abkürzung WRICEF steht für *Workflows, Reports, Interfaces, Conversions, Enhancements, Forms*, also Workflows, Reports, Schnittstellen, Konvertierungen, Erweiterungen und Formulare. Konfigurationseinheiten legen Sie direkt in der Bibliothek an, indem Sie den relevanten Konfigurationsordner auswählen und im Browserbereich das Kontextmenü zur darunterliegenden Ebene ausführen. Wählen Sie dann den Eintrag **Konfigurationseinheit**. Wie man eine Konfigurationseinheit aus der Prozesshierarchie heraus anlegt, beschreibe ich in Abschnitt 5.8.3, »Konfigurationseinheiten anlegen und referenzieren«.

Konfigurations-typen
Konfigurationsordner können Sie in deren statischen Attributen typisieren. Die Typisierung hat rein dokumentarischen Charakter. Folgende *Konfigurationstypen* werden zur Selektion angeboten:

- Konfigurationen (*Customizing* im SAP-Sprachgebrauch)
- *Controls*, z. B. Konfigurationseinheiten zum Festhalten von Standards wie *Good Manufacturing Practice* (GMP) oder ISO10993 für pharmazeutische Produkte. Diese Controls zur Definition von Standards haben nur dokumentarische Funktion.
- Organisationseinheiten und Rollen
- Stammdaten
- WRICEF-Objekte

Standards für Controls

Good Manufacturing Practice (GMP) ist der meist verbreitete Standard für die Prozessindustrie, also z. B. für die Produktion von Arzneimitteln und Kosmetika. Weitere Informationen hierzu finden Sie unter *http://www.was-ist-gmp.de/gmp/was-ist-gmp/*.

ISO steht für *International Organization for Standardization*. Diese Organisation definiert die meisten internationalen Qualitätsmanagementstandards. Ausführliche Informationen hierzu erhalten Sie unter *https://www.iso.org/home.html*.

Die Kategorisierung der Konfigurationsablagen erfolgt über die Pflege statischer Attribute. Konfigurationseinheiten werden in der Regel auf Ebene von Prozessschritten oder Prozessen referenziert. Umfassende Konfigurationseinheiten werden auch oft auf Prozessebene zugeordnet. Im Falle von *WRICEF-Objekten* verweisen Konfigurationseinheiten wiederum auf Entwicklungselemente der Bibliothek und auf für diese relevante Konfigurationen.

Kategorisierung der Konfigurationsablagen

Die SAP-Best-Practices-Bibliothek liefert sogenannte *Building Blocks* aus, also Sammlungen von Konfigurationseinheiten, die als Ausgangspunkt für eine Konfigurationsbibliothek genutzt werden können. Wenn Sie die Lösungsdokumentation z. B. im Rahmen einer Rapid-Deployment-Lösung implementieren, werden diese Building Blocks meist auf Ebene von Prozessen zugeordnet ausgeliefert. Ausgehend von diesen Building Blocks, die auf Prozessebene ausgeliefert werden, können Sie im Rahmen Ihrer eigenen Implementierung dann neue, kundenspezifische Konfigurationseinheiten auf Prozessschrittebene konstruieren.

SAP-Best-Practices-Bibliothek

Konfigurationseinheiten können miteinander vernetzt werden. So kann eine Konfigurationseinheit eine andere Konfigurationseinheit zur Voraussetzung haben. Die Vernetzungsmöglichkeit erlaubt eine bessere Modularisierung, ohne Konsistenzzusammenhänge zu verlieren.

Vernetzungsmöglichkeiten

Bibliothek strukturieren

Als Ablagestruktur für die Konfigurationseinheiten empfehle ich Ihnen, sich an der semantischen Ordnerstruktur von Prozessschritten zu orientieren, also Prozessbereiche wie bei der Struktur modularer Prozesse zu nutzen (siehe Abschnitt 4.2.2, »Prozesshierarchien im SAP Solution Manager 7.2). In Abbildung 5.11 ist beispielsweise der Konfigurationsordner **08 Verkauf** einer logischen Komponente ERP_CORPORATE_LANDSCAPE zugeordnet und strukturiert die Konfigurationseinheiten zu einem Prozessbereich.

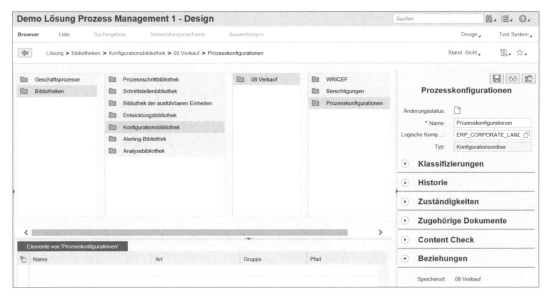

Abbildung 5.11 Ordnerstruktur innerhalb der Konfigurationsbibliothek

Für eine Bibliothek von WRICEF-Konfigurationseinheiten, Rollen oder Prozesskonfigurationen ist eine weitere Ebene sinnvoll, um eine einfachere Strukturierung von Konfigurationseinheiten zu erreichen. Eine gute Modularisierung von Konfigurationseinheiten setzt eine ebenso gute Governance während des Designs und der Entwicklung voraus wie die Modularisierung von Prozessschritten.

Im Kontext von WRICEF-Objekten überschneiden sich die Konfigurations- und die Entwicklungsbibliothek, da es sich bei den WRICEF-Objekten vorwiegend um Entwicklungselemente handelt. Die Referenz von Entwicklungselementen in Konfigurationseinheiten macht Sinn, da zur Implementierung einer Anwendung alle relevanten Konfigurationen inklusive Erweiterungsobjekten integriert beschrieben werden sollten. Diese Überschneidung können Sie z. B. sehr gut bei der Implementierung von Rapid-Deployment-Lösungen sehen. Deren Implementierung basiert auf weitgehend vorkonfigurierten Customizing-Daten, inklusive implementierter Erweiterungen.

Konfigurationseinheiten haben folgende statische Attribute:

- Name der Konfigurationseinheit
- logische Komponentengruppe
- Elementtyp: Konfigurationseinheit (nicht änderbar)
- Standort
- Konfigurationstyp: Konfiguration, Control, Organisationseinheit, Stammdaten oder WRICEF
- Zuständigkeiten
- zugehörige Dokumente
- Inhaltsprüfung
- Beziehungen

Für Konfigurationen können Sie darüber hinaus die folgenden dynamischen Attribute pflegen:

- Business Configuration Set (BC-Set), d. h. zu extrahierende Customizing-Cluster
- Business Function
- CRM-Web-Client-Anwendungen
- IMG-Aktivitäten
- Web-Dynpro-Java-Anwendungen
- Programme
- Rollen
- Testkonfigurationen
- Transaktionen
- Web-Dynpro-ABAP-Konfigurationen
- Web-Dynpro-ABAP-Applikationen
- Entwicklungselemente der Bibliothek
- allgemeine Diagramme
- Dokumente
- vorausgesetzte Konfigurationseinheit

In Abbildung 5.12 ist beispielsweise das BC-Set **SD Maintain Output Determination** als dynamisches Attribut der Konfigurationseinheit **Verkaufsauftrag Konfiguration** zugeordnet.

Jede Art von Konfigurationsobjekt hat neben den allgemeinen weitere spezifische statische Attribute wie BC-Sets oder IMG-Aktivitäten. Auf diese spezifischen statischen Attribute jedes einzelnen Konfigurationsobjektes gehe ich im Folgenden nicht weiter ein.

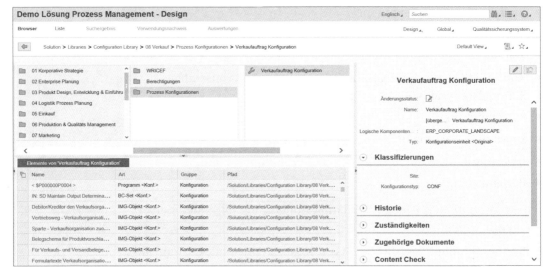

Abbildung 5.12 Dynamische Attribute der Konfigurationseinheit »Verkaufs-auftrag Konfiguration«

Gemeinsame Attribute

Die statischen Attribute, die allen Konfigurationseinheiten gleichermaßen zugeordnet werden können, sind:

- logische Komponentengruppe
- Objektname der Konfigurationseinheit (nicht änderbar)
- Textname der Konfigurationseinheit (nicht änderbar)
- Typ (einer der genannten Konfigurationstypen; nicht änderbar)
- Standort
- Zuständigkeiten
- zugehörige Dokumente
- Inhaltsprüfung
- Beziehungen

Falls der Typ der Konfigurationseinheiten (z. B. IMG-Objekt) nicht zu den vom SAP Solution Manager unterstützten Standardobjekten gehört, erlaubt der Erweiterungsspot SA_OTHER_OBJECTS mit dem BAdI BADI_SA_OBJECT_TYPE_ACTIVATION eine Erweiterung der Objektliste. Es handelt sich um das gleiche BAdI wie das für ausführbare Einheiten.

Bisher sind alle Bibliothekselemente Elemente der Implementierung und nicht des Betriebs. In den folgenden zwei Abschnitten beschreibe ich die Elemente für das Business Process Monitoring und Business Process Analytics.

5.6   Alerting-Bibliothek

Die Alerting-Bibliothek integriert die Konfiguration von Alerting-Objekten aus dem Geschäftsprozess-Monitoring (*Business Process Monitoring*) und der Geschäftsprozessanalyse (*Business Process Analytics*) in die Lösungsdokumentation. Dadurch haben Sie die Möglichkeit, schon zur Design- bzw. zur Entwicklungszeit erste KPIs für das Monitoring zu definieren und an den Betrieb zu übergeben oder Business Process Monitoring selbst auf Testsystemen einem Test zu unterziehen. Alternativ besteht die Option, Monitoring-Anforderungen während der Entwicklungszeit zu dokumentieren und zur Betriebszeit im Betriebs-Branch zu konfigurieren und zu aktivieren.

Alerting-Objekte

In Abschnitt 3.3, »Versionskonsistente Lösungsdokumentation mit Branches«, habe ich die Möglichkeit beschrieben, einen Betriebs-Branch unterhalb des Produktiv-Branches anzulegen. Der Betriebs-Branch soll die Konfiguration von Monitoring-KPIs für das Geschäftsprozess-Monitoring und die Geschäftsprozessanalyse während des Betriebs erlauben, während die Konfiguration von Alerts in Branches wie Design, Entwicklung und Wartung ebenfalls während der Design- und Entwicklungsphase erfolgen kann. Jede IT-Organisation muss entscheiden, ob Alert-Konfigurationen, die über eine Dokumentation hinausgehen, bereits während der Entwicklungsphase konfiguriert oder erst während des Produktivbetriebs gepflegt werden.

Generell werden viele Monitoring-KPIs auf Ebene der Prozesshierarchie als Referenz auf die Bibliothek konfiguriert, da viele Zusammenhänge auf Datenebene erst zu diesem Zeitpunkt bekannt sind. Zudem sind die Alert-Konfigurationsdaten auch nur in diesem Zusammenhang relevant. Jede dieser *Alert-Referenzen* hat eigene statische Attribute.

Ein hybrider Ansatz besteht darin, Alerting-Objekte als Originalobjekte in der Bibliothek anzulegen und auf Ebene der Referenz detaillierter zu konfigurieren. Auf Ebene der Bibliothek werden dann eher technische und generische Attribute konfiguriert, auf Ebene der Referenz werden vor allem Konfigurationen hinzugefügt, die sich auf Organisationseinheiten beziehen.

Die Alert-Konfigurationen für das Geschäftsprozess-Monitoring und die Geschäftsprozessanalyse *teilen* die Konfigurationsdaten im Originalobjekt in der Bibliothek mit der Referenz in der Prozesshierarchie. Dies unterscheidet sie von anderen Objekten der Bibliothek.

Für den Aufbau der Ordnerstruktur empfehle ich, unterhalb der Alert-Bibliothek einen Ordner für jede logische Komponentengruppe anzulegen, da Alerts sich immer auf ein System bzw. eine logische Komponentengruppe beziehen. Unterhalb der Ordner für die logischen Komponentengruppen sind weitere Ebenen wie etwa die Strukturierung nach semantischen Prozessbereichen möglich. Die Strukturierung nach Prozessbereichen bietet

Bibliothek strukturieren

sich an, da sich Alerting-Objekte immer auf Prozessbereichselemente wie Verkaufsaufträge, Einkaufsaufträge, Materialentnahmen etc. beziehen.

Alert-Typen   Monitoring-KPIs können Sie im Bereich des Geschäftsprozess-Monitoring für folgende Bereiche konfigurieren. Man unterscheidet nach diesen Bereichen verschiedene *Alert-Typen*:

- kaufmännische Daten, z. B. Verkaufsaufträge, Einkaufsaufträge, Materialanforderungen
- Datenkonsistenz
- Hintergrundjobs, z. B. Prozessketten aus SAP Business Warehouse, Hintergrundprogramme, über den SAP Solution Manager Scheduling Enabler (SEME) eingeplante Jobs, lokale Jobs
- Schnittstellenkanäle, z. B. RFC oder HTTP
- anwendungsübergreifende KPIs, z. B. für Anwendungsprotokolle oder ABAP Dumps

Der Alert vom Typ **Datenkonsistenz** mit dem KPI **% of Items with errors / check…** wird wie in Abbildung 5.13 beispielsweise als Original-Alert neu in der Alerting-Bibliothek angelegt.

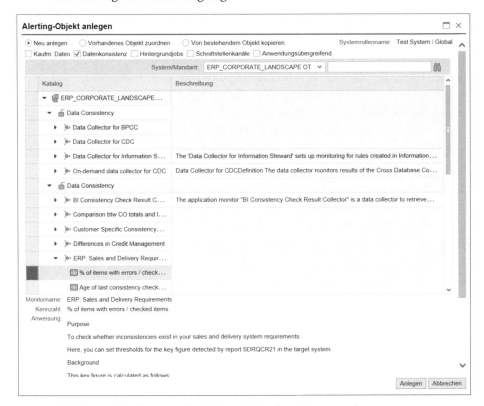

Abbildung 5.13 Alert des Alert-Typs »Datenkonsistenz« anlegen

Wie Sie dabei ausgehend von der Prozesshierarchie vorgehen, erfahren Sie in Abschnitt 5.8.6, »Alerting-Objekte anlegen und referenzieren«. Alternativ können Sie auch nach einem bereits existierenden Alert suchen und diesen referenzieren oder ihn kopieren. Die Suchfunktion unterstützt die Erstellung einer Referenz auf einen Alert.

In der Bibliothek legen Sie Alerts als Elemente der Elementliste eines Alert-Ordners an. Führen Sie dazu das Kontextmenü zur Elementliste aus und wählen Sie den Eintrag **Alert**.

Alerts anlegen

Für die originalen Alerts in der Bibliothek können Sie die folgenden statischen Attribute definieren:

Statische Attribute

- Name des Alerts
- logische Komponentengruppe (wird implizit übernommen aus den Attributen des übergeordneten Ordners)
- Elementtyp: Alerts (nicht änderbar)
- aktive *Key-Figures* (dabei handelt es sich um Monitoring-Entitäten wie **% of items without errors / check…**)
- Art, z. B. Sales Documents
- Variante, z. B. Alerting
- System
- Status, z. B. gespeichert, aktiviert
- Standort
- letzter Änderer und Änderungszeitpunkt
- zugehörige Dokumente
- Inhaltsprüfung
- Beziehungen

Abbildung 5.14 zeigt einen Alert für einen Verkaufsauftrag, der bei einem leeren Lager eingeht. Dieser ist dem Alert-Bereichsordner **08 Verkauf** innerhalb der Alerting-Bibliothek zugeordnet.

Wenn Sie einen Alert aus der Elementliste eines Alert-Ordners selektieren und das Kontextmenü ausführen, können Sie auch direkt Alert-Status ändern und sich die Alert-Inbox des Alerts anzeigen lassen.

> **Weitere Informationen zum Geschäftsprozess-Monitoring**
> Weitere Informationen zum Geschäftsprozess-Monitoring im SAP Solution Manager und zu der Alert-Konfiguration finden Sie unter:
> *http://s-prs.de/v598502*

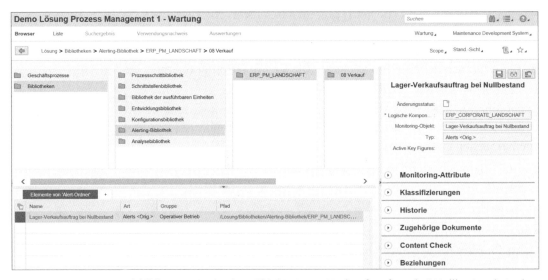

Abbildung 5.14 Alerting-Objekt »Lager-Verkaufsauftrag bei Nullbestand« in der Alerting-Bibliothek

5.7   Analysebibliothek

Die Geschäftsprozessanalyse ist ein Teilbereich des Geschäftsprozessbetriebs (*Business Process Operations*). Sie ermöglicht Trendanalysen oder Benchmarks in Bezug auf Geschäftsdaten, z. B. zu einzelnen Verkaufsbereichen, Verkaufsdivisionen, Verkaufskanälen oder weiteren Organisationseinheiten und Kategorien.

Analysen   Analog zu den Alerting-Objekten für das Geschäftsprozess-Monitoring können in der Bibliothek auch *Analysen* für die Geschäftsprozessanalyse angelegt werden. Konfigurationen von Analysen werden zwischen den originalen Analysen in der Analysebibliothek und der Referenz auf diese Elemente geteilt.

Bibliothek strukturieren   Ich empfehle Ihnen, die Analysebibliothek analog zu der Alerting-Bibliothek aufzubauen. Unterhalb des Ordners für die Analysebibliothek legen Sie also einen Analyseordner für jede logische Komponentengruppe an. Anschließend können unterhalb der Ebene der logischen Komponentengruppen weitere Ordner entstehen, z. B. geordnet nach Prozessbereichen.

Für die Analysen der Geschäftsprozessanalyse gilt wie für Alerts, dass die Konfigurationsdaten erst im Prozesskontext definiert werden. Die meisten Analysenkonfigurationen entstehen daher eher aus dem Prozess- oder Prozesskettenkontext heraus und werden nicht direkt für das Originalobjekt in der Bibliothek, sondern auf der Referenz gepflegt. Ein hybrider Ansatz

besteht darin, relevante Analysen bereits auf Ebene der Bibliothekselemente anzulegen und später auf Prozessebene mit den Anwendungsdaten
auszuprägen.

Abbildung 5.15 zeigt als Beispiel den Analyseordner **08 Verkauf**, dem eine
Analyse als dynamisches Attribut zugeordnet wurde. Alerting-Objekte werden immer als dynamische Attribute abgelegt.

Abbildung 5.15 Beispiel für eine Analyse in der Analysebibliothek

Für die folgenden Bereiche können Sie Analysen konfigurieren:

- Geschäftsdaten, z. B. zu Verkaufsaufträgen, Einkaufsaufträgen, Materialanforderungen

- anwendungsübergreifende KPIs, z. B. Anwendungsprotokolle oder ABAP
  Dumps

Sie legen eine Analyse in der Bibliothek an, indem Sie einen Analyseordner   **Analyse anlegen**
auswählen und das Kontextmenü zur Elementliste dieses Ordners öffnen.
Wählen Sie hier den Eintrag **Analyse**. Wie Sie eine Analyse ausgehend von
der Prozesshierarchie anlegen, zeige ich in Abschnitt 5.8.7, »Analyseobjekte
anlegen und referenzieren«.

Analysen haben die folgenden statischen Attribute: **Statische Attribute**

- Name der Analyse

- logische Komponentengruppe (wird implizit übernommen aus den
  Attributen des übergeordneten Ordners)

- Elementtyp: Analytics (nicht änderbar)

- Active Key-Figures, z. B. **Sales Documents without Delivery Block**

- Art, z. B. **Sales Documents**

- Variante: Analysen

- System

- Status (gesichert, aktiv etc.)

- Standort

- letzter Änderer und Änderungszeitpunkt

- zugehörige Dokumente

- Inhaltsprüfung

- Beziehungen

Dynamische Attribute

Als dynamische Attribute können Sie die folgenden Objekte zuordnen:

- Dokumente

- Alerts für Analysen

Konflikte zwischen Analysen

Konflikte zwischen Analysen auf dem Betriebs-Branch und Analysen auf dem Entwicklungs- oder Wartungs-Branch sind aufwändig zu lösen, da es keine Standardwerkzeuge für den Abgleich von Analysen gibt. Abbildung 5.16 zeigt einen Betriebs-Branch, der Konflikte auf Ebene der Analysen und auf Ebene der statischen Attribute der referenzierten Analyse aufweist. Zum Abgleich ist es notwendig, die Analysen im Entwicklungs- oder Wartungs-Branch mit der Konfiguration im aktuellen Betriebs-Branch zu vergleichen.

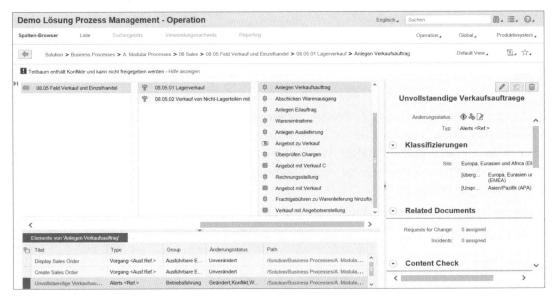

Abbildung 5.16 Beispiel für einen Versionskonflikt auf Ebene der Analysen

Der Aufwand des Abgleichs von Analysen nach einer Freigabe im Entwicklungs- bzw. Wartungs-Branch ist vergleichbar mit dem Aufwand, Analysen gemäß einem Spezifikationsdokument oder einer Monitoring-Anforderung (Vorgangsart SMOR) anzupassen. Es liegt daher nahe, Analysen ausschließlich im Betriebs-Branch durchzuführen und dort auch nur dann freizugeben, wenn in Testsystemen auf dem Entwicklungs- bzw. dem Wartungs-Branch das Geschäftsprozess-Monitoring oder die Geschäftsprozessanalyse selbst getestet werden soll. Allerdings bedeutet dies, dass ein Test der Geschäftsprozessanalyse erst nach dem Go-live auf einem Testsystem durchgeführt werden kann.

Anzumerken ist noch, dass Alert-Konfigurationen sowohl für das Geschäftsprozess-Monitoring als auch für die Geschäftsprozessanalyse bei ihrer Aktivierung in die Monitoring- und Alerting-Infrastruktur (MAI) des jeweiligen verwalteten Systems kopiert werden. In Abbildung 5.17 sehen Sie den in diesem Fall automatisch angezeigten Dialog, über den Sie ein Analyseobjekt zu einem neuen System (hier **OTO(810)**) eines Branches zuweisen.

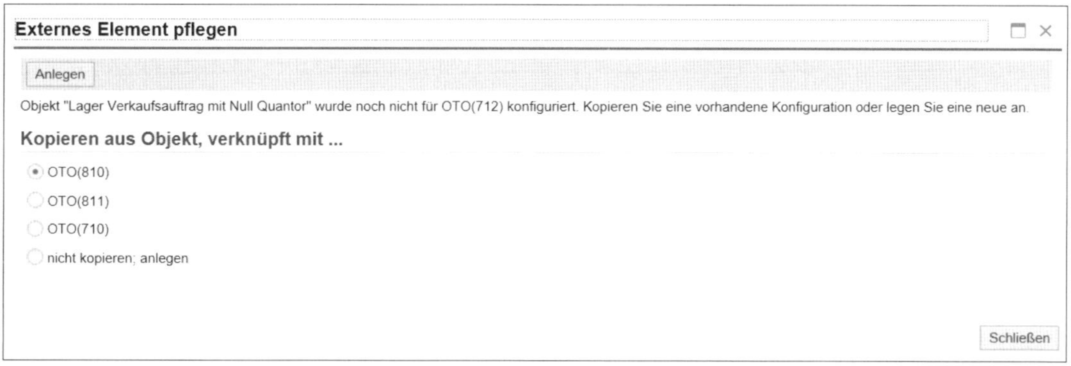

Monitoring- und Alerting- Infrastruktur

Externes Element pflegen

Anlegen

Objekt "Lager Verkaufsauftrag mit Null Quantor" wurde noch nicht für OTO(712) konfiguriert. Kopieren Sie eine vorhandene Konfiguration oder legen Sie eine neue an.

Kopieren aus Objekt, verknüpft mit ...

- OTO(810)
- OTO(811)
- OTO(710)
- nicht kopieren; anlegen

Schließen

Abbildung 5.17 Analyseobjekt einem System zuweisen

Analyseobjekte sind der letzte Typ der in diesem Kapitel beschriebenen sieben Bibliothekselementtypen, die als Referenzen in die Prozesshierarchie eingebunden werden können. Die verschiedenen Bibliothekselemente können sich auch innerhalb der Bibliothek wechselseitig aufeinander beziehen. Weitere Elemente der Lösungsdokumentation wie BC-Sets oder Dokumente werden ebenfalls in der Bibliothek abgelegt. Diese dynamischen Elemente bilden aber keinen eigenen Bibliothekstyp.

Die am meisten verwendeten dynamischen Elemente, die fast allen Strukturelementen und Objekten zugeordnet werden können, sind Dokumente, Diagramme und Testfälle. Deren Verwendung beschreibe ich in Kapitel 6, »Dokumente, Diagramme und Testfälle in der Lösungsdokumentation«.

Im folgenden Abschnitt erkläre ich, wie Sie die beschriebenen Bibliothekselemente aus der der Referenz heraus in der Prozesshierarchie anlegen und gleichzeitig referenzieren können. Bibliothekselemente können analog auch in der Bibliothek selbst referenziert werden, beispielsweise Alerts oder Entwicklungselemente zu Prozessschritten.

5.8   Bibliothekselemente in der Prozesshierarchie anlegen und referenzieren

In Kapitel 4, »Abbildung von Prozessstrukturen in der Lösungsdokumentation«, habe ich eine Prozesshierarchie mit modularen Prozessen und Prozessketten dargestellt. Die Bibliotheken für Prozessschritte, Schnittstellen, ausführbare Einheiten, Konfigurationseinheiten, Entwicklungselemente, Alerts und Analysen haben Sie in den vorangehenden Abschnitten kennengelernt. In der Prozesshierarchie haben Sie bereits gesehen, wie auf Prozessschritte und Schnittstellen aus der Bibliothek referenziert wird.

Bottom-up-Prozess   Der *Bottom-up-Prozess* geht davon aus, dass zuerst eine Bibliothek aufgebaut wird und anschließend modulare Prozesse und letztlich Prozessketten auf Basis der darin enthaltenen Objekte entwickelt werden. Doch es ist auch möglich, Prozessschritte direkt aus der Prozesshierarchie heraus in der Bibliothek anzulegen und gleichzeitig zu referenzieren. In den folgenden Abschnitten beschreibe ich dieses Anlegen von Bibliothekselementen ausgehend von ihrer referenziellen Verwendung. Das beschriebene Vorgehen soll allerdings nicht als Empfehlung für ein Top-down-Design dienen, sondern eher eine Ausnahmemöglichkeit darstellen. Ein Bottom-up-Design ist die beste Vorgehensweise, um redundante Prozessschritt- und Schnittstellendefinitionen zu vermeiden.

5.8.1   Prozessschritte anlegen und referenzieren

Prozessschrittzuordnungen zu Prozessen in der Prozesshierarchie können angelegt werden, indem Sie einen vorhandenen Prozessschritt aus der Prozesshierarchie auswählen. Alternativ können Sie einen neuen Prozessschritt direkt aus der Prozesshierarchie in die Bibliothek hinein erzeugen und gleichzeitig referenzieren.

Wollen Sie ein neues Objekt unterhalb der Ebene der Prozesse anlegen, selektieren Sie einen Prozess und öffnen das Kontextmenü zur darunterliegenden Ebene im Browser-Bereich. Ihnen werden nun Prozessschritte oder Schnittstellen als Objekttypen zur Referenzierung angeboten.

Prozessschritt anlegen

Wählen Sie hier den Prozessschritt. Zunächst sollten Sie feststellen, ob der Prozessschritt, den Sie benötigen, bereits existiert. Der Zuordnungsdialog für einen Prozessschritt erlaubt es, entweder nach bereits bestehenden Prozessschritten über deren Namen in der Prozessschrittbibliothek zu suchen (**In Prozessschrittbibliothek suchen**) oder die Prozessschritte über die zugeordneten ausführbaren Einheiten zu finden (**In ausführbarer Einheit suchen** oder **Ausführbare Einheit angeben**). In Abbildung 5.18 wird z. B. über den Namen und die logische Komponentengruppe nach einem Prozessschritt gesucht. Ist bereits ein geeigneter Prozessschritt vorhanden, wählen Sie diesen aus. Klicken Sie auf **OK**, um eine Referenz darauf anzulegen. Ist kein geeigneter Prozessschritt vorhanden, können Sie einen neuen Prozessschritt in der Bibliothek anlegen und gleichzeitig aus Ihrem Prozess darauf referenzieren. Wechseln Sie dazu auf die Registerkarte **Neuer Prozessschritt (Original)**.

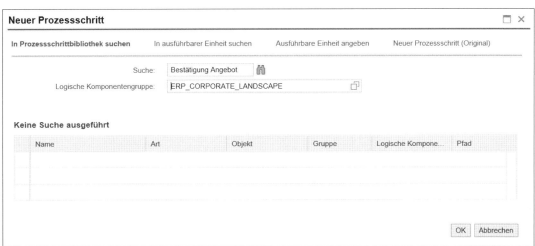

Abbildung 5.18 Einen existierenden Prozessschritt in der Prozessschrittbibliothek suchen

Geben Sie den Namen der logischen Komponentengruppe und den Namen Ihres neuen Prozessschritts an, wie in Abbildung 5.19 gezeigt. Klicken Sie dann auf **OK**.

Abbildung 5.19 Prozessschritte aus der Prozesshierarchie heraus anlegen und einem Ordner zuweisen

Der neue Prozessschritt wird nun sowohl als Original in der Bibliothek in dem Ordner **08 Verkauf** als auch als Referenz in der Prozesshierarchie unterhalb des von Ihnen selektierten Prozesses angelegt. Der Ordner der Prozessschritte **08 Verkauf** in der Bibliothek, in dem das Prozessschrittoriginal abgelegt wird, ist als Zielort für den neuen Prozessschritt definiert, kann hier allerdings individuell geändert werden. Auf der Referenzebene können Sie nun wieder statische und dynamische Attribute pflegen. Welche Attribute Sie einer Prozessschrittreferenz zuweisen können, habe ich in Abschnitt 4.3.6, »Prozessschrittreferenzen«, bereits aufgeführt.

5.8.2   Schnittstellen und Sammelschnittstellen anlegen und referenzieren

Schnittstellen bzw. Sammelschnittstellen können Sie Prozessen zuordnen, indem Sie eine bereits in der Schnittstellenbibliothek existierende Schnittstelle bzw. Sammelschnittstelle auswählen. Alternativ können Sie eine neue Schnittstelle aus der Prozesshierarchie heraus in der Bibliothek anlegen und gleichzeitig darauf referenzieren.

Schnittstelle anlegen Um eine neue Schnittstelle aus der Prozesshierarchie heraus anzulegen, selektieren Sie einen Prozess und öffnen das Kontextmenü zur darunterliegenden Ebene. Wählen Sie den Eintrag **Schnittstelle**. Suchen Sie zunächst in der Schnittstellenbibliothek, ob bereits eine geeignete Schnittstelle vorhanden ist. Dazu können Sie die Suche auf den Schnittstellentyp, die sendende und empfangende logische Komponentengruppe sowie den Schnittstellennamen eingrenzen (siehe Abbildung 5.20). Ist bereits eine geeignete Schnittstelle vorhanden, wählen Sie diese aus. Klicken Sie auf **OK**, um eine Referenz darauf anzulegen.

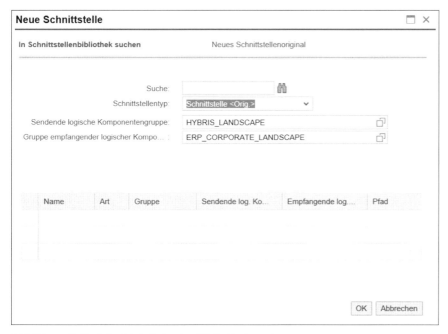

Abbildung 5.20 Schnittstelle in der Bibliothek suchen

Sollte keine passende Schnittstelle vorhanden sein, wechseln Sie auf die Registerkarte **Neues Schnittstellenoriginal**, die Sie in Abbildung 5.21 sehen. Wählen Sie dort das Schnittstellenverzeichnis der Bibliothek aus, in dem die Schnittstelle angelegt werden soll. Dieses Verzeichnis wird durch die Einstellungen vordefiniert, kann aber geändert werden. Vergeben Sie einen Namen für die neue Schnittstelle, geben Sie die sendende und die empfangende logische Komponentengruppe an und definieren Sie, welcher Technologie sich diese Schnittstelle bedienen soll (z. B. RFC). Klicken Sie anschließend auf **OK**, um die Schnittstelle anzulegen. Mit der Originalschnittstelle wird automatisch auch die Schnittstellenreferenz in der Prozesshierarchie angelegt.

Den Referenzen auf Schnittstellen können Sie anschließend statische und dynamische Attribute zuordnen, wie in Abschnitt 4.3.7, »Schnittstellenreferenzen«, beschrieben. Die dynamischen Attribute von Referenzen auf Schnittstellen unterscheiden sich. Schnittstellenreferenzen erlauben die Zuordnung von Konfigurationseinheiten und Entwicklungselementen sowie Dokumenten. Meist ist die Zuweisung von Alerts und Analysen für das Geschäftsprozess-Monitoring und die Geschäftsprozessanalyse sogar ausschließlich auf Ebene der Referenz sinnvoll.

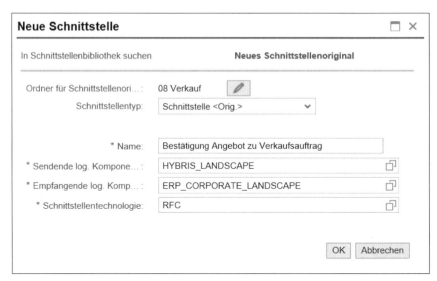

Abbildung 5.21 Schnittstelle »Bestätigung Angebot zu Verkaufsauftrag« in der Bibliothek anlegen

Die Schnittstellendetails können sinnvollerweise hingegen nur in der Schnittstellenbibliothek für das Original gepflegt werden, da diese Einstellungen invariant zur Verwendung sind (siehe Abschnitt 5.2).

5.8.3 Konfigurationseinheiten anlegen und referenzieren

Die Zuordnung von Konfigurationseinheiten auf Ebene von Szenarien, Prozessen, Prozessschritten und Schnittstellen in der Prozesshierarchie erfolgt über die dynamischen Attribute des jeweiligen Strukturelements. Die Konfigurationseinheiten, die als dynamische Attribute einer Referenz eines Prozessschritts oder einer Schnittstelle zugeordnet wurden, existieren ergänzend zu den Konfigurationseinheiten, die den Originalelementen der Bibliothek zugeordnet wurden. Die Attribute zu dem Referenzobjekt sind nur im Kontext des aktuell ausgewählten Prozesses sichtbar.

Konfigurations-
einheiten anlegen

In der Prozesshierarchie können Sie auf Konfigurationseinheiten aus der Konfigurationsbibliothek referenzieren. Neue Konfigurationseinheiten können Sie entweder in der Bibliothek oder ausgehend von der Prozesshierarchie anlegen. Um beispielsweise eine Konfigurationseinheit zu einem Prozess in der Prozesshierarchie anzulegen, öffnen Sie das Kontextmenü zur Elementliste, nachdem Sie den Prozess selektiert haben. Wählen Sie dann den Eintrag **Konfigurationseinheit**.

Suchen Sie zunächst, ob es bereits eine geeignete Konfigurationseinheit in der Konfigurationsbibliothek gibt. Die Suche erfolgt ähnlich wie die nach geeigneten Prozessschritten und Schnittstellen, die ich in den vorangehenden Abschnitten beschrieben habe. Gibt es noch keine passende Konfigurationseinheit, wechseln Sie auf die Registerkarte **Neue Konfigurationseinheit (Original)**, um eine neue Einheit anzulegen (siehe Abbildung 5.22). Der Konfigurationsordner, in dem die Konfigurationseinheit angelegt werden soll, ist den Einstellungen entsprechend vorselektiert und kann geändert werden. Pflegen Sie die zugehörige logische Komponentengruppe. Vergeben Sie abschließend einen Namen für die neue Konfigurationseinheit, und klicken Sie auf **OK**.

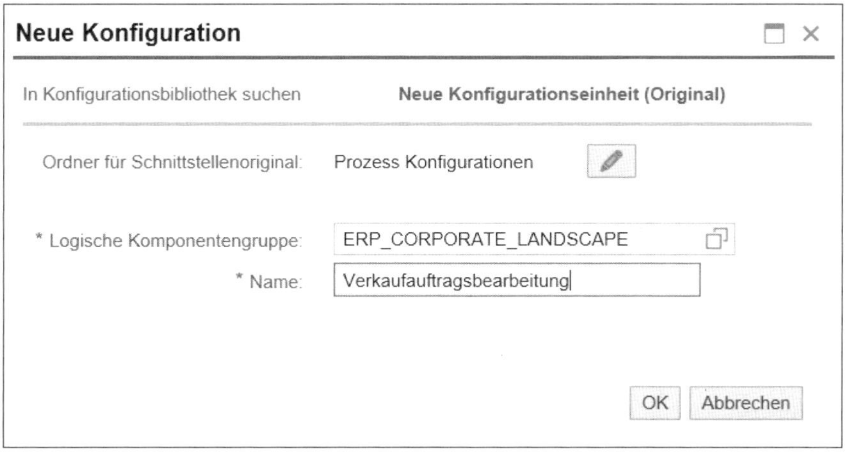

Abbildung 5.22 Eine neue Konfigurationseinheit zu einem Strukturelement der Prozesshierarchie anlegen

Die Anlage von Konfigurationseinheiten zu Szenarien, Prozessen, Prozessschritten und Schnittstellen geschieht auf die gleiche Art und Weise. Neben der originalen Konfigurationseinheit wird so auch automatisch eine Referenz auf das Objekt in der Prozesshierarchie angelegt.

Generell ist die Suche nach Konfigurationseinheiten anspruchsvoll und erfordert sprechende Namen für Konfigurationseinheiten, um eine sinnvolle Suche zu erleichtern. Ich empfehle, das Anlegen neuer Konfigurationseinheiten und deren Ausprägung analog zu dem Aufbau einer Prozessschrittbibliothek einem Governance-Prozess zu unterstellen, der die Zuständigkeiten definiert.

Zu den Referenzen zu Konfigurationseinheiten können Sie zusätzlich zu den Attributen des Originalobjekts noch folgende statische Attribute definieren:

Attribute zu Referenzen

- Name der Konfigurationseinheitenreferenz
- Elementtyp: Konfigurationseinheit <ref> (nicht änderbar)

- Standort
- Zuständigkeiten
- zugehörige Dokumente
- Inhaltsprüfung
- Beziehungen

5.8.4   Entwicklungselemente anlegen und referenzieren

Entwicklungselemente können Sie zu Szenarien, Prozessen, Prozessschritten und Schnittstellen der Prozesshierarchie zuordnen. Entweder referenzieren Sie dabei ein bestehendes Entwicklungselement in der Bibliothek, oder Sie legen ein neues Entwicklungselement in der Bibliothek an und referenzieren darauf.

Entwicklungselemente, die aus der Referenz heraus angelegt werden, befinden sich in der Entwicklungsbibliothek zuerst direkt unterhalb des Entwicklungsbibliotheksordners. Das Bibliotheksgenerierungs-Cockpit weist die Entwicklungselemente später allerdings den passenden Anwendungshierarchie- oder Paketordnern für Entwicklungen zu.

Entwicklungselemente auf Ebene von Prozessschritt- oder Schnittstellenreferenzen können zusätzlich zu den in der Prozessschritt- bzw. der Schnittstellenbibliothek verknüpften Entwicklungselementen existieren. Sie sind nur im Kontext des aktuellen Prozesses sichtbar und relevant.

Entwicklungselement anlegen

Um ein Entwicklungselement direkt aus der Prozesshierarchie anzulegen, selektieren Sie das übergeordnete Strukturelement und öffnen das Kontextmenü zur Elementliste. Wählen Sie hier den Eintrag **Entwicklungselement**. Sie können dann ähnlich wie bei den in den vorangehenden Abschnitten beschriebenen Elementen zunächst in der Bibliothek suchen, ob bereits ein geeignetes Entwicklungselement angelegt wurde. Ist dies nicht der Fall, wechseln Sie auf die Registerkarte **Entwicklungsobjekt angeben**, um ein neues Objekt anzulegen (siehe Abbildung 5.23). Geben Sie die Elementart an, z. B. **Erweiterungsimplementierung <Entw. Orig>**, und wählen Sie die logische Komponentengruppe. Selektieren Sie abschließend das Objekt im zugeordneten Referenzsystem des Branches. Der Name des Entwicklungselements in der Bibliothek entspricht dem des technischen Objekts und kann nicht geändert werden.

Neues Entwicklungsobjekt   ☐ ✕

In Entwicklungsbibliothek suchen   **Entwicklungsobjekt angeben**

Bibliothekselementart: Erweiterungsimplementierung <Entw. Orig.> ⌄

* Logische Komponentengruppe: ERP_CORPORATE_LANDSCAPE   ⎙

* Objekt: SD_SALES_ITEM_WADD   ⎙

OK   Abbrechen

Abbildung 5.23 Entwicklungselement aus einer Referenz der Prozesshierarchie heraus anlegen

Auf Ebene der Referenz auf das Entwicklungselement können Sie nun zusätzlich zu den Attributen des Originalelements noch folgende statische Attribute pflegen:

Attribute auf Referenzebene

- Name des referenzierten Entwicklungselements (nicht änderbar)
- Typ: <Entwicklungselementtyp><ref> (nicht änderbar)
- Standort
- zugehörige Dokumente
- Inhaltsprüfung
- Beziehungen

Ein Sonderfall von Entwicklungselementen sind ausführbare Einheiten, die als eigenständiges Objekt in der Bibliotheksstruktur existieren und meist bereits von Prozessschritten der Bibliothek referenziert sind.

5.8.5   Ausführbare Einheiten anlegen und referenzieren

Ausführbare Einheiten als Bibliotheksobjekte werden vor allem Prozessschritten, aber auch Prozessen oder Prozessketten beispielsweise als Starttransaktionen zugeordnet. Formal sind Zuordnungen auf der Ebene von Szenarien, Prozessen und Prozessschritten möglich.

Sie können ausführbare Einheiten zur Zuweisung entweder aus der Bibliothek der ausführbaren Einheiten selektieren oder neu in der Bibliothek anlegen und gleichzeitig darauf referenzieren. Neu angelegte Elemente werden durch das Bibliotheksgenerierungs-Cockpit unterhalb des Ordners der ausführbaren Einheiten entsprechend der Anwendungs- oder Pakethierarchie angeordnet.

**Ausführbare
Einheit anlegen**

Um eine ausführbare Einheit auf Ebene eines referenzierten Prozess-schritts innerhalb der Prozesshierarchie hinzuzufügen, selektieren Sie das übergeordnete Strukturelement und öffnen das Kontextmenü zur Ele-mentliste. Wählen Sie hier den Eintrag **Ausführbare Einheit**. Es öffnet sich der Dialog aus Abbildung 5.24. Finden Sie hier zunächst wieder mithilfe der Suche heraus, ob bereits eine entsprechende ausführbare Einheit in der Bibliothek existiert. Ist das der Fall, selektieren Sie das Element und klicken auf **OK**, womit eine Referenz erzeugt wird.

Sofern noch keine ausführbare Einheit existiert, wählen Sie auf der Regis-terkarte **Ausführbare Einheit angeben** die Einheit aus, z.B. **Transaktion <Ausf. Orig.>** für eine Transaktion wie in unserem Beispiel. Wählen Sie außerdem die logische Komponentengruppe. Selektieren Sie dann den Namen des technischen Objekts (z.B. den Transaktionscode VA0 2) durch eine Suche im verwalteten System, das dem ausgewählten Branch zugeord-net ist. Neben dem neuen Originalobjekt wird so auch automatisch eine Referenz in der Prozesshierarchie erzeugt. Der Objektname entspricht dem des technischen Objekts und kann daher nicht geändert werden.

Abbildung 5.24 Transaktion »VA02« als originale ausführbare Einheit in der Bib-liothek und als Referenz erzeugen

**Attribute auf
Referenzebene**

Für die Referenz auf die ausführbare Einheit können Sie nun zusätzlich zu den Attributen, die dem Originalelement zugewiesen wurden, folgende sta-tische Attribute pflegen:

- Name der referenzierten ausführbaren Einheit (nicht änderbar)

- Typ: einer der unterstützten Typen ausführbarer Einheiten, die in Ab-schnitt 5.3, »Bibliothek der ausführbaren Einheiten«, genannt wurden (nicht änderbar)

- Standort

- zugehörige Dokumente
- Testfalltyp
- TBOM: wird in einem automatisierten Test angelegt und enthält den Typ sowie den Status der TBOM
- Inhaltsprüfung
- Beziehungen

5.8.6   Alerting-Objekte anlegen und referenzieren

Alerts aus der Alerting-Bibliothek des Business Process Monitorings können auf Ebene von Prozessen, Prozessketten, Prozessschritten oder Schnittstellen referenziert werden. Sie können Alerts ausgehend von diesen Strukturelementen in der Prozesshierarchie auch neu in der Alerting-Bibliothek anlegen und gleichzeitig referenzieren. Alert-Konfigurationen werden zwischen dem Referenzelement und dem Original-Alert geteilt.

Um einen neuen Alert beispielsweise zu einer Prozessschrittreferenz hinzuzufügen, selektieren Sie diese Referenz und öffnen das Kontextmenü zu deren Elementliste. Wählen Sie den Eintrag **Alert**. Sie gelangen zu dem Dialog aus Abbildung 5.25.

Alert anlegen

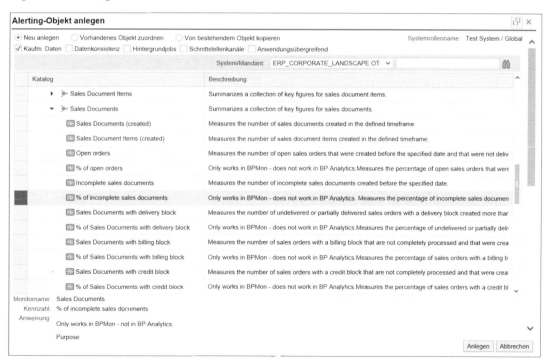

Abbildung 5.25 Ein neues Business-Process-Monitoring-Alerting-Objekt anlegen

Wählen Sie hier die Option **Vorhandenes Objekt zuordnen**, um einen bereits in der Bibliothek existierenden Alert zuzuweisen. Sie können auch einen existierenden Alert kopieren, um ihn anschließend auf den betreffenden Prozesskontext anzupassen. Dazu wählen Sie die Option **Von bestehendem Objekt kopieren**. Beachten Sie dabei, dass Änderungen des Alerts auf Referenzebene auch die Konfiguration des Original-Alerts ändern und umgekehrt. In dieser Hinsicht stellen Alerts eine Ausnahme innerhalb der Bibliothekselemente dar.

Um einen neuen Alert anzulegen, wählen Sie die Option **Neu anlegen**. Wählen Sie anschließend die Art des Alerts aus, z. B. **Kaufm. Daten**, wie in Abbildung 5.25 gezeigt. Welche Alert-Typen Ihnen zur Verfügung stehen, habe ich in Abschnitt 5.6, »Alerting-Bibliothek«, beschrieben.

Als Nächstes können Sie nun unter **System/Mandant** die logische Komponente auswählen. In der Spalte Katalog wird daraufhin die Struktur der Alerts des ausgewählten Typs angezeigt, hier **Sales Documents**. Wählen Sie einen relevanten Knoten aus und legen Sie den Alert an, z. B. »% of incomplete sales documents«.

Attribute auf Referenzebene Mit dem neu angelegten Objekt in der Alerting-Bibliothek wird auch automatisch eine Referenz in der Prozesshierarchie angelegt. Die folgenden statischen Attribute können Sie zusätzlich zu den für das Originalobjekt gepflegten Attributen auf Ebene der Referenz definieren:

- Name des referenzierten Alerts
- Elementtyp: <Alert-Typ><ref> (nicht änderbar)
- Standort
- zugehörige Dokumente
- Inhaltsprüfung
- Beziehungen

Es gibt keine dynamischen Attribute, also keine Elementliste, zur Referenz eines Alerts.

5.8.7   Analyseobjekte anlegen und referenzieren

Alerts für Analysen für die Geschäftsprozessanalyse können auf Ebene von Prozessen, Prozessketten, referenziellen Prozessschritten und Schnittstellen der Prozesshierarchie zugeordnet werden. Dazu können Sie entweder auf ein existierendes Objekt der Analysebibliothek referenzieren, oder aber Sie legen direkt aus der Prozesshierarchie eine neue Analyse in der Analysebibliothek an und referenzieren anschließend darauf. Analog verfahren Sie, wenn Sie einen Alert für die Geschäftsprozessanalyse als Referenz in der Bibliothek anlegen, z. B. für ein Prozessschrittoriginal.

Um ein neues Analyseobjekt beispielsweise zu einer Prozessschrittreferenz in der Prozesshierarchie hinzuzufügen, selektieren Sie diese Referenz und öffnen das Kontextmenü zu deren Elementliste. Wählen Sie hier den Eintrag **Analyse**. Sie haben nun die Möglichkeit, eine existierende Analyse aus der Analysebibliothek auszuwählen oder zu kopieren. Um eine Analyse zu kopieren, wählen Sie die Option **Von bestehendem Objekt kopieren**. Dieses Objekt können Sie anschließend für den jeweiligen Prozesskontext anpassen, indem Sie z. B. die Attribute ändern. Sollte noch kein passendes Analyseobjekt vorhanden sein, können Sie eins anlegen.

Analyse anlegen

Für das folgende Beispiel klicken Sie auf **Neu anlegen**. Wählen Sie dann die Option **Aus lokalem Katalog anlegen** und anschließend die Art des Analyseobjekts, z. B. **Sales Documents**. Ihnen wird nun der Katalog der Geschäftsdaten für die ausgewählte logische Komponentengruppe angezeigt, wie in Abbildung 5.26 zu sehen. Das Servicetool-Add-on ST-PI liefert Konfigurationsdaten für Alerts in Katalogen aus. Dazu muss ST-PI für den SAP Solution Manager und in den verwalteten Systemen installiert sein.

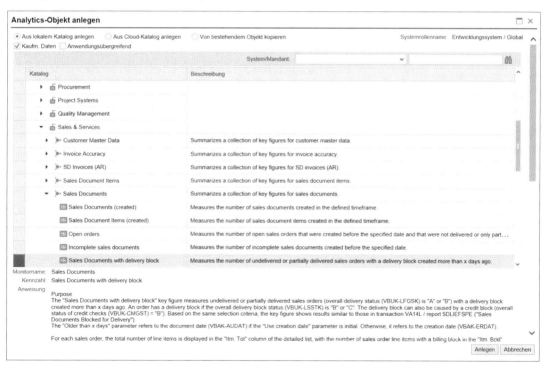

Abbildung 5.26 Eine neue Analyse anlegen

Zusätzlich zu der neuen Analyse in der Analysebibliothek wird so auch eine Referenz auf dieses Objekt in der Prozesshierarchie angelegt. Auf Ebene die-

Attribute auf Referenzebene

ser Referenz können Sie zusätzlich zu den Attributen des Originalobjekts noch folgende statische Attribute definieren:

- Name des Analyseobjekts
- Elementtyp: <Alerting zu Analysen> <ref> (nicht änderbar)
- Standort
- zugehörige Dokumente
- Inhaltsprüfung
- Beziehungen

Dynamische Elemente werden bei Analysen auf Ebene der Referenz nicht unterstützt.

5.9   Verwendungsnachweis für Bibliothekselemente

Verwendungs-
nachweis ausführen

Über den *Verwendungsnachweis* können Sie herausfinden, an welchen Stellen innerhalb der Lösungsdokumentation auf ein Originalobjekt der Bibliotheken verwiesen wird. Klicken Sie dazu mit der rechten Maustaste auf ein Originalelement, z. B. auf einen Prozessschritt in der Prozessschrittbibliothek. Daraufhin öffnet sich das Kontextmenü des selektierten Originalelements, das Sie in Abbildung 5.27 sehen. Wählen Sie hier den Eintrag **Verwendungsnachweis** aus.

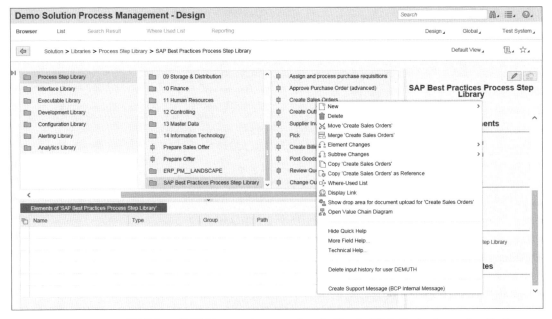

Abbildung 5.27 Verwendungsnachweis für ein Bibliothekselement aufrufen

Daraufhin werden Ihnen alle Verwendungsstellen in einer Liste ausgege- **Ergebnisliste**
ben, wie in Abbildung 5.28 gezeigt.

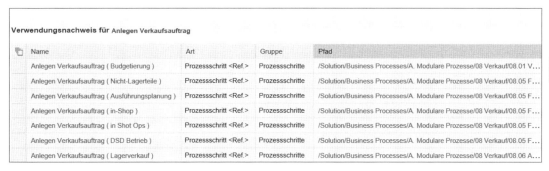

Verwendungsnachweis für Anlegen Verkaufsauftrag

	Name	Art	Gruppe	Pfad
	Anlegen Verkaufsauftrag (Budgetierung)	Prozessschritt <Ref.>	Prozessschritte	/Solution/Business Processes/A. Modulare Prozesse/08 Verkauf/08.01 V…
	Anlegen Verkaufsauftrag (Nicht-Lagerteile)	Prozessschritt <Ref.>	Prozessschritte	/Solution/Business Processes/A. Modulare Prozesse/08 Verkauf/08.05 F…
	Anlegen Verkaufsauftrag (Ausführungsplanung)	Prozessschritt <Ref.>	Prozessschritte	/Solution/Business Processes/A. Modulare Prozesse/08 Verkauf/08.05 F…
	Anlegen Verkaufsauftrag (in-Shop)	Prozessschritt <Ref.>	Prozessschritte	/Solution/Business Processes/A. Modulare Prozesse/08 Verkauf/08.05 F…
	Anlegen Verkaufsauftrag (in Shot Ops)	Prozessschritt <Ref.>	Prozessschritte	/Solution/Business Processes/A. Modulare Prozesse/08 Verkauf/08.05 F…
	Anlegen Verkaufsauftrag (DSD Betrieb)	Prozessschritt <Ref.>	Prozessschritte	/Solution/Business Processes/A. Modulare Prozesse/08 Verkauf/08.05 F…
	Anlegen Verkaufsauftrag (Lagerverkauf)	Prozessschritt <Ref.>	Prozessschritte	/Solution/Business Processes/A. Modulare Prozesse/08 Verkauf/08.06 A…

Abbildung 5.28 Ergebnisliste eines Verwendungsnachweises für das Prozessschrittoriginal »Anlegen Verkaufsauftrag«

Über den Link in der Spalte **Pfad** können Sie direkt zur Verwendungsstelle
innerhalb der Lösungsdokumentation abspringen.

Kapitel 6

Dokumente, Diagramme und Testfälle in der Lösungsdokumentation

Dokumente, Diagramme und Testfälle sind zentrale Elemente der Lösungs-dokumentation, die, wie die meisten Konfigurationselemente, allerdings meist eindeutig verwendet werden und deswegen keine Elemente der Bibliothek sind. Mit diesen Elementen beschäftigt sich dieses Kapitel.

Während Dokumente und Testfälle schon im SAP Solution Manager 7.1 bekannt waren, sind Diagramme eine entscheidende Erweiterung im SAP Solution Manager 7.2. Sie stellen eine Teilmenge von Business Process Model and Notation (BPMN) 2.0 für die Geschäftsprozessmodellierung bereit.

In diesem Kapitel greife ich zunächst das Thema *Dokumente* auf, das ich bereits in Abschnitt 3.1, »Lösungen und ihre Dokumentation«, im Kontext der Lösungsverwaltung eingeführt habe. Zusätzlich zu den Dokumenten sind *Diagramme* wesentliche Bestandteile der Lösungsdokumentation. Sie können teilweise funktionale Spezifikationen durch BPMN-Modelle ersetzen. Mit einem Abschnitt zu *Testfällen* vom Typ Dokument, Konfiguration oder Testschritt (letzteres ein erweitertes Konzept in Focused Build) und einigen Informationen zu den Möglichkeiten der Vollständigkeitsprüfung Ihrer Dokumentation schließe ich das Kapitel ab.

6.1 Dokumente

Die Lösungsdokumentation stellt eine integrative Dokumentationsbiblio-thek für das Application Lifecycle Management bereit. Sie besteht aus strukturierten Elementen wie der Prozesshierarchie und den Bibliotheken mit spezifischen Objekttypen. Jedem Strukturelement in der Prozesshierar-chie und jedem Bibliothekselement kann ein Dokument als dynamisches Attribut zugeordnet werden. Dokumente sind unter den dynamischen Attributen der Objekttyp, der am durchgängigsten vorgehalten wird. Doku-mente können also allen Elementen der Lösungsdokumentation zugeord-net werden.

Zuordnung als dynamische Attribute

In den vorangehenden Kapiteln haben wir vor allem die Dokumentation strukturierter Einheiten wie die Prozessstruktur oder die Bibliothekselemente und ihre wechselseitige Referenzierung betrachtet. Frei definierbare Dokumente hingegen sind als Elemente der Elementliste meist nur einmal vorhanden und nur im Kontext ihrer Strukturelemente bzw. Bibliothekselemente aussagekräftig.

Die *Dokumentenarten* beschreiben dabei Dokumentvorlagen und ein zugehöriges Statusschema. Das Statusschema steuert den Prozess der Dokumentenerstellung. Die Status reichen von dem ersten Schritt **Anlegen** bis hin zum Status **Final**.

SAP liefert in der Standardauslieferung des SAP Solution Managers standardisierte Dokumentenarten mit Vorlagen und Statusschemata unterschiedlicher Komplexität aus. Im Kontext von Focused Build gibt es weitere vorkonfigurierte Dokumentenarten. Von SAP bereitgestellte Dokumentenarten können Sie typisieren und für deren Verwendung konfigurieren. Wie das geht, erfahren Sie im folgenden Abschnitt. *Elektronische Signaturen* sind in der Dokumentenpflege konfigurierbar und erlauben die Regulierung ihrer Nutzung. Sie sind relevant, wenn im Kontext des Anlegeprozesses eine formale Abzeichnung durch bestimmte verantwortliche Personen relevant ist.

6.1.1   Dokumentenarten konfigurieren

Innerhalb einer Lösung können Sie einschränken, welche Dokumentenarten in der Lösungsdokumentation verwendet werden können. Die Sichtbarkeit von Dokumentenarten und welche Arten welchen Elementen zugeordnet werden können wird für Strukturelemente, Bibliothekselemente und Einzelelemente ebenfalls auf Lösungsebene festgelegt. Neben der Möglichkeit, Dokumente auf Basis von Vorlagen anzulegen, besteht auch die Option, Dokumente durch einen Upload zu erzeugen. Die Verwendung von Dokumenten kann durch ein Dokument-Reporting ausgewertet werden, das ich in Abschnitt 6.4, »Vollständigkeits-Reporting für die Dokumentation«, vorstelle.

Generell sei bereits angemerkt, dass es neben der Möglichkeit, Dokumentenarten als Grundlage der Dokumentation zu nutzen, auch eine Dokumentation auf Basis von Best Practices oder über verknüpfte URLs möglich ist. Ein per Upload hochgeladenes Dokument wird hingegen letztlich auch einer Dokumentenart zugewiesen und erbt damit deren Statusschema.

In diesem Abschnitt beschreibe ich die Nutzung von Dokumentenarten als wesentliche und mächtigste Funktionalität. Diese Funktionalität erlaubt es, auch Dokumentationsstandards zu erzwingen.

Folgende Dokumentenarten werden standardmäßig mit dem SAP Solution Manager 7.2 ausgeliefert:

Standard-Dokumentenarten

- Geschäftsprozessbeschreibung
- Konfigurationsleitfaden
- funktionaler Integrationstest
- funktionale Spezifikation
- funktionale Spezifikation, Typ **Gap** (d. h. eine fehlende Funktonalität im SAP-Coding)
- funktionale Spezifikation, Typ Schnittstelle
- funktionale Spezifikation, Typ WRICEF (*Workflows*, *Reports*, *Interfaces*, *Conversions*, *Enhancements*, *Forms*, also Workflows, Reports, Schnittstellen, Konvertierungen, Erweiterungen und Formulare)
- Mock-up (d. h. eine Simulation der Benutzeroberfläche und der durch den Anwender durchgeführten Aktionen)
- Einzelfunktionstest
- technisches Design
- Trainingsmaterial
- Anwendungsfall
- Anwendungsanleitung

Die Focused Solution *Focused Build* unterscheidet sich von der Standardlösung vor allem durch andere Vorlagen für die einzelnen Dokumentenarten. Diese legen den Fokus auf eine agile Entwicklungsmethode.

Für jede Dokumentenart können Sie festlegen, ob sie einem Element zwingend zugewiesen werden muss und ob ein oder mehrere Dokumente des gleichen Typs zugewiesen werden können. Dazu rufen Sie die *Dokumentenartenverwaltung* auf, deren Oberfläche Sie in Abbildung 6.1 sehen. Sie gelangen zur Administration der Dokumentenarten, wenn Sie diese Funktion im Bereich der globalen Funktionen in der Lösungsverwaltung rechts oben aufrufen. Hier können Sie über die Suchfunktion nach einer bestimmten Dokumentenart suchen. Die zur Suchanfrage passenden Dokumentenarten werden daraufhin in einer Liste ausgegeben. Markieren Sie eine Dokumentenart in dieser Liste wie die Dokumentenart CORP_23 in Abbildung 6.1, werden deren Eigenschaften auf der rechten Seite des Bildschirms angezeigt. Die Dokumentenart CORP_23 für Geschäftsprozessbeschreibungen in

Verpflichtende Zuordnung

unserem Beispiel nutzt etwa das Statusschema ODefault (ein von SAP aus-
geliefertes Standardstatusschema) und ist relevant für die Prozessdokumentation. Dies können Sie an der Einstellung **Blueprint-Dokument
relevant** erkennen.

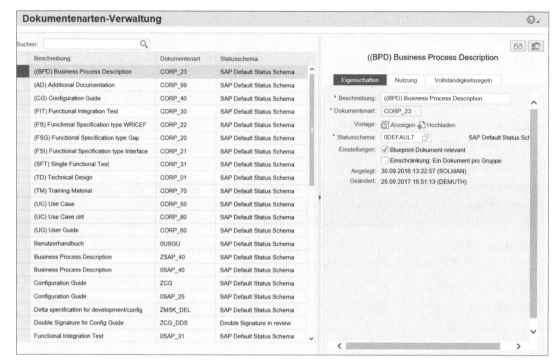

Abbildung 6.1 Eigenschaften einer Dokumentenart in der Dokumentenart-
verwaltung

Sie können mehr als ein Dokument dieser Art einer Gruppe (also einem
Strukturelement, einem Element der Bibliotheken oder freien Elementen)
in der Lösungsdokumentation oder exakt ein Dokument zuweisen. Dies erkennen Sie daran, dass das Häkchen in dem Ankreuzfeld **Einschränkung: Ein
Dokument pro Gruppe** nicht gesetzt oder gesetzt ist. Indem Sie die Einstellungen auf der rechten Seite ändern, können Sie die Einschränkungen für
die selektierte Dokumentenart in der gesamten Lösungsdokumentation
festlegen. Voraussetzung für die Verwaltung der Dokumentenarten ist, dass
diese Dokumentenarten zuvor der Lösung zugewiesen wurden. Dies geschieht auf der Registerkarte **Dokumentenarten** in der Lösungsverwaltung,
wie in Abschnitt 3.1, »Lösungen und ihre Dokumentation«, beschrieben.

**Prozessdokument-
generierung** Auf Ebene der Dokumentenart wird in der Lösungsverwaltung in Abbildung 6.1 für den Typ CORP_23 (Business Process Description) das Attribut
Blueprint-Dokument relevant zentral gesetzt. Falls dieses Attribut auf

Ebene der Dokumentenart gesetzt oder falls ein Dokumentenattribut als prozessrelevant definiert wird, kann die Dokumentation in die *Prozess-dokumentgenerierung* mit aufgenommen werden. Diese Funktion finden Sie im globalen Menü der Lösungsdokumentation.

Abbildung 6.2 zeigt das Selektionsbild für die Generierung eines Prozessdokuments. Sie haben hier die Wahl, entweder alle Dokumente (**All documents**), nur diejenigen, deren Dokumentenart als Blueprint-relevant definiert wurde (**Process documentation relevant document types**), oder diejenigen, die als prozessdokumentationsrelevant gesetzt wurden (**Process documentation relevant documents**), einzubinden. Nachdem Sie Ihre Auswahl getroffen haben, klicken Sie auf **Generieren**.

Abbildung 6.2 Selektionsbild für die Prozessdokumentgenerierung

Um die Sichtbarkeit und die Verwendung einer Dokumentenart zu steuern, wechseln Sie auf die Registerkarte **Nutzung** in der Dokumentenartenver-

Sichtbarkeit und Verwendung

waltung. In Abbildung 6.3 können Sie erkennen, dass Dokumente vom Typ `Corp_23` einem Strukturelement vom Typ Prozess oder einer Prozessvariante zugewiesen werden können. Die zugewiesenen Dokumente dieser Art können dann ausschließlich im Kontext des Prozesses bzw. der Prozessvariante zugewiesen und gepflegt werden. Über die Auswahl der Option **Nutzung individuell einschränken** können Sie die Dokumentenart als Dokument bzw. als Testfall für verschiedene Elemente der Lösungsdokumentation zur Verfügung stellen.

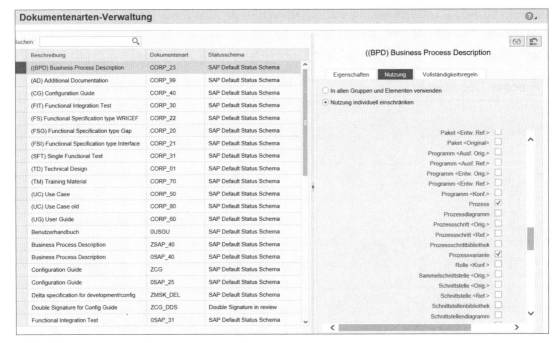

Abbildung 6.3 Zuordnung und Sichtbarkeit von Dokumentenarten zu Elementen konfigurieren

Vollständigkeits-
regeln

Ob ein Dokument der ausgewählten Art ausgewählten Elementtypen zugeordnet werden muss oder ob die Zuordnung optional ist, können Sie auf der Registerkarte **Vollständigkeitsregeln** definieren. Im Beispiel in Abbildung 6.4 wird definiert, dass ein Dokument vom Typ `Corp_23` jedem Strukturelement vom Typ Prozess zugewiesen werden *muss* (Einstellung **Erforderlich in Dokumentation**). Die Zuweisung ist dagegen optional für eine Prozessvariante (Einstellung **Optionales Dokument**). Welche Elemente der Lösungsdokumentation Ihnen auf dieser Registerkarte angezeigt werden, ist abhängig von Ihrer Auswahl auf der Registerkarte **Nutzung**.

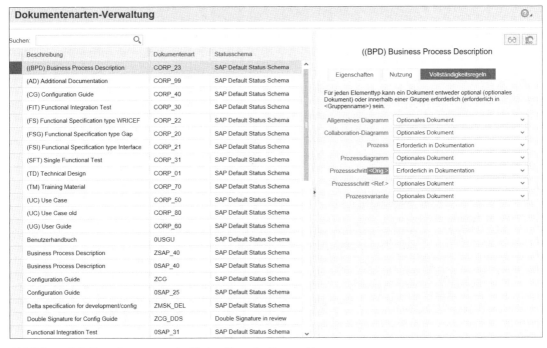

Abbildung 6.4 Zuweisungsregeln für bestimmte Elementtypen

6.1.2   Attribute von Dokumenten

Neben den Dokumentenarten, die Teil des Dokuments selbst sind, können Dokumenten folgende generische statische Attribute in der Lösungsdokumentation zugewiesen werden:

Statische Attribute

- Name des Dokuments
- Objekt (technischer Name des Dokuments)
- Typ: Best Practice oder Dokument
- Kategorie: bei Best Practices wird hier **Best Practice** ausgewählt
- Standort
- Dokumentenart: im Falle vorlagenbasierter Dokumentation
- Dokumentenformat: im Falle vorlagenbasierter Dokumentation
- Relevanz für die Prozessdokumentation (Einbindung in Prozessdokumentgenerierung)
- Status
- Sensitivität (d. h. die Kritikalität des Dokuments)
- Priorität
- Originalsprache

- Sprache – Pflegesprache

- Schlüsselwörter: Freitext

- E-Learning relevant: Dieses Attribut wird von der Schnittstelle zum *SAP Workforce Performance Builder* ausgewertet.

- Dokumentenreferenz

- letzter Änderer und letzter Änderungszeitpunkt

- Anleger und Anlagezeitpunkt

- zugehörige Dokumente

- Inhaltsprüfung

- Beziehungen (Speicherort)

[»]

SAP Workforce Performance Builder

Der SAP Workforce Performance Builder (WPB) ist eine Lösung zum Aufbau und zur Organisation von Online-Lernprozessen. Er hat die Fähigkeit, die Struktur der Lösungsdokumentation inklusive der als E-Learning-relevant markierten Dokumente zu übernehmen. Der WPB ersetzt das im SAP Solution Manager 7.1 existierende Learning-Map-Werkzeug.

6.1.3   Dokumente anlegen und zuordnen

Zuordnungs-optionen
Um ein Dokument zu einem Element der Lösungsdokumentation zuzuweisen, haben Sie folgende Möglichkeiten:

- Sie können eine Referenz auf ein Dokument innerhalb der Bibliothek anlegen.

- Sie können eine Kopie eines Dokuments der Bibliothek anlegen.

- Sie können ein Dokument hochladen und einer Dokumentenart zuweisen.

- Sie können ein Dokument aus der SAP-Best-Practice-Bibliothek erzeugen.

- Sie können ein Dokument auf Grundlage einer Vorlage anlegen.

Dokument anlegen
Möchten Sie ein Dokument anlegen, öffnen Sie das Kontextmenü zur Elementliste des Struktur- bzw. des Bibliothekselements, zu dem Sie das Dokument anlegen möchten. Wählen Sie hier den Eintrag **Dokumentation • Dokument (aus Vorlage)**. Es werden Ihnen nun genau diejenigen Vorlagen für Dokumentenarten angeboten, die Sie in der Lösungsverwaltung als Dokumentenarten für den ausgewählten Elementtyp konfiguriert und anschließend der Lösung zugeordnet haben.

Abbildung 6.5 zeigt, wie Sie ein Dokument als Kopie eines Vorlagendokuments neu anlegen. Geben Sie hier den Dokumentennamen und eine Beschreibung an, z.B. »08.05.01 Lagerdirektverkauf mit Angebotserstellung«. Wählen Sie dann beispielsweise die Dokumentenart CORP_23 für Geschäftsprozessbeschreibungen (**(BPD) Business Process Description**). Setzen Sie außerdem das Häkchen im Ankreuzfeld **Prozessdokument-relevant** und weisen Sie den Status **In Bearbeitung** zu, da das Dokument im Folgenden noch weiter bearbeitet wird. In den Feldern **Sensitivität** und **Priorität** wählen Sie jeweils den Wert **Hoch** aus. Alle Einstellungen dienen der Auswertung im Vollständigkeits-Reporting oder – falls Focused Build eingesetzt wird – im Lösungsbereitschafts-Dashboard (siehe Abschnitt 6.4, »Vollständigkeits-Reporting für die Dokumentation«). Stellen Sie außerdem die Sprache des Dokuments ein und geben Sie einige Schlüsselwörter an, die Ihnen oder anderen Anwendern später dabei helfen, das Dokument innerhalb der Lösungsdokumentation wiederzufinden.

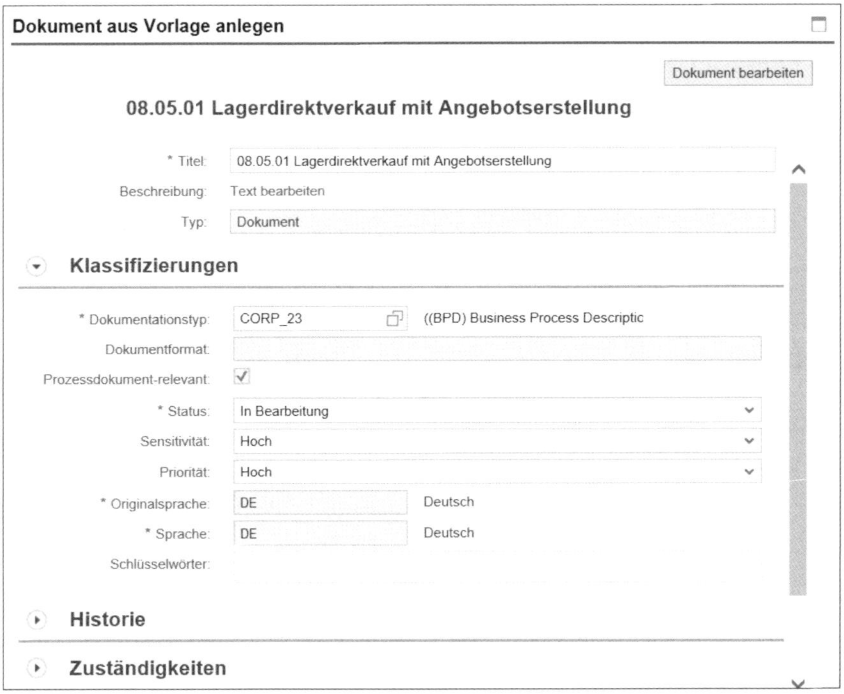

Kopie eines Vorlagendokuments

Dokument aus Vorlage anlegen	

Dokument bearbeiten

08.05.01 Lagerdirektverkauf mit Angebotserstellung

* Titel:	08.05.01 Lagerdirektverkauf mit Angebotserstellung
Beschreibung:	Text bearbeiten
Typ:	Dokument

Klassifizierungen

* Dokumentationstyp:	CORP_23	((BPD) Business Process Descriptic
Dokumentformat:		
Prozessdokument-relevant:	✓	
* Status:	In Bearbeitung	
Sensitivität:	Hoch	
Priorität:	Hoch	
* Originalsprache:	DE	Deutsch
* Sprache:	DE	Deutsch
Schlüsselwörter:		

Historie

Zuständigkeiten

Abbildung 6.5 Dokument auf Basis einer Vorlage anlegen

Alternativ zur Anlage eines neuen Dokuments können Sie ein Dokument ab SAP Solution Manager 7.2 SPS06 auch mit der DropDoc-Funktion in die Lösungsdokumentation hochladen. Dabei kann ein Dokument z.B. einer Prozessschrittreferenz hinzugefügt werden. In Abbildung 6.6 wird bei-

DropDoc

spielsweise die Datei **Eilauftrag_func_spec_E.docx** als Dokument des Typs **Funktionale Dokumentation** zugeordnet. Sie erreichen den DropDoc-Bereich für den Dokumenten-Upload über das Kontextmenü zur Element-liste.

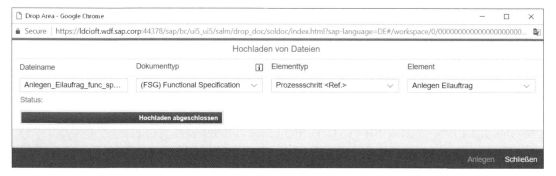

Abbildung 6.6 Ein Dokument mit der DropDoc-Funktion hochladen

DropDoc im Standard und in Focused Build

Die DropDoc-Funktion wird auch zum Hochladen von Dokumenten inner-halb von Workpackages oder Workitems in Focused Build bereitgestellt. Es gibt jedoch keine entsprechende Funktion für IT-Anforderungen im Stan-dard des SAP Solution Managers.

UML-Diagramme
als Dokumente

Wie in Kapitel 1, »Standards für die Prozessmodellierung«, bereits erwähnt, bietet die Lösungsdokumentation keine UML-Modellierungsumgebung (Unified Modeling Language) an. UML-Diagramme, die etwa das Design von Erweiterungsklassen beschreiben, können daher nur mit externen UML-Werkzeugen erstellt werden. Anschließend können Sie diese Diagramme kopieren und als Dokumente einfügen. Diese Funktion wird vor allem für Dokumente vom Typ technische Spezifikation verwendet.

6.1.4   Erweiterungen für die Verwaltung der Dokumente

Zur Verwaltung der Dokumente besteht die Möglichkeit, externe Content Server zu konfigurieren. Darüber hinaus können Sie Erweiterungen der Funktionen für das Anlegen, Sichern, Löschen und Freigeben von Doku-menten an übergeordnete Branches implementieren.

Erweiterungen

Die folgenden Erweiterungen werden über den Erweiterungsspot `SMD_DOCU-MENT_EXIT` mit folgenden Business Add-ins (BAdI) bereitgestellt:

- `BADI_SMD_DOCUMENT_EXIT` mit folgenden Methoden:
  - `EXIT_BEFORE_SAVE`
  - `EXIT_BEFORE_DELETE`
  - `EXIT_BEFORE_CREATE`
- `BADI_SMD_DOCUMENT_NOTIFY` mit folgenden Methoden:
  - `NOTIF_AFTER_COPY`
  - `NOTIF_AFTER_LIFECYCLE_CHANGE`
  - `NOTIF_AFTER_CHANGE`
  - `NOTIF_AFTER_DELETE`
  - `NOTIF_AFTER_TRANSLATE`
  - `NOTIF_AFTER_CREATE`
- `SMD_DOCUMENT_LIFECYCLLE` mit folgender Methode:
  - `DEFINE_STATUSCHECK_RELEASE`
    (Statusprüfung bei Freigabe an einen übergeordneten Branch)

Sie finden eine Beschreibung dieser Erweiterungen in der Transaktion
SOLMAN_SETUP.

6.2   Diagramme

Diagramme sind eigenständige Elemente, die den Strukturelementen der
Lösungsdokumentation oder den Elementen der Bibliotheken zugeordnet
werden können. Es gibt unterschiedliche Diagrammtypen. *Wertkettendiagramme* werden auf Grundlage der Prozesshierarchie generiert und *allgemeine Diagramme* halten einfache, nicht auf BPMN basierende, grafische
Elemente für die Dokumentation fast jeden Elements bereit. Demgegenüber können *Kollaborationsdiagramme* und *Prozessdiagramme* vom
Geschäftsprozessdesign bis zum Betrieb der Geschäftsprozesse verwendet
werden.

Kollaborationsdiagramme und Prozessdiagramme basieren auf BPMN.
Wertkettendiagramme werden zu jedem Knoten der Prozesshierarchie
bzw. Bibliothek generiert. Im Gegensatz dazu werden allgemeine Diagramme für dokumentarische Zwecke in Elementlisten manuell angelegt.

Der Begriff *Kollaborationsdiagramm* verweist auf den Zweck dieses Dia- **Diagrammbereiche**
grammtyps. Diese Diagramme erlauben die Modellierung der Kommunika-
tion zwischen Prozessen unterschiedlicher Geschäftsbereiche. Dabei beziehen sie externe Einheiten wie Lieferanten und Kunden mit ein. In BPMN

umfasst dies auch die Kommunikation zwischen den verschiedenen Bereichen eines Diagramms, den sogenannten *Pools*. Diese führe ich in Abschnitt 6.2.3, »Kollaborationsdiagramme«, ein. Während Kollaborationsdiagramme multiple Prozesse und deren Interaktion modellieren können, modellieren Prozessdiagramme ausschließlich einen Prozess oder eine Prozesskette, in dessen bzw. deren Elementliste das Diagramm zugeordnet ist.

Neben der Prozessmodellierung erlauben Kollaborationsdiagramme auch eine reine Entwurfsplanung, unabhängig von Bibliothekselementen. Auch die Modellierung sogenannter *Black-Box-Bereiche* ist mithilfe dieser Diagramme möglich, z. B. die Darstellung eines Prozesses bei einem Kunden oder Lieferanten. Das Konzept der Black-Box-Bereiche erläutere ich ebenfalls in Abschnitt 6.2.3, »Kollaborationsdiagramme«.

Kollaborationsdiagramme basieren ebenso wie Prozessdiagramme auf Elementen der Modellierungssprache *BPMN*, während allgemeine Diagramme nicht mit BPMN modelliert werden. Neben den genannten Diagrammtypen gibt es noch *Schnittstellendiagramme*, die Schnittstellenschritte modellieren, z. B. eine *Sammelschnittstelle*. Ein Beispiel für ein Schnittstellendiagramm finden Sie in Abschnitt 5.2, »Schnittstellenbibliothek«.

In den folgenden Abschnitten zeige ich Ihnen Beispiele für die verschiedenen Diagrammtypen und deren Elemente. Auf die Verwendung von BPMN zur Modellierung von Prozess- und Kollaborationsdiagrammen gehe ich in Kapitel 7, »Prozessmodellierung mit BPMN 2.0«, detaillierter ein.

6.2.1   Wertkettendiagramme

Wertkettendiagramme werden dynamisch erzeugt und bilden jeweils die aktuelle Prozess- und die Bibliotheksstruktur innerhalb der Lösungsdokumentation ab. Diese Diagramme können zu jedem Strukturelement erzeugt werden, also auch zu Ordnerstrukturen. Ein Wertkettendiagramm stellt jeweils die einem Strukturelement untergeordneten Strukturelemente in einer Ordnungsbeziehung dar.

Struktur der Prozesshierarchie

Abbildung 6.7 zeigt ein Beispiel für ein solches Diagramm. Wertkettendiagramme können Ihnen einen Überblick über die Logik der Struktur der Prozesshierarchie vermitteln.

Wertkettendiagramm erzeugen

Um ein Wertkettendiagramm zu erzeugen, selektieren Sie ein Strukturelement in der Prozesshierarchie und öffnen das Kontextmenü. Wählen Sie dort den Eintrag **Diagramm zur Wortschöpfungskette öffnen** aus. Das Diagramm wird dann automatisch für die untergeordneten Elemente generiert.

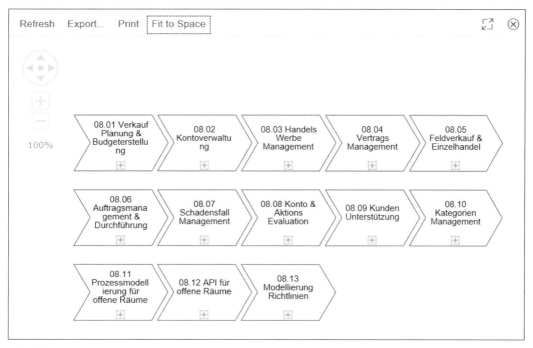

Abbildung 6.7 Ein Wertkettendiagramm zum L1-Strukturelement »08 Verkauf«

6.2.2   Allgemeine Diagramme

Allgemeine Diagramme sind die universellsten Diagramme innerhalb der Lösungsdokumentation. Sie werden von allen Strukturelementen, Bibliothekselementen und Objekttypen unterstützt, können also all diesen Elementen in deren Elementlisten zugeordnet werden. Im Einzelnen sind das die folgenden Strukturelemente und Elementtypen:

- Prozessordner

- Prozessstrukturelemente wie Szenarien und Prozesse

- Elementtypen aus der Bibliothek wie Prozessschritte, Schnittstellen, Sammelschnittstellen, Schnittstellenschritte, ausführbare Einheiten, Entwicklungselemente, Konfigurationseinheiten, Alerts und Analysen

- Elemente von Konfigurationseinheiten

Zur Anlage eines allgemeinen Diagramms öffnen Sie das Kontextmenü zu der Elementliste des Elements, dem Sie das Diagramm zuordnen möchten. Wählen Sie hier den Eintrag **Allgemeines Diagramm**. Sie gelangen in eine spezielle Modellierungsumgebung für diesen Diagrammtyp.

Allgemeines Diagramm anlegen

In Abbildung 6.8 sehen Sie ein Beispiel für ein allgemeines Diagramm in der Modellierungsumgebung. Es modelliert den Prozess **08.05.01 Lagerverkauf**.

Modellierungsumgebung

Das Diagramm verfügt über drei *Chevron*-Diagrammobjekte (auf die einzelnen Objekte allgemeiner Diagramme gehe ich im Folgenden noch ein), die jeweils einen Prozessschritt symbolisieren. Hier werden die Prozessschritte **Verkaufsangebot (by Hybris)**, **Anlegen Verkaufsauftrag** und **Anlegen Auslieferung** dargestellt. Mit einem *Textfeld* wird auf die Rechnungsstellung verwiesen.

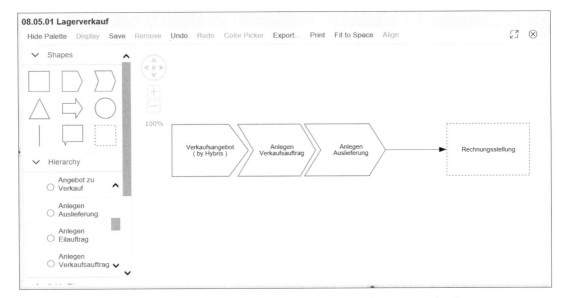

Abbildung 6.8 Allgemeines Diagramm »08.05.01.Lagerverkauf«

Grafische Formen Die allgemeinen Diagramme bedienen sich verschiedener grafischer Formen, mit deren Hilfe Sie z. B. Abläufe oder Zustände und die Kommunikation modellieren können. Diese Formen finden Sie in der Modellierungsumgebung auf der linken Seite unter **Shapes**. Sie können diese per Klick & Drop auf der Designoberfläche im rechten Bildschirmbereich positionieren.

Die folgenden Formen werden hier angeboten:

- **Viereck (Square)**
  Mit einem Viereck (siehe Abbildung 6.9) können Sie allgemeine logische Einheiten wie Geschäftsobjekte abbilden. Aber auch Klassen können durch ein Viereck dargestellt werden.

Abbildung 6.9 Viereck

- **Fünfeck (Pentagon)**
  Ein Fünfeck (siehe Abbildung 6.10) können Sie z. B. zur Darstellung gerichteter Prozessanfänge verwenden. Dies ist vergleichbar mit dem Symbol für ein sendendes Signal in UML.

Abbildung 6.10 Fünfeck

- **Chevron**
  Ein Chevron (siehe Abbildung 6.11) dient zur Darstellung eines Folgeprozessschritts. Die Richtung des Chevrons verdeutlicht den Dateneingang und -ausgang. Dies können Sie auch in dem Beispieldiagramm in Abbildung 6.8 sehen.

Abbildung 6.11 Chevron

- **Dreieck (Triangle)**
  Ein Dreieck (siehe Abbildung 6.12) können Sie z. B. zur Darstellung eines Zustands verwenden.

Abbildung 6.12 Dreieck

- **Pfeil (Arrow)**
  Beispielsweise zur Darstellung eines gerichteten Verlaufs oder einer Kommunikation können Sie einen Pfeil (siehe Abbildung 6.13) verwenden.

Abbildung 6.13 Pfeil

- **Oval**
  Ein Oval (siehe Abbildung 6.14) dient z. B. zur Darstellung von Aktivitäten durch Benutzer. Eine ähnliche Darstellung finden Sie unter anderem auch in UML-Anwendungsfalldiagrammen.

Abbildung 6.14 Oval

- **Sprechblase (Ausruf)**
  Ausrufe (siehe Abbildung 6.15) können Sie z. B. zur Beschreibung einer Eingabe durch einen Benutzer im Rahmen eines Prozesses verwenden.

Abbildung 6.15 Ausruf

- **Textfeld**
  Textfelder (siehe Abbildung 6.16) können Sie in Ihr Diagramm einfügen, um z. B. ein Objekt oder einen Zustand zu beschreiben. In Abbildung 6.8 wird mithilfe eines solchen Textfelds beispielsweise auf einen externen Prozess, den Bezahlprozess, verwiesen.

Abbildung 6.16 Textfeld

- **Annotation**
  Annotationen dienen beispielsweise der Beschreibung eines grafischen Objekts. Sie können solche Annotationen zu jedem der zuvor beschriebenen grafischen Elemente ergänzen, indem Sie das Kontextmenü bedienen und das Symbol für Annotationen (🔲) auswählen.

Abbildung 6.17 Annotation

- **Flüsse**

  Die zuvor vorgestellten grafischen Elemente können Sie mithilfe von Linien und Pfeilen strukturieren und verbinden, um Daten- oder Informationsflüsse zu symbolisieren. Eine Linie (siehe Abbildung 6.18) können Sie zur Abgrenzung bestimmter Abläufe von anderen Abläufen innerhalb eines Prozesses verwenden. Einen Pfeil (siehe Abbildung 6.19) können Sie zur Darstellung eines Kommunikationswegs nutzen.

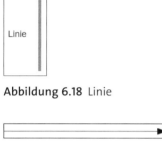

Abbildung 6.18 Linie

Abbildung 6.19 Pfeil

Sie können ein allgemeines Diagramm mithilfe der Formenbibliothek frei modellieren und anschließend einem Prozess zuordnen. Darüber hinaus besteht auch die Möglichkeit, Diagrammelemente gezielt für einzelne Prozessschritte zu erstellen. Auf der linken Seite der Modellierungsumgebung finden Sie dazu eine Abbildung der von Ihnen angelegten Prozesshierarchie. Wählen Sie hier einen Prozess aus, z. B. **08.05.01 Lagerverkauf**. Selektieren Sie dann den Prozessschritt **Anlegen Verkaufsauftrag**. Wählen Sie im Kontextmenü eine Darstellungsform für diesen Schritt aus, beispielsweise **Chevron** (siehe Abbildung 6.20).

Das Chevron wird nun im Arbeitsbereich hinzugefügt und automatisch mit dem Namen des ausgewählten Prozessschritts beschriftet. Ausgehend von diesem grafischen Objekt können Sie nun weitere Folgeobjekte ergänzen. Dazu erlaubt jede auf der Arbeitsfläche aufgebrachte Form die Auswahl einer der zehn weiteren Formen als Folgeobjekte oder die Ergänzung von Annotationen. Um ein solches Folgeobjekt hinzuzufügen, markieren Sie das grafische Objekt auf der Arbeitsoberfläche, wie in Abbildung 6.21 gezeigt. Klicken Sie mit der linken Maustaste. Wählen Sie dann eine der angezeigten Formen aus.

Diagramm-
elemente
hinzufügen

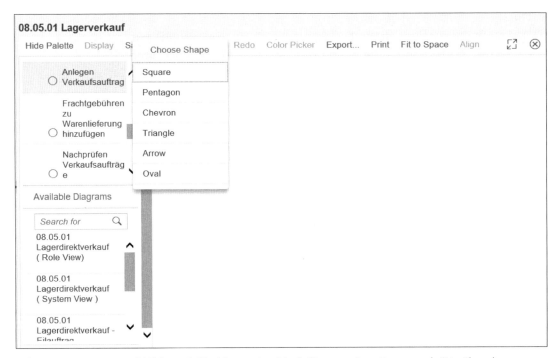

Abbildung 6.20 Allgemeine Modellierung eines Prozessschritts über das Kontextmenü

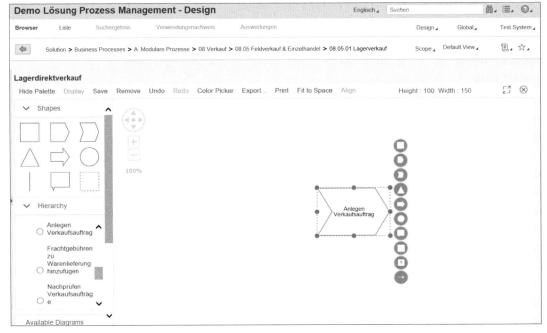

Abbildung 6.21 Weitere Folgeobjekte ausgehend von einer Form hinzufügen

Über das Kontextmenü (rechte Maustaste, siehe Abbildung 6.22) haben Sie die Möglichkeit, die Form zu drehen (⟳), einzufärben (⟲), eine Referenz auf einen Prozessschritt hinzuzufügen (➦) oder die Größe der Form zu ändern (✛).

Kontextmenü

Abbildung 6.22 Form in einem allgemeinen Diagramm bearbeiten

Ein allgemeines Diagramm ist einem Strukturelement oder einfachem Element immer als dynamisches Attribut über die Elementliste zugeordnet. Wenn Sie ein allgemeines Diagramm in der Elementliste auswählen, werden Ihnen auf der rechten Seite der Lösungsdokumentationsoberfläche wie gewohnt die statischen Attribute angezeigt.

Diagramm zuordnen

Allgemeine Diagramme haben die folgenden statischen Attribute, die beim Anlegen des Diagramms erzeugt werden:

Statische Attribute

- Name des Diagramms
- Fließtext des Diagramms
- Diagrammtyp: allgemeines Diagramm (nicht änderbar)
- Standort
- Zuständigkeit
- zugehörige Dokumente

- Inhaltsprüfung
  (Prüfung, ob beim Abgleich der Branches Regeln verletzt wurden)
- Beziehungen (Speicherort)

Allgemeine Diagramme erlauben den Mitarbeitern der Fachbereiche eine besonders intuitive und einfache Modellierung von Prozessabläufen. Die Erstellung von Kollaborationsdiagrammen mit BPMN ist dagegen mit mehr Aufwand verbunden und erfordert Kenntnisse dieser Modellierungssprache. Die allgemeinen Diagramme werden daher vor allem eingesetzt, um eine einfachere Kommunikation zwischen den Geschäftsbereichen und der IT-Abteilung zu ermöglichen.

6.2.3 Kollaborationsdiagramme

Ein weiterer Diagrammtyp, den Sie den Elementen der Lösungsdokumentation zuordnen können, ist das Kollaborationsdiagramm. Diese Diagramme erlauben eine BPMN-konforme Prozessmodellierung. Sie können entweder auf Bibliothekselementen basieren oder auch unabhängig von diesen modelliert werden, sind allerdings immer Attribute in der Elementliste eines Strukturelements. Damit sind Kollaborationsdiagramme vor allem für die Modellierung von Prozessketten und von Prozessen zwischen unterschiedlichen logischen Einheiten interessant.

Black-Box-Bereiche Mit den Kollaborationsdiagrammen können Sie auch Black-Box-Einheiten entwerfen. Black-Box-Einheiten bzw. -Pools gemäß der BPMN-Terminologie sind Einheiten, zu denen Beziehungen modelliert werden können, die aber davon abgesehen hinsichtlich ihrer internen Prozesse intransparent sind.

Zuordnung Kollaborationsdiagramme können nur Elementlisten von Strukturelementen vom Typ Prozess zugeordnet werden. Für jedes Kollaborationsdiagramm wird daher die Existenz eines Prozesses in der Prozesshierarchie vorausgesetzt. Voraussetzung für ein effektives Anforderungsmanagement auf Basis der Kollaborationsdiagramme ist also die Definition von Prozessen bzw. Prozessketten in der Prozesshierarchie. Diese werden in der Regel von dem jeweiligen Prozessverantwortlichen verwaltet.

Um ein Kollaborationsdiagramm anzulegen, selektieren Sie einen Prozess und führen das Kontextmenü zu dessen Elementliste aus. Sie gelangen so in die Modellierungsumgebung für Kollaborationsdiagramme.

Kollaborations-
diagramm anlegen

Zusammenfassend kann ein Kollaborationsdiagramm für die folgenden drei Anwendungsfälle eingesetzt werden:

Bereiche

1. **Black Box**

   Sie können ein Kollaborationsdiagramm verwenden, um einen nicht weiter definierten Bereich eines Prozesses, z. B. für eine oder mehrere Rollen oder ein oder mehrere Systeme zu modellieren. Der Black-Box-Bereich dient der Modellierung externer, nicht weiter zu modellierender oder nicht weiter bekannter Prozesse. So kann beispielsweise ein Kundensystem dargestellt werden, an das eine Rechnung geschickt und von dem eine Bezahlung empfangen wird. Der interne Prozess des Kunden ist dabei für den Modellierer nicht sichtbar oder bekannt.

2. **Pool (Bereich)**

   Einen Pool, also einen Entwurfsbereich, können Sie durch Bahnen für eine oder mehrere Rollen oder für ein oder mehrere Systeme ausprägen. In so einem Bereich können Sie unabhängig von deren Existenz in der Prozessschrittbibliothek *freie Aktivitäten* und deren Ablaufflüsse in BPMN-konformer Notation modellieren.

   Systembahnen können auch als *freie Komponenten* unabhängig von logischen Komponentengruppen definiert werden.

3. **Aktueller Prozess**

   Im dritten Bereich ist ein aktueller Prozess definiert. In diesem Fall ist der Bereich genau einem Prozess der Prozesshierarchie zugewiesen. Dieser Prozess muss nicht derjenige Prozess sein, zu dem das Kollaborationsdiagramm ursprünglich angelegt wurde.

   Einem aktuellen Prozess können eine oder mehrere Rollenbahnen zugeordnet werden. Zu aktuellen Prozessen können ebenfalls freie Aufgaben modelliert werden, allerdings ist eine Modellierung auf Grundlage der dem Prozess zugehörigen Prozessschritte der Regelfall. Entwurfsbereiche können in aktuelle Prozesse umgewandelt werden.

Für diese Anwendungsfälle sind in der Modellierungsumgebung verschiedene Bereiche vorgesehen, wie Sie in Abbildung 6.23 erkennen können.

An sich ist das Design der Bereiche nicht zur Einbindung verschiedener Status von Modellen über den Lebenszyklus der Dokumentation hinweg gedacht. Dennoch kann ein Bereich z. B. im Geschäftsbereich für ein freies Design genutzt werden, um dann später von der IT in einen aktuellen Prozess mit Bibliotheksbezug umgewandelt zu werden.

Abbildung 6.23 Black-Box-, Pool- und aktueller Prozessbereich in der Modellierungsumgebung für ein Kollaborationsdiagramm

Verwendung im Prozesslebenszyklus

Ein Kollaborationsdiagramm kann also für die verschiedenen Anwendungsfälle im Laufe eines Prozesslebenszyklus immer wieder angepasst und um einen weiteren Bereich erweitert werden. So können Sie beispielsweise erst den Black-Box-Bereich zur Modellierung nutzen, dann den Entwurfsbereich mit Rollenbahnen und freien Aufgaben ausprägen, um anschließend den Bereich in einen aktuellen Prozess umzuwandeln. Allerdings entspricht dies nicht dem in BPMN vorgesehenen Zweck dieser Diagramme: Sie wurden zur Modellierung der Kommunikation zwischen Prozessen konzipiert, wobei ein Bereich einen Prozess darstellt. Wie Sie einen Bereich durch einen aktiven Prozess ersetzen, zeigt Ihnen Abbildung 6.24. Selektieren Sie den Bereich, und klicken Sie auf das Symbol für Ersetzen (). Suchen Sie nach dem relevanten Prozess in der Prozesshierarchie, und selektieren Sie beispielsweise den Prozess **08.05.01 Lagerverkauf**.

Das Diagramm **08.05.01 Lagerdirektverkauf – Eilauftrag** in Abbildung 6.25 weist nur noch einen Bereich für den aktuellen Prozess sowie einen Black-Box-Bereich auf, der hier den Kunden repräsentiert. Im Bereich des aktuellen Prozesses wurde ein Prozessverlauf über mehrere Prozessschritte modelliert. Wie Sie im folgenden Abschnitt sehen werden, entspricht der Bereich für den aktuellen Prozess dem, was ein Prozessdiagramm leisten kann. Allerdings können in einem Kollaborationsdiagramm mehrere Prozessbereiche, einfache Bereiche und Black-Box-Bereiche nebeneinander existieren. Zudem kann die Kommunikationen zwischen diesen Bereichen modelliert werden.

Abbildung 6.24 Einen Bereich durch einen aktiven Prozess ersetzen

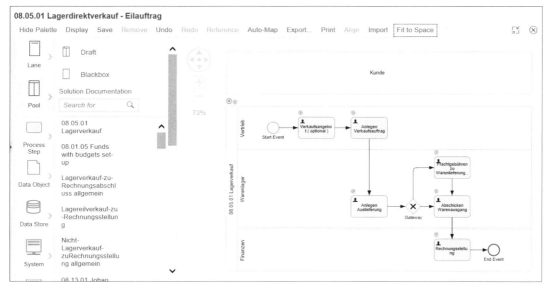

Abbildung 6.25 Kollaborationsdiagramm für den Prozess »08.05.01 Lagerdirektverkauf«

Innerhalb der Rollen- oder Systembahnen können Sie über die Palette auf der linken Seite der Modellierungsumgebung folgende Objekttypen zuweisen:

Objekte in Rollen-oder Systembahnen

- Prozessschritte bzw. Aktivitäten ohne oder mit Bibliotheksbezug
- Unterprozesse
- Schnittstellen

- Ereignisse: Start-, Zwischen-, Grenz- und Endereignisse
- Datenobjekte
- Datenspeicher
- System als logische Komponentengruppe
- freie Komponenten, d. h. Systemkomponenten ohne Bezug zu einer logischen Komponentengruppe oder der Landscape Management Database (LMDB)
- Rollen

In Kapitel 7, »Prozessmodellierung mit BPMN 2.0«, beschreibe ich die Semantik der einzelnen BPMN-Formen ausführlicher. Die hier angebotenen Formen sind eine Teilmenge aller Objekte, die mit BPMN 2.0 verwendet werden können.

Sie können ein Kollaborationsdiagramm bei seiner Anlage zu einem Prozess zuordnen, indem Sie das Kontextmenü zur Elementliste des Prozesses ausführen. Voraussetzung für die Anlage eines Kollaborationsdiagramms ist somit die Existenz von modularen Prozessen oder Prozessketten.

Kollaborations-diagramm kopieren

Kollaborationsdiagramme können Sie außerdem kopieren, um darauf basierend weitere Diagramme zum gleichen Prozess oder zu einer Prozessvariante des aktuellen Prozesses anzulegen. Um ein Kollaborationsdiagramm zu kopieren, selektieren Sie das Diagramm in der Elementliste des Prozesses, führen das Kontextmenü aus und wählen **Kopieren**. In dem daraufhin angezeigten Pop-up-Fenster wählen Sie eine Kopieroption, z. B. **In Prozessvariante kopieren**, um eine Kopie für eine Prozessvariante anzulegen (siehe Abbildung 6.26). Wählen Sie in diesem Fall auch die Prozessvariante aus.

Abbildung 6.26 Kollaborationsdiagramm kopieren

Vergeben Sie für die Kopie einen neuen Namen, und klicken Sie auf **OK**. Das Kollaborationsdiagramm wird der Prozessvariante nun automatisch als dynamisches Attribut zugeordnet.

Wenn Sie ein Kollaborationsdiagramm in der Elementliste eines Prozesses oder einer Prozesskette auswählen, werden Ihnen im Attributbereich auf der rechten Seite die folgenden statischen Attribute angezeigt:

Statische Attribute

- Name des Diagramms
- Fließtext zum Diagramm
- Diagrammtyp: Kollaborationsdiagramm (nicht änderbar)
- Standort
- Zuständigkeiten
- zugehörige Dokumente
- Diagrammeigenschaften: Typ für Bahnen wie Rolle oder System und die Orientierung, horizontal oder vertikal. Hier wird auch definiert, ob das Diagramm betriebsrelevant ist oder nicht.
- Inhaltsprüfung
- Beziehungen

Auf Grundlage von Kollaborationsdiagrammen können im Rahmen von Focused Build Support Package Stack 2 (SPS02) *Testsequenzen* generiert werden, die dem Prozessverlauf folgen. Eine ähnliche Funktionalität wird auch für Prozessdiagramme angeboten, die ich im folgenden Abschnitt vorstelle.

6.2.4   Prozessdiagramme

Bei den Prozessdiagrammen handelt es sich um den dritten Diagrammtyp, der analog zu dem allgemeinen Diagramm und dem Kollaborationsdiagramm einem Prozess als dynamisches Attribut zugewiesen werden kann. In der Regel werden Prozessdiagramme ausschließlich von Lösungsarchitekten und Geschäftsprozessarchitekten sowie -administratoren genutzt, also von Fachkräften aus der IT-Abteilung. Prozessdiagramme beschreiben ein umfassendes Prozessdesign und beziehen sich dabei final ausschließlich auf Bibliothekselemente.

Prozessdiagramme modellieren nur einen Prozess oder eine Prozesskette und arbeiten somit in nur einem Bereich. Im Kontext der Build-Phase werden die Prozessdiagramme meist mit Rollenbahnen angelegt, während für den Betrieb in der Regel nur Diagramme mit Systembahnen relevant sind. Black-Box-Bereiche oder freie Bereiche können in Prozessdiagrammen nicht angelegt werden. Auch zusätzliche Bereiche für weitere Prozesse der Bibliothek sind nicht möglich.

Nur ein Prozess oder eine Prozesskette

Die Modellierung erfolgt ähnlich wie die von Kollaborationsdiagrammen; es ist hier jedoch nicht möglich, einen Prozessbereich durch einen anderen Prozessbereich zu ersetzen. Prozessdiagramme modellieren somit eindeutig den Prozess bzw. eine Prozessvariante, dem bzw. der das Diagramm zugeordnet ist.

Prozess- oder Kollaborationsdiagramm? Genau wie Kollaborationsdiagramme werden Prozessdiagramme mit BPMN erstellt. Bei der Konzeption der Lösungsdokumentationsanwendung im SAP Solution Manager 7.2 wurde das Konzept der Prozessdiagramme vor dem der Kollaborationsdiagramme entwickelt. Da Kollaborationsdiagramme letztlich alle Funktionen von Prozessdiagrammen beinhalten, stellen Sie sich vielleicht die Frage, welchen zusätzlichen Wert der Diagrammtyp Prozessdiagramm dann gegenüber dem Kollaborationsdiagramm hat. Meiner Einschätzung nach sind Prozessdiagramme einzig dann relevant, wenn sichergestellt werden soll, dass ein Diagramm ausschließlich *einen* Prozess bzw. genau *eine* Prozessvariante oder Prozesskette modelliert. Um die Zusammenhänge zwischen Prozessen zu modellieren und für frühe Entwürfe von Prozessmodellen sind dagegen Kollaborationsdiagramme mächtiger. Im Kontext des Geschäftsprozess-Monitorings sind eher Prozessdiagramme auf Basis von modularen Prozessen und Prozessketten angemessen.

Das Prozessdiagramm **08.05.01 Lagerverkauf** in Abbildung 6.27 zeigt einen einzigen Modellierungsbereich für den aktuellen Prozess, der weder ersetzt noch durch Black-Box- oder freie Bereiche ergänzt werden kann.

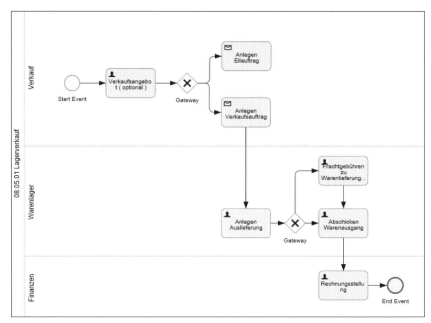

Abbildung 6.27 Beispiel für ein Prozessdiagramm

Innerhalb der Bahnen des Diagramms können Sie folgende Objekttypen aus der Palette auf der linken Seite der Modellierungsumgebung zuweisen:

Objekte in Systembahnen

- Prozessschritte mit Bibliotheksbezug, freie Aktivitäten
- Unterprozesse
- Schnittstellen
- Ereignisse: Start-, Zwischen-, Grenz- und End-Ereignisse
- Datenobjekte
- Datenspeicher
- Bahnen (Lanes)
- freie Komponenten
- Rollen
  (hierbei handelt es sich um Rollensymbole für einzelne Rollen, nicht um Bahnen)

Prozessdiagramme haben folgende statische Attribute:

Statische Attribute

- Name des Diagramms
- Fließtext zum Diagramm
- Diagrammtyp: Prozessdiagramm (nicht änderbar)
- Standort
- Zuständigkeiten
- zugehörige Dokumente, Typ: Rolle oder System
- Orientierung: horizontal oder vertikal
- getrennte Beziehungen: ja oder nein. Diese Möglichkeit wird vor allem im Kontext des Geschäftsprozess-Monitorings genutzt, um die Bahnen innerhalb eines Bereichs voneinander trennen zu können.
- vorgangsrelevant: ja oder nein
  (relevant für den Geschäftsprozessbetrieb)
- Inhaltsprüfung
- Beziehungen

Prozessdiagramme für modulare Prozesse und Prozessketten eignen sich besonders für das Geschäftsprozess-Monitoring und die Geschäftsprozessanalyse, da sich diese Diagramme ausschließlich auf die aktuellen Elemente der Bibliothek beziehen. Dies gilt auch dann, wenn freie Aktivitäten ebenfalls, allerdings nur zusätzlich zu mindestens einem Prozessschritt, modelliert werden können. Prozessdiagramme, die im Betrieb verwendet werden, modellieren die Prozessabläufe in der Regel auf den Systembahnen und sind üblicherweise vertikal angeordnet.

Auch für Prozessdiagramme gilt, dass mit Focused Build SPS02 Testsequenzen aus den Diagrammen generiert werden können, die dem Prozessfluss folgen. Die Modellierung von Schnittstellendiagrammen erfolgt ähnlich wie die von Prozessdiagrammen, nur dass Sie hier Schnittstellenschritte modellieren.

6.3   Testfälle

Mit den Diagrammtypen habe ich nun die letzten Elemente der Lösungsdokumentation beschrieben, die zwar in der Prozesshierarchie an- und abgelegt werden, bei denen es sich aber nicht um Strukturelemente oder Elemente der Bibliothek handelt. Offen blieben bisher noch die Testfälle als wesentliches Element, das den Prozessen und Prozessschritten meist neben Diagrammen und Dokumenten zugeordnet wird. Für Testfälle existieren unterschiedliche Typen, wobei ein Typ bereits bei der Konfiguration der Dokumentenarten bekannt gemacht wurde, z. B. das Einzelfunktionstest-Dokument als Spezialisierung einer Dokumentenart.

Testfälle werden in der Regel Prozessschritten, Prozessschrittreferenzen oder Prozessen (modulare Prozesse oder Prozessketten) zugeordnet. Über diese Zuweisung wird die Integration der Lösungsdokumentation in die Test Suite des SAP Solution Managers ermöglicht. Sie können Testfälle einem Element zuordnen, indem Sie in dessen Elementliste das Kontextmenü bedienen und **Testfall** wählen.

Abbildung von Testfällen   Testfälle können durch folgende Objekte dargestellt werden:

- **Testdokument**
  Diese Dokumentenarten werden in der Lösungsverwaltung zugeordnet und werden für manuelle Tests verwendet.

- **Testkonfiguration**
  Testkonfigurationen werden für automatisierte Tests erstellt.

- **Testschritt**
  Definition von Aufgaben und Aktivitäten, die unterhalb eines Prozessschritts, also auf Ebene L5 der Referenzarchitektur liegen, aber auch die Testschritte eines Prozesses beschreiben können. Die Verwendung von Testschritten ist nur in Focused Build möglich.

Diese Testfalltypen beschreibe ich in den nachfolgenden Abschnitten umfassender.

6.3.1   Testdokumente

Testdokumente können entweder referenziert, in die Lösungsdokumentation hochgeladen oder auf Grundlage einer Vorlage neu angelegt werden. Testdokumente haben die folgenden statischen Attribute: Statische Attribute

- Name
- Beschreibung
- Typ: Testdokument (nicht änderbar)
- Standort
- Dokumenttyp
- Dokumentformat
- Relevanz für die Prozessdokumentation (Einbindung in die Prozessdokumentationsgenerierung)
- Status
- Sensitivität
- Priorität
- Originalsprache
- Sprache
- Schlüsselwörter
- Dokumentreferenz
- letzter Änderer und letzter Änderungszeitpunkt
- Anleger und Anlagezeitpunkt
- Besitzer
- Verantwortlicher
- Testklassifikation: SFT = Single Functional Test, UAT = User Acceptance Test etc. Welche Testfallklassifikationen Sie einem Prozessschritt oder Prozess zuordnen können, ist konfigurierbar in Transaktion SOLMAN_ SETUP.
- zu testende ausführbare Einheiten: alle oder bestimmte ausführbare Einheiten gemäß Ihrer Zuordnung (diese beschreibe ich im Folgenden noch)
- Dauer des Tests
- zugehörige Dokumente
- Inhaltsprüfung
- Beziehungen

In Abbildung 6.28 ist beispielsweise das Testdokument **Anlegen Verkaufs-auftrag** einem Prozessschritt gleichen Namens als dynamisches Attribut zugeordnet.

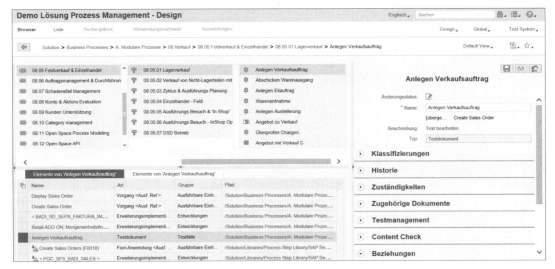

Abbildung 6.28 Statische Attribute eines Testdokuments

Dynamische Attribute

Testdokumenten können Sie die nachfolgenden dynamischen Attribute zuordnen:

- Dokumente
- ausführbare Einheiten

Ausführbare Einheiten zuordnen

Die ausführbaren Einheiten können Sie über das Kontextmenü zu der Elementliste eines Testdokuments zuweisen. Wählen Sie hier den Eintrag **Ausführbare Einheiten zuordnen**. Sie gelangen in den Dialog aus Abbildung 6.29.

Abbildung 6.29 Zu testende ausführbare Einheiten auswählen

Wählen Sie hier unter **Manuelle Auswahl der ausführbaren Einheiten** die ausführbaren Einheiten aus, die beispielsweise dem Testdokument **Anlegen Verkaufsauftrag** als dynamische Attribute zugeordnet werden sollen, hier z. B. eine SAP-Fiori-Applikation. Bestätigen Sie Ihre Auswahl mit **OK**. Diese markierten ausführbaren Einheiten werden infolge dieser Zuordnung in der Test Suite zum Testen angeboten.

Vorkonfigurierte *Testklassifikationen* werden sowohl im Standard des SAP Solution Managers als auch in Focused Build ausgeliefert. Sie können die von Ihnen verwendeten Testklassifikationen über die Customizing-Sicht TCUI_CLASSIFY an Ihre Anforderungen anpassen (siehe Abbildung 6.30). Die Testklassifikation hat ausschließlich dokumentarischen Charakter.

Testklassifikationen

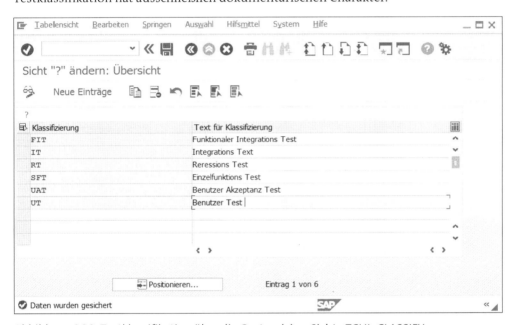

Abbildung 6.30 Testklassifikation über die Customizing-Sicht »TCUI_CLASSIFY« pflegen

Es sei noch darauf hingewiesen, dass Testfälle keine Zuordnung von Stücklisten (Technical Bill of Materials, kurz TBOM) erlauben. Die Folge dieses Designs ist, dass TBOMs auf Ebene ausführbarer Einheiten erstellt werden müssen. Damit der Change Impact Analyzer die zu testenden Testfälle zu einer gegebenen Änderung erkennen kann, ist es oft sinnvoll, gleiche Vorgangsarten auf Ebene von Prozessvarianten mit jeweils eigenen TBOMs zu definieren. Ein Beispiel für solche Prozessvarianten ist die Ausführung eines Standardverkaufsauftrags und die Ausführung eines Eilverkaufsauftrags als Prozessvariante im Kontext eines Prozesses **08.05.01 Lagerverkauf**.

TBOM-Zuordnung

Testdokumenten-
arten konfigurieren

Welche Testdokumentenarten welchen Elementen der Lösungsdokumentation, also z. B. zu Prozessen, Prozessschritten oder ausführbaren Einheiten, unter der Funktion **Testfall** angeboten werden, wird in der Lösungsverwaltung konfiguriert, ähnlich wie für die Dokumentenarten beschrieben (siehe Abbildung 6.31).

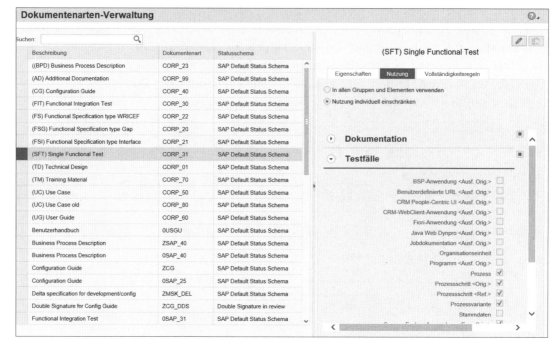

Abbildung 6.31 Dokumentenarten für Testfälle in der Lösungsverwaltung konfigurieren

6.3.2   Testkonfigurationen

Testkonfigurationen für die Ausführung automatischer Testskripte können in der Lösungsdokumentation entweder referenziert, kopiert oder neu angelegt werden. In Abbildung 6.32 sehen Sie beispielsweise die Testkonfiguration **Anlegen Eilauftrag**, die dem gleichnamigen Prozessschritt zugeordnet ist. Die Testkonfiguration hat wiederum eigene statische und dynamische Attribute.

Testkonfiguration
anlegen

Sie legen eine Testkonfiguration an, indem Sie das Kontextmenü zur Elementliste ausführen. Wählen Sie hier **Testfall • Testkonfiguration**.

Abbildung 6.32 Testkonfiguration mit statischen und dynamischen Komponenten

Testkonfigurationen haben folgende statische Attribute: **Statische Attribute**

- Objekt (nicht änderbar)

- Name (nicht änderbar)

- Typ: Testkonfiguration (nicht änderbar)

- Standort

- Priorität

- Besitzer

- Verantwortlicher

- zugehörige Dokumente

- eines der folgenden Testwerkzeuge:

  - Component Based Test Automation (CBTA)

  - extended Computer Aided Test Tool (eCATT)

  - Verbundtestwerkzeug zur Integration von Skripting-Werkzeugen von Drittanbietern

- Testklassifikation

- zu testende ausführbare Einheiten: alle oder nur zugeordnete ausführbare Einheiten

- Testdatenvariante

- Suchbegriff

- Zielsystem für die Skriptausführung (logische Komponentengruppe)

- Inhaltsprüfung

- Beziehungen

Dynamische Attribute

Testkonfigurationen erlauben die folgenden dynamischen Attribute in der Elementliste:

- Dokumente
- ausführbare Einheiten

Die Auswahl der in der Elementliste zugeordneten ausführbaren Einheiten erfolgt auf die gleiche Weise wie bei den Testdokumenten. In der Folge werden die zugewiesenen ausführbaren Einheiten in der Test Suite zum Testen angeboten.

6.3.3   Testschritte in Focused Build

Nur in Focused Build

Als letzte Testfallkategorie beschreibe ich in diesem Abschnitt die Testschritte. Testschritte werden nur in Focused Build unterstützt. Sie erlauben, z. B. auf Prozessebene L5 (gemäß der in Abschnitt 4.2.1, »Prozesshierarchien im SAP Solution Manager 7.1«, vorgestellten Referenzarchitektur) Aktivitäten zu definieren, wie es auch im Kontext automatisierter Tests durch *Testdatencontainer* möglich ist. Testdatencontainer sind Ablagen für Daten, die als Inputdaten für Skripte dienen. Testschritte beschreiben neben den Inputdaten jede manuelle Aktivität, die zur Ausführung eines Prozessschritts oder eines gesamten Prozesses relevant ist. Solche Aktivitäten unterhalb der Prozessschrittebene oder Prozessebene können z. B. die Eingabe eines Datums, die Selektion eines Verkaufsauftragstyps oder die Betätigung einer Drucktaste sein. Derart strukturierte Beschreibungen sind ohne Nutzung von Testschritten Teil eines Testdokuments, während derartige Daten bei Testkonfigurationen in einem Testdatencontainer sowie in einem Skript selbst abgelegt sind.

Testschritte anlegen

Sie können in der Lösungsdokumentation innerhalb von Focused Build Testschritte neu anlegen oder auf bereits existierende Testschritte referenzieren. In Abbildung 6.33 ist beispielsweise der Testschritt **Anlegen Eilauftrag (Lagerverkauf)** zu der Elementliste des gleichnamigen Prozessschritts zugeordnet.

Testschrittdesigner

Testschritte können Prozessen, Prozessketten oder Prozessschritten zugeordnet werden. Das Werkzeug, mit dem die Testschritte verwaltet werden, heißt *Testschrittdesigner*. Es ist Teil der erweiterten Testumgebung von Focused Build. Einen Eindruck von der Oberfläche dieses Werkzeugs erhalten Sie in Abbildung 6.34. Diese zeigt die Transaktion **Testschritte** zur Anlage und Verwaltung von Testschritten. Sie können den Testschrittdesigner entweder direkt aus den Elementen der Lösungsdokumentation heraus aufrufen oder aber über das SAP Solution Manager Launchpad erreichen.

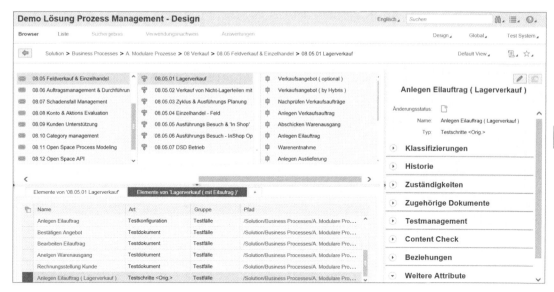

Abbildung 6.33 Einen Testschritt zu einem Prozessschritt in Focused Build zuordnen

Sie sehen in Abbildung 6.34 den Testfall **Anlegen Verkaufsauftrag** zum Prozessschritt gleichen Namens mit den zugeordneten Testschritten **Eingabe Verkaufsauftragstyp 02**, **Zuordnen Verkaufsbereich 04** und **Zuordnen Verkaufsabteilung 06**.

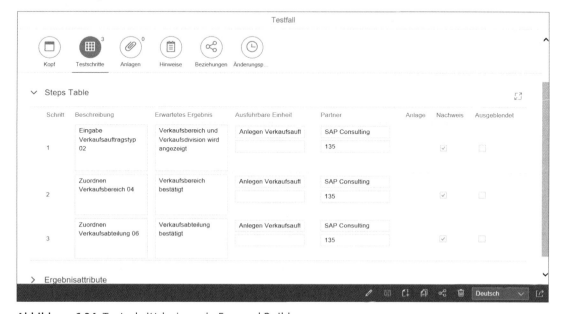

Abbildung 6.34 Testschrittdesigner in Focused Build

Statische Attribute   Testschritte haben in der Lösungsdokumentation folgende statische Attribute:

- Name (nicht änderbar)
- Elementtyp: Testschritt <Orig> (nicht änderbar)
- Standort
- Priorität
- Status
- letzter Änderer und letzter Änderungszeitpunkt
- Anleger und Anlagezeitpunkt
- Besitzer
- zugehörige Dokumente
- Testklassifikation: zu testende ausführbare Einheit –
  alle oder zugeordnete ausführbare Einheiten
- erforderliche Testzeit
- Inhaltsprüfung
- Beziehungen
- weitere Attribute, z. B. **Minimale Zeit erforderlich**; die Zuweisung weiterer Attribute ist konfigurierbar

Dynamische Attribute   Testschritte haben folgende dynamische Attribute:

- Dokumente
- ausführbare Einheiten

Die Auswahl der zu testenden ausführbaren Einheiten erfolgt auf die gleiche Weise wie bei den Testdokumenten und Testkonfigurationen.

6.4   Vollständigkeits-Reporting für die Dokumentation

Vollständige Dokumentzuweisung prüfen   Sie können die Pflege der Dokumentation einer Lösung standardmäßig über den *Completeness-of-Documentation-Report* auswerten, den Sie über das allgemeine Menü (▥) aufrufen. Hier werden verschiedene Standardreports bereitgestellt, die Sie in Abbildung 6.35 sehen. Ob allen Elementen der Lösungsdokumentation alle erforderlichen Dokumentenarten zugewiesen wurden, können Sie beispielsweise mithilfe des Reports **Document Assignments** (Dokumentzuordnungen) prüfen. Wählen Sie diesen Report aus und klicken Sie auf die Schaltfläche **Ausführen**, um ihn auszuführen.

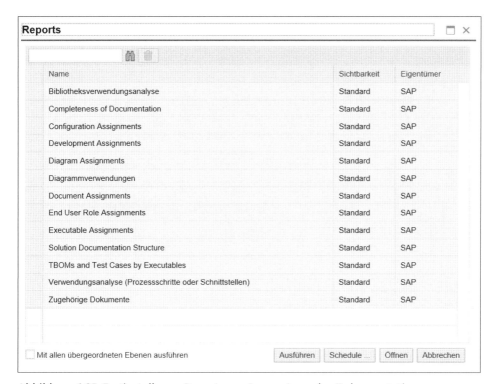

Abbildung 6.35 Fertigstellungs-Reports zur Auswertung des Dokumentationsstatus einer Lösung

In Focused Build stehen Ihnen darüber hinaus noch weitere Auswertungsmöglichkeiten zur Verfügung. Sie können hier Schwellenwerte für bestimmte Key-Performance-Indikatoren (KPI) hinterlegen, die festlegen, welche Dokumentenarten in welchem Dokumentationsstatus zu welcher Vorgangsart und in welchem Status zu welchem Zeitpunkt zugeordnet sein sollen. Als Vorgangsarten sind hier Workpackages und Workitems vordefiniert, die der IT-Anforderung im Anforderungsmanagement und dem Änderungsauftrag im Change Request Management entsprechen. Sie können hier aber auch andere Vorgangsarten konfigurieren.

Key-Performance-Indikatoren

Die Auswertung dieser KPIs erfolgt im *Lösungsbereitschafts-Dashboard*, das Sie in Abbildung 6.36 sehen. Hier erkennen Sie unter anderem den Fertigstellungsgrad der funktionalen Spezifikationen und der technischen Designspezifikationen. Auf den einzelnen Kacheln des Dashboards wird jeweils in Prozent angezeigt, welcher Anteil der Dokumentation bereits fertiggestellt ist, welcher Anteil noch fertiggestellt werden muss und wie groß der Rückstand zu dem für einen bestimmten Zeitpunkt avisierten Fertigstellungsgrad noch ist. Hinter jeder Kachel wird eine Detailanalyse der rele-

Lösungsbereitschafts-Dashboard

vanten Objekte mit deren Bewertungen und Status angezeigt. Von dort aus können Sie in die Dokumentation der einzelnen Elemente navigieren.

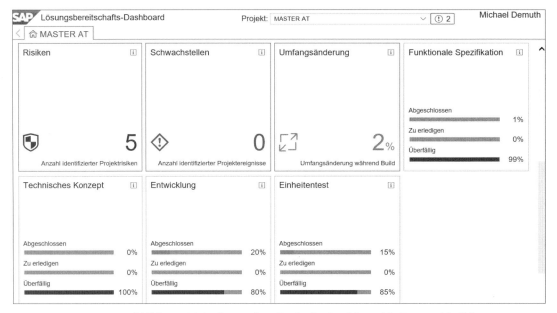

Abbildung 6.36 Lösungsbereitschafts-Dashboard in Focused Build

Kapitel 7
Prozessmodellierung mit BPMN 2.0

In Kapitel 1 habe ich BPMN als gängigen Standard für die Prozessmodellierung dargestellt. Eine Teilmenge von BPMN wird im SAP Solution Manager 7.2 für die Prozessmodellierung bereitgestellt. Wie Sie damit arbeiten, um Diagramme zu erstellen, erfahren Sie in diesem Kapitel.

Für die Prozessmodellierung wird im SAP Solution Manager 7.2 eine Teilmenge von Business Process Model and Notation (BPMN) 2.0 bereitgestellt. Diese kann in zwei Typen von Prozessmodellen – Kollaborations- und Prozessdiagrammen – verwendet werden, wie im vorangehenden Kapitel erläutert. Mit den allgemeinen Diagrammen existiert darüber hinaus ein weiterer nicht BPMN-konformer einfacher Modelltyp, der fast jedem Struktur- oder Bibliothekselement bzw. Elementtyp zugeordnet werden kann.

Die im SAP Solution Manager 7.2 bereitgestellte Teilmenge der grafischen Elemente von BPMN 2.0 beschränkt sich auf diejenigen Elemente aus dem Gesamtumfang von BPMN 2.0, die zur Darstellung von Prozessmodellen erforderlich sind. Folgende BPMN-Elemente werden in den Kollaborations- und Prozessdiagrammen unterstützt:

- Bereiche (Pools) und Bahnen (Swim Lanes)
- Aufgaben/Aktivitäten (Tasks)
- Unterprozesse (Sub-Processes)
- Kontrollflüsse (Flows)
- Ereignisse (Events)
- Artefakte (hier Annotationen)
- Schnittstellen (Gateways)
- Datenobjekte
- Datenspeicher

In diesem Kapitel stelle ich Ihnen diese Elemente vor und zeige Ihnen, wie Sie diese zur Modellierung von Prozessen verwenden können.

[»]

Weitere Informationen zu BPMN

Für eine allgemeine, nicht auf die im SAP Solution Manager verwendete Teilmenge beschränkte Einführung in BPMN verweise ich auf entsprechende Publikationen zu diesem Standard. Links zu den wichtigsten Informationsdokumenten erhalten Sie z. B. direkt von der *Object Management Group* (OMG) unter *http://www.omg.org/spec/BPMN/2.0/About-BPMN/*.

7.1   Bereiche und Bahnen

Bereiche

Als *Bereiche* (Pools) werden für Kollaborationsdiagramme Bereiche, Black-Box-Bereiche und Bereiche aktiver Prozesse zugelassen. Deren Bedeutung habe ich in Abschnitt 6.2.3, »Kollaborationsdiagramme«, bereits erläutert. Ein Prozessdiagramm erlaubt dagegen ausschließlich die Erzeugung eines aktiven Prozesses mit Referenz auf einen Prozess der Prozesshierarchie.

Generell steht ein Bereich dabei für einen eigenständigen Beteiligten in einem Geschäftsmodell oder für eine Geschäftseinheit. Zwischen Bereichen können Nachrichtenflüsse (Message Flows) modelliert werden (siehe Abschnitt 7.4, »Kontrollflussobjekte«).

Ein Prozessdiagramm stellt immer das Prozessmodell desjenigen Prozesses bzw. derjenigen Prozesskette dar, dem das Prozessdiagramm als dynamisches Attribut zugewiesen ist. Demgegenüber erlaubt ein Kollaborationsdiagramm die Definition von Bereichen aktiver Prozesse für *alle* Prozesse der Lösung; einfache Bereiche können dabei in aktive Prozesse konvertiert werden.

Bahnen

Innerhalb der Bereiche vom Typ Pool oder Prozess können *Rollen-* oder *Systembahnen* horizontal oder vertikal angeordnet werden. Die Bereiche und Bahnen (*Swim Lanes*) werden entsprechend der BPMN-Notation, wie in Abbildung 7.1 und Abbildung 7.2 gezeigt, repräsentiert.

Abbildung 7.1 Darstellung eines Bereichs

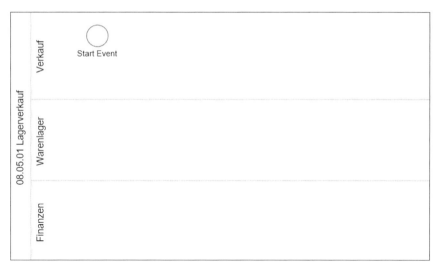

Abbildung 7.2 Darstellung von Bahnen innerhalb eines Bereichs

Bahnen unterteilen somit einen Bereich (hier **08.05.01 Lagerverkauf**) noch einmal in seine Beteiligten, also die beteiligten Systeme oder Rollen (hier **Finanzen, Warenlager** und **Verkauf**). Zwischen Bahnen gibt es ausschließlich Sequenzflüsse (siehe Abschnitt 7.4, »Kontrollflussobjekte«), während innerhalb von Bahnen Informationsflüsse möglich sind.

Für Black-Box-Bereiche sind keine Modellierungen weiterer BPMN-Objekte vorgesehen. Innerhalb von einfachen Bereichen können Sie ausschließlich freie Aufgaben modellieren. In Bereichen aktiver Prozesse können Sie die Prozessschritte des referenzierten Prozesses oder freie Aufgaben modellieren.

Um einen Black-Box- oder einfachen Bereich innerhalb eines Kollaborationsdiagramms anzulegen, selektieren Sie das Pool-Objekt (⬚) links in der Palette der Modellierungsumgebung (siehe Abbildung 7.3) und wählen den Bereichstyp aus, z. B. **Black Pool**. Klicken Sie dann auf das Plussymbol, um den Bereich hinzuzufügen.

Black-Box- oder einfachen Bereich anlegen

Nachdem der neue Bereich im Arbeitsbereich eingefügt wurde, können Sie den Text **Black Pool** durch einen Namen ersetzen. Klicken Sie dazu doppelt auf diesen Text und tragen Sie einen beliebigen Namen ein, z. B. »Kunde«, wenn der Black-Box-Bereich einen Kunden repräsentieren soll.

Alternativ zum Einfügen über die Palette können Sie den Bereich direkt bei der Anlage des Diagramms einfügen. Beim Anlegen eines neuen Kollaborationsdiagramms wird Ihnen immer die Möglichkeit angeboten, direkt einen Black-Box-Bereich, einen einfachen Bereich oder einen Bereich für einen aktiven Prozess anzulegen.

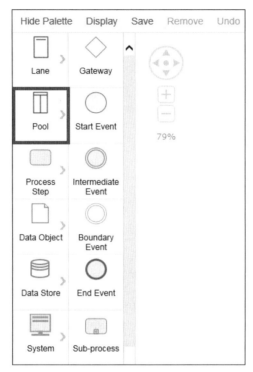

Abbildung 7.3 Neuen Bereich über die Palette hinzufügen

Aktionen im Kontextmenü

Anschließend sind ausgehend von diesen Bereichen folgende Operationen möglich:

- Annotationen (⬚), also Notizen bzw. Textfelder, hinzufügen
- Kontrollflüsse (⬚), also Verbindungen zwischen den einzelnen Objekten wie Nachrichtenflüsse, hinzufügen

Diese beiden Optionen werden Ihnen durch Symbole neben dem markierten Bereich angeboten (siehe Abbildung 7.4).

Abbildung 7.4 Annotation oder einen Kontrollfluss ausgehend von einem Black-Box-Bereich hinzufügen

Annotation

Von einem Bereich kann ebenfalls eine Annotation oder ein Kontrollfluss ausgehen. In Abbildung 7.5 wird beispielsweise ein Bereich über einen Kontrollfluss und eine Annotation mit einem aktiven Prozess verbunden. Dazu können Sie die Linien und die Annotation einfach mit gedrückter Maustaste per Klick & Drop an die gewünschte Position bringen. Im Annotationsfeld können Sie anschließend einen Text frei eingeben.

Abbildung 7.5 Annotation verbunden mit einem einfachen Bereich und dem Bereich eines aktiven Prozesses

Aktive Prozesse erlauben, wie in Abbildung 7.6 zu sehen, zusätzlich zu Textfeldern und Verbindungslinien die Auswahl von Prozessschritten (⬭) aus der Prozessschrittbibliothek, um sie zu dem dargestellten Prozess hinzuzufügen. Positionieren Sie dazu den Mauszeiger im Bereich des aktiven Prozesses, und drücken Sie die linke Maustaste.

Aktive Prozesse

Abbildung 7.6 Angebotene Funktionen zu einem aktiven Prozess

Innerhalb von Bereichen des Typs Pool und aktiver Prozess können entweder Rollen- oder Systembahnen definiert werden. Innerhalb dieser Bahnen können Sie dann die Prozessschritte bzw. freien Aktivitäten zum Prozess

Rollen- oder Systembahnen

einfügen. Rollen- und Systembahnen können entweder horizontal oder vertikal angeordnet werden. Sie müssen entscheiden, ob Rollen- oder Systembahnen dargestellt werden sollen. Dazu rufen Sie die statischen Attribute des Diagramms in der Prozesshierarchie auf und definieren den **Diagramm-Typ** als **Nach Rolle** und die **Ausrichtung** als **horizontal** (siehe Abbildung 7.7). Der Diagrammtyp und die Ausrichtung können nach dem Sichern des Diagramms nicht mehr geändert werden. Konvertierungen von horizontalen in vertikale Diagramme werden leider nicht unterstützt.

Abbildung 7.7 Ausrichtung und Diagrammtyp auswählen

Bahnen hinzufügen Um nun die Bahnen für die verschiedenen Rollen hinzuzufügen, wählen Sie das Bahnensymbol (▢) aus der Palette im linken Bildschirmbereich aus. Die Namen der Bahnen vergeben Sie wie den Namen des Bereichs über einen Doppelklick auf die Bahn.

Abbildung 7.8 zeigt den Bereich für den Prozess **08.05.01 Lagerverkauf**.

Abbildung 7.8 Aktiver Prozessbereich »08.05.01 Lagerdirektvertrieb« mit vier Rollenbahnen

Der Name dieses Bereiches entspricht dem Namen des Prozesses, den er darstellt. In diesem Beispiel wurden vier horizontal angeordnete Rollenbahnen für den Kunden, den Verkauf, das Warenlager und den Finanzbereich definiert.

Um dagegen eine vertikale Anordnung der Rollenbahnen zu realisieren, setzen Sie in den Attributen des Diagramms den **Diagramm-Typ** auf **Nach Rolle** und die **Ausrichtung** auf **vertikal** (siehe Abbildung 7.9).

Ausrichtung

Abbildung 7.9 Vertikale Ausrichtung des Diagramms definieren

Abbildung 7.10 zeigt das Ergebnis dieser Einstellung.

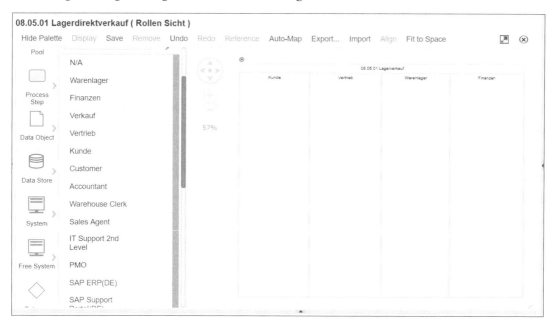

Abbildung 7.10 Prozessbereich »08.05.01 Lagerdirektvertrieb« in vertikaler Ausrichtung

Alternativ zu dem rollenbasierten Diagrammtyp können Sie den Typ **Nach System** in den statischen Attributen des Diagramms einstellen. Auch hier ist wieder eine horizontale oder vertikale Ausrichtung möglich (siehe Abbildung 7.11). Daneben wird das Diagramm in diesem Beispiel als **Vorgangsrelevant** klassifiziert. Diese Einstellung dient der Auswahl von Diagrammen für das Geschäftsprozess-Monitoring (siehe Abschnitt 8.5, »Prozessmanagement im Betrieb«). In der Regel nutzen vorgangsrelevante Diagramme vertikale Systembahnen.

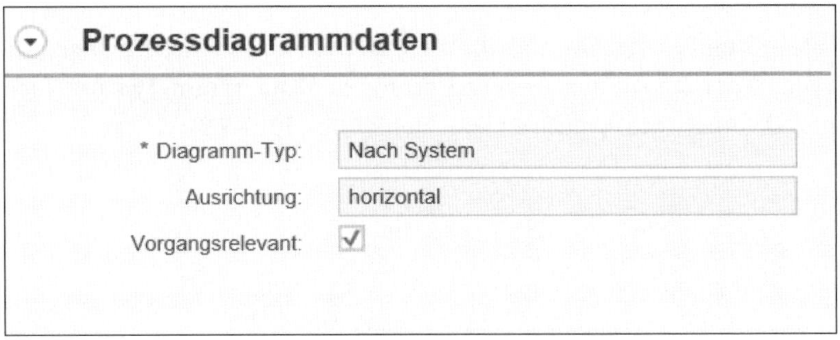

Abbildung 7.11 Systembasiertes Diagramm in horizontaler Ausrichtung in den statischen Attributen definieren

Abbildung 7.12 zeigt als Beispiel für ein solches Diagramm das Diagramm für den Prozess **08.05.01 Lagerdirektvertrieb**. Hier wurden drei Systembahnen für die Systeme ERP_CORPORATE, HYBRIS_LANDSCAPE und CUSTOMER_MAIL hinzugefügt. Die Systeme werden durch ihre logischen Komponentengruppen repräsentiert. Sie fügen die Systembahnen entweder direkt bei Anlage des Diagramms oder über das Bahnen-Symbol (☐) in der Palette hinzu. Nach Auswahl des Symbols erscheint eine Liste, aus der Sie eine logische Komponentengruppe auswählen. Abhängig davon, ob Sie den Diagrammtyp **Nach Rolle** oder **Nach System** ausgewählt haben, werden Ihnen in diesem Menü der Palette entweder Rollen oder Systeme angeboten.

Abbildung 7.12 Aktiver Prozessbereich mit drei Systembahnen in horizontaler Ausrichtung

In diesem Beispiel dienen die Systembahnen dazu, den Prozess einer Angebotserstellung und -bearbeitung über mehrere Systeme hinweg darzustellen. Erstellung und Bestätigung des Angebots erfolgen in einem SAP-Hybris-System. Nach der Bestätigung des Angebots wird ein Verkaufsauftrag über eine Schnittstelle per asynchronem Remote Function Call (RFC) an ein SAP-S/4HANA-System als ERP-System gesendet. Alternativ könnte zusätzlich SAP Process Integration (PI) als Middleware zum Einsatz kommen.

In dem beschriebenen Beispiel wird das Prozessmodell über die Phasen des Anwendungslebenszyklus Design, Build, Test und Betrieb hinweg erweitert. Zur Designzeit wird die Kommunikation modelliert, in der Phase Build werden die Schnittstelle und die SAP-Hybris-Konfiguration realisiert. In der Testphase wird ein Systemintegrationstest ausgeführt und zur Betriebszeit wird der Schnittstellenkanal im Monitor konfiguriert.

Rollenbasierte Modelle sind vor allem für die Kommunikation zwischen Geschäftsbereichen und IT-Abteilung von Bedeutung. Außerdem werden sie innerhalb der IT-Abteilung für die Build- und Testphase eingesetzt. Systembasierte Modelle sind dagegen vor allem im Kontext des Geschäftsprozessbetriebs, aber auch im Kontext von Systemintegrationstests, relevant. Diese Modelle können darüber hinaus im Kontext von Systemintegrationen, Schnittstellenentwicklungen und Systemintegrationstests zum Einsatz kommen.

Nachdem Sie Bereiche und Bahnen für Ihr Kollaborationsdiagramm angelegt haben, sollten Sie als Nächstes freie Aufgaben bzw. Prozessschritte ergänzen, um die betriebswirtschaftlichen funktionalen Einheiten in Ihrem Diagramm abzubilden. Alle Funktionen, die ich für den aktiven Prozessbereich in Kollaborationsdiagrammen beschrieben habe, gelten ebenfalls für ein Prozessdiagramm.

7.2   Aufgaben

Aufgaben oder Aktivitäten im BPMN-Modell repräsentieren entweder Prozessschritte aus der Prozessschrittbibliothek oder es handelt sich um rein grafische Elemente, sogenannte *freie Aufgaben* bzw. *freie Aktivitäten*.

Aufgaben werden in den BPMN-Diagrammen grafisch mit einem Rechteck mit abgerundeten Ecken (☐) dargestellt. Sowohl Aufgaben vom Typ Prozessschritt als auch solche vom Typ grafisches Aufgabenelement können die in Tabelle 7.1 unterschiedenen Spezialisierungen annehmen.

Modellbasierte Kommunikation

7

Aufgabentypen

Symbol	Aufgabentyp	Beschreibung
	abstrakte Aufgabe	Aufgabe ist aktiv
	Dienstleistungsaufgabe (Service)	Aufgabe wird durch einen Service ausgeführt
	Skript-Aufgabe	Aufgabe wird durch ein Skript ausgeführt
	Benutzeraufgabe	Aufgabe wird durch einen Anwender ausgeführt
	manuelle Aufgabe	rein manuelle Aufgabe (nicht im System abgebildet)
	Geschäftsregelaufgabe	Aufgabe basiert auf Geschäftsregeln
	sendende Aufgabe	Ein Auftrag wird erzeugt, z. B. durch Ausdrucken eines Formulars.
	empfangende Aufgabe	Ein Zustand ist eingetreten, es ist z. B. eine Lieferung angekommen.

Tabelle 7.1 Aufgabentypen für BPMN-Diagramme im SAP Solution Manager

Eine detaillierte Spezifikation der verschiedenen Aufgabentypen finden Sie in den BPMN-2.0-Spezifikationen der OMG unter dem zu Beginn dieses Kapitels angegebenen Link.

In Abbildung 7.13 sehen Sie, wie diese verschiedenen Aufgabentypen im Falle von freien Aufgaben in einer Bahn innerhalb eines Bereichs dargestellt werden.

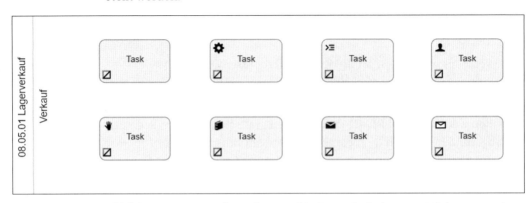

Abbildung 7.13 Darstellung der verschiedenen Aufgabenspezialisierungen als freie Aufgaben

Um eine neue freie Aufgabe in eine Bahn hinzuzufügen, wählen Sie in der Palette das Symbol für einen Prozessschritt (**Process Step** ▢) aus. Im daraufhin erscheinenden Menü finden Sie im oberen Bereich ein Symbol für eine freie Aufgabe mit der Beschriftung **Draft,** das Sie auswählen (siehe Abbildung 7.14).

Freie Aufgabe hinzufügen

Anschließend klicken Sie auf das Aufgabensymbol in Ihrem Diagramm, um das Kontextmenü in Form von Symbolen zu öffnen, und selektieren das Kontextmenüsymbol (◉). Wählen Sie einen der Aufgabentypen, um die freie Aufgabe in eine der genannten Spezialisierungen zu konvertieren, wie in Abbildung 7.14 gezeigt. Bei Prozessschritten aus der Prozessschrittbibliothek, die als Aufgabe im Diagramm dargestellt werden, wird zunächst der Aufgabentyp dargestellt, der in den statischen Attributen der Prozessschrittreferenz in der Prozessschritthierarchie gepflegt ist. Sie können die Typisierung über das grafische Menü genau wie bei einer freien Aufgaben ändern.

Aktionen ausgehend von Aufgaben

7

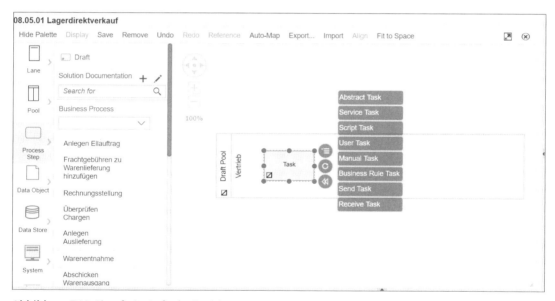

Abbildung 7.14 Eine freie Aufgabe typisieren

Ansonsten fügen Sie eine Aufgabe auf Basis eines Prozessschritts genau wie eine freie Aufgabe in Ihr Diagramm ein, indem Sie in der Palette auf das Prozessschrittsymbol (▢) klicken. Daraufhin werden Ihnen im Menü der Palette im unteren Bereich die verfügbaren Prozessschrittreferenzen angezeigt. Wählen Sie den gewünschten Prozessschritt aus. Sie können eine freie Aufgabe auch nachträglich über das grafische Kontextmenü in einen Prozessschritt auf Basis eines Bibliothekselements konvertieren.

Prozessschritt hinzufügen

Merkmale

Einer Aufgabe kann darüber hinaus ein *Merkmal* zugeordnet werden. Ein solches Merkmal ist z. B. eine *additive Aufgabe*, eine *Aufgabe mit Schleifen* oder eine *Kompensationsaufgabe* (auch als *Rollback-Aufgabe* bezeichnet).

Aufgaben mit Schleifen

Eine Aufgabe mit Schleifen ist eine Aufgabe, die wiederholt durchgeführt werden kann oder muss. Um einen Schleifenmodus für eine solche Aufgabe zu definieren, markieren Sie das Aufgabensymbol in Ihrem Diagramm und klicken auf das Schleifensymbol (⊙). Daraufhin werden Ihnen verschiedene Schleifenmodi zur Auswahl angeboten (siehe Abbildung 7.15): eine einfache Schleife (**Loop**), eine sequenzielle Schleife (**Sequence Loop**) oder eine parallele Schleife (**Loop**). Die Schleifenmodi definieren, ob und in welcher Weise die Aufgaben in dem Prozess wiederholt durchgeführt bzw. als multiple Instanzen parallel ausgeführt werden sollen bzw. können.

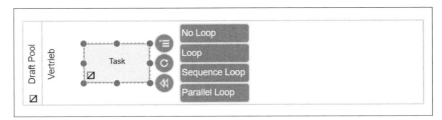

Abbildung 7.15 Schleifenmodus für eine Aufgabe auswählen

Nachdem Sie diese Auswahl vorgenommen haben, wird der ausgewählte Schleifenmodus unten im Aufgabenkästchen durch ein Symbol signalisiert. In Abbildung 7.16 sehen Sie von links nach rechts die Darstellung einer Aufgabe, die in einer einfachen, einer sequenziellen und einer parallelen Schleife wiederholt wird.

Abbildung 7.16 Aufgaben mit dem Schleifenmodus Schleife, sequenzielle Schleife und parallele Schleife

Kompensationsaufgabe

Um eine Aufgabe als *Kompensationsaufgabe* zu definieren, klicken Sie auf das unterste Symbol (⊲) neben der Aufgabe und wählen den Typ **For Compensation** aus (siehe Abbildung 7.17). Eine Kompensationsaufgabe wird ausgeführt, wenn eine andere Aufgabe nicht erfolgreich umgesetzt wurde.

Abbildung 7.17 Eine Aufgabe als Kompensationstyp typisieren

Im Ergebnis wird Ihnen diese Aufgabe, wie in Abbildung 7.18 dargestellt, um ein Symbol ergänzt angezeigt, das die Rollback-Funktion dieser Aufgabe kennzeichnet.

Abbildung 7.18 Kompensationsaufgabe zur Darstellung einer Rollback-Funktion

Ausgehend von einer Aufgabe können Sie nun verschiedene Beziehungen zu weiteren Elementen innerhalb Ihres Diagramms erzeugen. Dazu selektieren Sie eine freie Aufgabe oder eine Aufgabe, die einen Prozessschritt im Diagramm repräsentiert, und klicken mit der linken Maustaste auf das Aufgabensymbol. Ihnen werden neun verschiedene Beziehungstypen in Form von Symbolen angezeigt (siehe Abbildung 7.19).

Beziehungen zu weiteren Elementen

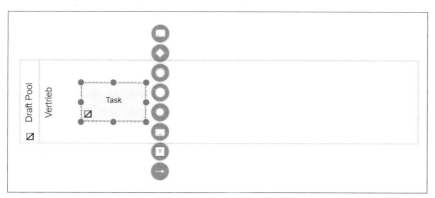

Abbildung 7.19 Mögliche Beziehungen, die ausgehend von einer Aufgabe gepflegt werden können

Die verschiedenen Symbole erläutere ich in Tabelle 7.2. SAP plant, die verfügbaren Typen in zukünftigen Releases kontinuierlich zu erweitern.

Elementsymbole im Kontextmenü

Menüsymbol	Beziehung zu	Beschreibung
	freie Aufgabe	kann im Pool- und Prozessbereich hinzugefügt werden
	Prozessschritt	nur für Prozessbereiche
	Schnittstelle (Gateway)	kann im Pool- und Prozessbereich hinzugefügt werden
	Startereignis	Darstellung als grüner Kreis
	Zwischenereignis	Darstellung als blauer Kreis
	angeheftetes Ereignis	Darstellung als gelber Kreis
	Endereignis	Darstellung als roter Kreis
	Unterprozess (Sub-Process)	Teilprozess
	Textfeld	Notiz
	Kontrollfluss	Sequenz- oder Informationsfluss

Tabelle 7.2 Mögliche Zielelemente für Beziehungen ausgehend von einer Aufgabe

7.3   Unterprozesse

Neben Aufgaben können auch *Unterprozesse* grafisch modelliert werden. Unterprozesse repräsentieren Teilbereiche eines Prozessablaufs, der als eigenständiger Prozess modelliert wurde.

Wie bei Aufgaben gibt es auch bei Unterprozessen verschiedene Spezialisierungen. Tabelle 7.3 zeigt die Unterprozessarten, die von der Prozessmodellierungsumgebung im SAP Solution Manager unterstützt werden. Sie können sowohl in Kollaborations- als auch in Prozessdiagrammen verwendet werden.

Unterprozesstypen

Symbol	Unterprozesstyp	Beschreibung
	zusammengesetzter Unterprozess	auflösbar in einen Prozessablauf
	Ad-hoc-Unterprozess	zusätzliche Add-hoc-Ausführung
	Transaktion	Darstellung als Transaktion auf der Systemoberfläche

Tabelle 7.3 Spezialisierungen von Unterprozessen

Zur Detailspezifikation von Unterprozessen verweise ich wieder auf die offizielle BPMN-Spezifikation.

Um einen Unterprozess einzufügen, selektieren Sie das entsprechende Symbol (Sub-Process 🔲) in der Palette auf der linken Seite. Anschließend können Sie den Unterprozess typisieren, indem Sie das in Ihrem Diagramm hinzugefügte Objekt markieren, das Kontextmenü öffnen und auf das Menüsymbol (⬤) klicken. Wählen Sie hier entweder **Ad-Hoc SubProcess** oder **Transaction SubProcess** aus (siehe Abbildung 7.20). Sofern Sie hier keinen Typ auswählen, bleibt es bei der Default-Einstellung eines zusammengesetzten Unterprozesses.

Unterprozess hinzufügen

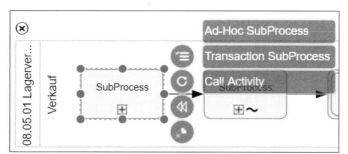

Abbildung 7.20 Typ des Unterprozesses auswählen

Nach dieser Typisierung werden Ihnen die verschiedenen Unterprozesstypen im Diagramm wie in Abbildung 7.21 dargestellt.

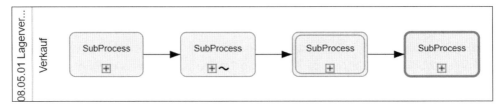

Abbildung 7.21 Drei Unterprozesse vom Typ zusammengesetzt, Ad-hoc und Transaktion

Merkmale Wie Sie es von den Aufgaben kennen, werden Ihnen auch zu Unterprozessen wieder verschiedene Merkmale angeboten. Mit diesen können Sie den Wiederholungsmodus bestimmen und festlegen, ob es sich um einen Kompensationsunterprozess handelt. Um den Schleifenmodus festzulegen, öffnen Sie das entsprechende Menü über das Schleifensymbol (⊙) und wählen den Typ **Loop**, **Sequence Loop** oder **Parallel Loop** aus (siehe Abbildung 7.22).

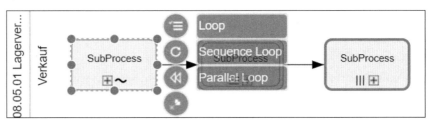

Abbildung 7.22 Schleifenmodus für einen Unterprozess definieren

Diese Schleifentypen werden im Diagramm anschließend über ein entsprechendes Symbol im Unterprozesssymbol gekennzeichnet, das sich links neben dem Symbol für einen Unterprozess findet. In Abbildung 7.23 sehen Sie von links nach rechts die Darstellung eines Unterprozesses, der als einfache, sequenzielle oder parallele Schleife wiederholt wird.

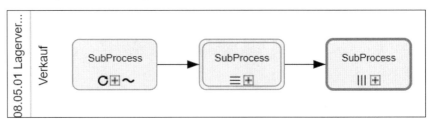

Abbildung 7.23 Die Schleifentypen Schleife, sequenzielle Schleife und parallele Schleife für Wiederholungen eines Unterprozesses

Um zu definieren, dass es sich um eine Rollback-Unterprozess handeln soll, klicken Sie auf das dritte Symbol (◀◀) und wählen dann den Menüeintrag **For Compensation** (siehe Abbildung 7.24).

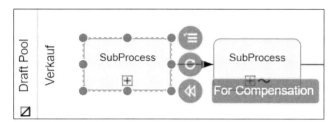

Abbildung 7.24 Unterprozess als Kompensationstyp definieren

Der Unterprozess vom Typ Kompensation wird anschließend wie in Abbildung 7.25 gezeigt dargestellt.

Abbildung 7.25 Unterprozess vom Typ Kompensation

Haben Sie den Unterprozess im Prozessbereich eines Kollaborationsdiagramms oder in einem Prozessdiagramm definiert, können Sie diesem eine *eingebettete Prozessreferenz* bzw. eine Referenz auf ein Diagramm eines Prozesses zuordnen, die den Unterprozess repräsentiert. Dazu wird Ihnen im Prozessbereich bzw. -diagramm ein viertes Symbol () unterhalb der drei bekannten Symbole angezeigt (siehe Abbildung 7.26). Klicken Sie auf dieses Symbol, und selektieren Sie einen Prozess sowie ein zugehöriges Diagramm aus der Prozesshierarchie.

Eingebettete Prozessreferenz

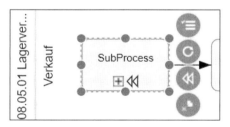

Abbildung 7.26 Eingebettete Prozessreferenz
zu einem Unterprozess hinzufügen

Der in dem Unterprozess eingebettete Prozess wird anschließend wie in Abbildung 7.27 angezeigt.

Abbildung 7.27 Darstellung eines eingebetteten
Prozesses mit Diagramm zu einem Unterprozess

Beziehungen zu weiteren Elementen

Ausgehend von Unterprozessen können Sie – ähnlich wie Sie es von den Aufgaben kennen (siehe Abschnitt 7.2, »Aufgaben«) – Beziehungen zu den folgenden weiteren Elementen erzeugen:

- freie Aufgabe
- Prozessschritt
- Schnittstelle (Gateway)
- Zwischenereignis
- Endereignis
- Unterprozess
- Textfeld
- Flusselement für Sequenzfluss

Die verschiedenen Elemente werden Ihnen wieder durch ihre Symbole zur Auswahl angeboten (siehe Abbildung 7.28). Dabei entsprechen die Symbole den in Tabelle 7.2 dargestellten Symbolen für die Beziehungen ausgehend von Aufgaben.

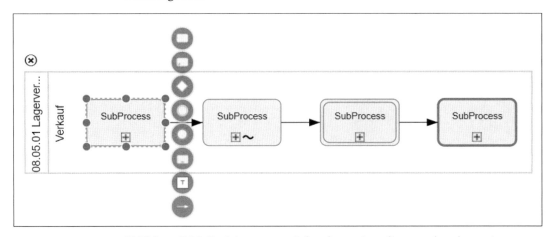

Abbildung 7.28 Beziehungen zu Folgeelementen, die ausgehend von einem Unterprozess definiert werden können

Grafische Elemente für Aufgaben und Unterprozesse bzw. Prozessschritte beschreiben Entitäten. Die Beziehungen und Abläufe zwischen diesen Entitäten werden durch Flusselemente dargestellt, sodass Kontrollflüsse entstehen. Im folgenden Abschnitt beschreibe ich die vom SAP Solution Manager unterstützten Flusselementtypen.

7.4 Kontrollflussobjekte

Kontrollflussobjekte erlauben die Modellierung von Abläufen durch die Verbindung von Aufgaben bzw. Prozessschritten. Auf diese Weise können Sie komplexe Abläufe und Entitätsbeziehungen bis hin zu Prozessen und Prozessketten modellieren.

BPMN kennt verschiedene Spezialisierungen von Flusselementen, von denen die in Tabelle 7.4 dargestellten in den Kollaborations- und Prozessdiagrammen des SAP Solution Managers unterstützt werden.

Flussobjekttypen

Symbol	Flussobjekt	Beschreibung
→————→	Sequenzfluss	zeigt die Reihenfolge der Aufgaben bzw. Prozessschritte innerhalb eines freien Bereichs oder aktiven Prozessbereichs
◇————→	konditionaler Sequenzfluss	zeigt die Reihenfolge der Aufgaben bzw. Prozessschritte innerhalb eines Pools bzw. Prozessbereichs abhängig von Bedingungen
○- - - - -▷	Nachrichtenfluss	zeigt die Richtung von Nachrichten zwischen Pools bzw. Prozessbereichen und Black-Box-Bereichen
○- - -✉- - -▷	initiierender Nachrichtenfluss mit Dekorator (senden)	steht für eine Nachricht, die von einem Bereich zum anderen gesendet wird
○- - -✉- - -▷	nicht-initiierender Nachrichtenfluss mit Dekorator (emfangen)	steht für eine empfangene Nachricht aus einem anderen Bereich
·········>	Datenassoziation	steht für einen Informationsfluss innerhalb eines Pools oder Prozessbereichs

Tabelle 7.4 Flusselementtypen

In Abbildung 7.29 sehen Sie beispielsweise drei Aufgaben innerhalb eines Pools. Aufgabe 1 und Aufgabe 2 werden durch einen Sequenzfluss miteinander verbunden, Aufgabe 2 und Aufgabe 3 mit einem konditionalen Sequenzfluss. Um diese Kontrollflüsse einzufügen, selektieren Sie eine Aufgabe im Diagramm, öffnen das Kontextsymbol mit der linken Maustaste, selektieren das Flusssymbol (⊖) und ziehen die Verbindungslinie auf eine nachfolgende Aufgabe. Markieren Sie dann das Flussobjekt im Diagramm, und öffnen Sie das Kontextmenü (⊜). Wählen Sie den Typ des Elements aus, z. B. **Conditional Path** für einen konditionalen Sequenzfluss.

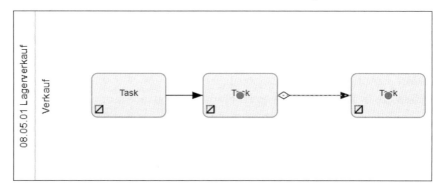

Abbildung 7.29 Verbindung dreier Aufgaben durch einen Sequenzfluss und einen konditionalen Sequenzfluss

Innerhalb eines Kollaborationsdiagramms können Sie auch die unterschiedlichen Bereiche bzw. die grafischen Elemente in den verschiedenen Bereichen durch Nachrichtenflüsse miteinander verbinden. In einem Prozessdiagramm sind nur Sequenz- und Informationsflüsse möglich, da es nur einen Prozessbereich gibt. In Abbildung 7.30 wurde ein Prozessschritt innerhalb des Prozessbereichs mit dem Black-Box-Bereich verbunden. Von dem Prozessschritt **Verkaufsangebot** im Prozessbereich geht hier ein initiierender Nachrichtenfluss zum Kunden aus. Innerhalb dieses Schritts wird also vom Verkäufer eine Nachricht, z. B. eine E-Mail, mit dem Verkaufsangebot an den Kunden gesendet, dessen interne Abläufe nicht näher definiert werden können. Von dem Kunden erhält der Verkäufer wiederum eine nicht-initiierte Angebotsbestätigung, z. B. über eine E-Mail.

Nachrichtenflüsse hinzufügen

Um diese initiierenden oder nicht-initiierenden Nachrichtenflüsse einzufügen, selektieren Sie den Prozessschritt im aktuellen Prozess und öffnen das grafische Kontextmenü mit der linken Maustaste. Wählen Sie dann das Flusssymbol (⊖). Ziehen Sie das Symbol auf den Rahmen des Black-Box-Bereichs.

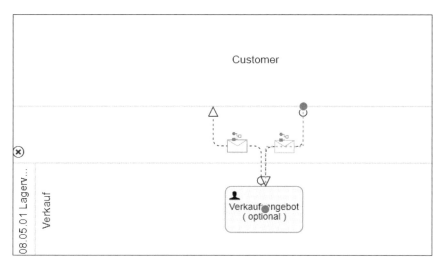

Abbildung 7.30 Nachrichtenflüsse zwischen einem Prozess- und einem Black-Box-Bereich

Wählen Sie anschließend den Typ des Nachrichtenflusses aus. Analog verfahren Sie mit dem zweiten Nachrichtenfluss, indem Sie den Black-Box-Bereich markieren, das Flusssymbol aus dem Kontextmenü wählen und dieses vom Black-Box-Bereich auf den Prozessschritt ziehen.

Innerhalb eines Kontrollflusses können Sie auch auf eine Schnittstelle oder einen Sammelschnittstelle verweisen, um näher zu beschreiben, wie die Verbindung zwischen den Elementen technisch umgesetzt wird. Um eine solche Referenz in dem hier gezeigten Kollaborationsdiagramm für den initiierten Nachrichtenfluss zwischen dem Kunden und dem Prozessschritt **Verkaufsangebot** zu ergänzen, selektieren Sie das Flusselement und öffnen das grafische Kontextmenü. Wählen Sie das Ersetzensymbol (⟳) aus, und selektieren Sie eine Schnittstelle. Diese Funktion funktioniert nur in Bezug auf aktuelle Prozessbereiche, und es werden nur die Schnittstellen bzw. Sammelschnittstellen des aktuellen Prozesses angeboten.

Schnittstellen-referenz

Auf die gleiche Weise können Sie eine Datenassoziation zwischen einem Datenobjekt und einer Aufgabe definieren. Wie Sie ein Datenobjekt in einem Diagramm einfügen, erkläre ich in Abschnitt 7.8, »Datenobjekte und Datenspeicher«. Die Darstellung einer solchen Datenassoziation sehen Sie in Abbildung 7.32.

Datenassoziation

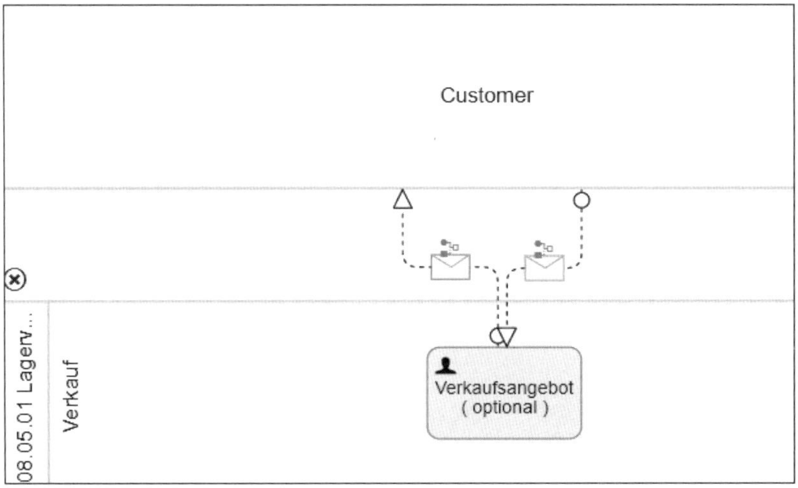

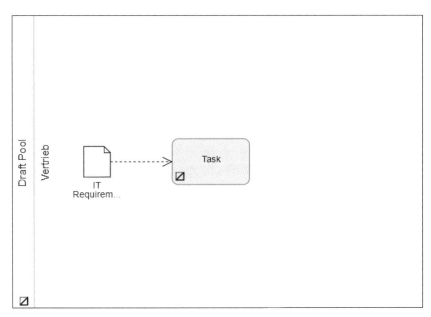

Abbildung 7.31 Referenz auf eine Schnittstelle bzw. eine Sammelschnittstelle aus einem Kontrollflussobjekt

Abbildung 7.32 Eine Datenassoziation zwischen einem Datenobjekt und einer Aufgabe

Kontrollflusselemente vom Typ *Assoziation* ordnen Aufgaben oder Prozessschritten Daten, Informationen und Ressourcen zu. Datenassoziationen können ausschließlich innerhalb eines Pools bzw. aktuellen Prozessbereichs modelliert werden. Der Informationsfluss innerhalb einer Bahn wird dabei immer durch Datenobjekte und Assoziationen modelliert. Innerhalb einer

Assoziation treten allerdings auch Bedingungen und Ereignisse auf. Wie Sie Ereignisse modellieren, beschreibe ich im folgenden Abschnitt.

7.5   Ereignisse

Die Bedingungen zu einem definierten Zeitpunkt des Prozessablaufs werden durch Ereignisse dargestellt. Ereignisse starten, unterbrechen und beenden einen Prozess. Prozessdiagramme und Bereiche haben ein *Startereignis* und ein *Endereignis*. Zwischen Start- und Endereignissen können *Zwischenereignisse* modelliert werden. Startereignisse erlauben es, vorangehende Prozesse zu referenzieren, während Endereignisse eine Referenz auf nachfolgende Prozesse erlauben. Zwischenereignisse erlauben die Referenz auf Schnittstellen bzw. Sammelschnittstellen. *Angeheftete Ereignisse* modellieren Ereignisse, die innerhalb der Ausführung einer Aufgabe bzw. eines Prozessschritts auftreten können.

7.5.1   Startereignisse

Für Startereignisse gibt es verschiedene Spezialisierungen, die durch unterschiedliche Symbole gekennzeichnet werden. Tabelle 7.5 zeigt die Startereignistypen, die von Kollaborations- und Prozessdiagrammen unterstützt werden.

Startereignistypen

Symbol	Startereignistyp	Beschreibung
○	normales Startereignis	Startereignis auf oberster Ebene
✉	nachrichtenabhängiges Startereignis	Startereignis infolge einer Nachricht
⊕	zeitpunktbedingtes Startereignis	Startereignis, das zu einem bestimmten Zeitpunkt eintritt
▤	konditionales Startereignis	Startereignis abhängig von einer Bedingung, z. B. bei der Modellierung einer Geschäftsregel
△	signalabhängiges Startereignis	Startereignis, das auf ein Signal hin eintritt, z. B. ein elektronisches Signal
⬠	multiples Startereignis	mehrere mögliche Startereignisse

Tabelle 7.5 Unterstützte Startereignistypen im SAP Solution Manager

Symbol	Startereignistyp	Beschreibung
⊕	paralleles multiples Startereignis	mehrere parallel eintretende Startereignisse
Ⓐ	eskalationsinitiiertes Startereignis	Startereignis auf Grundlage einer Eskalation, z. B. einer Weiterleitung an eine nächsthöhere Ebene
Ⓝ	fehlerinitiiertes Startereignis	Startereignis bei Auftreten eines Fehlers, z. B. eines Systemausfalls
⓪	kompensatives Startereignis	Startereignis infolge einer Abbruchbedingung eines anderen Startereignisses

Tabelle 7.5 Unterstützte Startereignistypen im SAP Solution Manager (Forts.)

Startereignis hinzufügen Um ein Startereignis in einen Diagrammbereich hinzuzufügen, selektieren Sie das Symbol für ein Startereignis (Start event ◯) in der Palette und positionieren es auf der Arbeitsfläche innerhalb einer Bahn. Anschließend können Sie das Startereignis über das Kontextmenü typisieren. Markieren Sie das Ereignis dazu und klicken Sie auf das Menüsymbol (▣), wie in Abbildung 7.33 dargestellt.

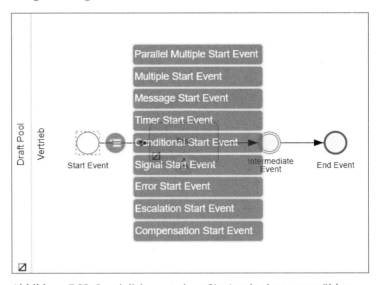

Abbildung 7.33 Spezialisierung eines Startereignisses auswählen

Das Ereignissymbol im Diagramm wir dann um das entsprechende Typsymbol ergänzt und kann so eines der in Abbildung 7.34 gezeigten Aussehen annehmen.

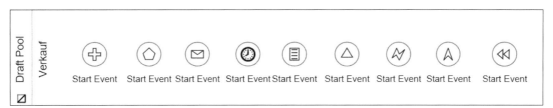

Abbildung 7.34 Darstellung der Startereignistypen im Diagramm

Ausgehend von Startereignissen können Sie die folgende Folgeobjekte im Diagramm erzeugen:

Beziehungen zu weiteren Elementen

- Prozessschritt (nur in Prozessbereichen)
- freie Aufgabe/Aktivität
- Schnittstelle
- Zwischenereignis
- Unterprozess
- Textfeld
- Kontrollfluss

Setzen Sie den Mauszeiger dazu auf das Startereignisobjekt im Diagramm, und drücken Sie die linke Maustaste. Wählen Sie anschließend den gewünschten Folgeobjekttyp aus den angezeigten Symbolen aus (siehe Abbildung 7.35).

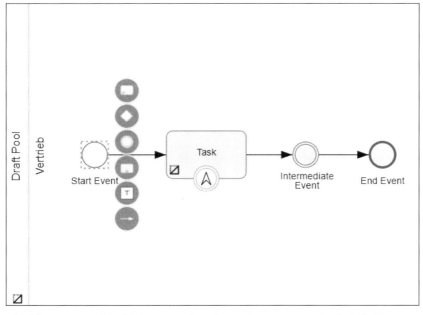

Abbildung 7.35 Folgeobjekte ausgehend von einem Startereignis definieren

Die Bedeutung der Symbole entspricht der Bedeutung der Symbole für die Folgeobjekte von Aufgaben, die ich in Tabelle 7.2 in Abschnitt 7.2, »Aufgaben«, beschrieben habe.

7.5.2 Zwischenereignisse

Zwischenereignis-typen

Auch Zwischenereignisse können in Kollaborations- und Prozessdiagrammen definiert werden. Entsprechend der BPMN-Notation werden sie in den Diagrammen mit zwei Rahmenlinien dargestellt, außerdem werden sie blau ausgefüllt. Zwischenereignisse können genau wie Startereignisse unterschiedlichen Typs sein. Tabelle 7.6 zeigt die verschiedenen Spezialisierungen von Zwischenereignissen, die vom SAP Solution Manager unterstützt werden. Man unterscheidet hier zwischen *eingetretenen Ereignissen* (Throwing-Ereignis) und *ausgelösten Ereignissen* (Catching-Ereignis). Eingetretene Zwischenereignisse lösen die nächste Aktivität aus, während ausgelöste Zwischenereignisse das Ergebnis einer vorangegangenen Aktivität sind.

Symbol	Zwischenereignistyp	Beschreibung
○	normales Zwischenereignis	einfaches Ereignis
Eingetretene Zwischenereignisse		
◎	eingetretenes zeitbasiertes Zwischenereignis	Auslösen einer Aktivität nach Zeit
◉	eingetretenes konditionales Zwischenereignis	Auslösen einer Aktivität nach einer Bedingung, z. B. bei einer Geschäftsregel
◉	eingetretenes Verbindungszwischenereignis	Auslösen einer Aktivität als verbindende Folgeaktivität
◉	eingetretenes meldungsbasiertes Zwischenereignis	Auslösen einer Aktivität auf Basis einer Information
◬	eingetretenes Signalzwischenereignis	Auslösen einer Aktivität auf Basis eines Signals
◉	eingetretenes multiples Zwischenereignis	Auslösen einer Aktivität auf Basis multipler auslösender Ereignisse

Tabelle 7.6 Unterstützte Typen eingetretener und auslösenden Zwischenereignisse im SAP Solution Manager

Symbol	Zwischenereignistyp	Beschreibung
(⊕)	eingetretenes paralleles, multiples Zwischen-ereignis	Auslösen einer Aktivität auf Basis multipler paralleler auslösender Ereignisse
Auslösende Zwischenereignisse		
(⊗)	auslösendes eskalatives Zwischenereignis	Ereignis auf Basis einer auslösen-den, eskalativen vorangegangenen Aktivität, z. B. einer Meldung an eine nächsthöhere Ebene
(⊗)	auslösendes kompensato-risches Zwischenereignis	Ereignis auf Basis einer kompen-satorischen, vorangegangenen Aktivität
(⊙)	auslöstendes Verbindungs-zwischenereignis	Ereignis auf Basis einer kompen-satorischen, vorangegangenen Aktivität
(⊠)	auslösendes meldungs-basiertes Zwischenereignis	Ereignis auf Basis einer verbinden-den, vorangegangenen Aktivität
(⊙)	auslösendes Signal-zwischenereignis	Ereignis auf Basis eines Signals einer vorangegangenen Aktivität
(⊙)	auslösendes multiples Zwischenereignis	Ereignis auf Basis mehrerer voran-gegangener Aktivitäten

Tabelle 7.6 Unterstützte Typen eingetretener und auslösenden Zwischen-ereignisse im SAP Solution Manager (Forts.)

Um ein Zwischenereignis beispielsweise ausgehend von einer Aufgabe ein-zufügen, klicken Sie mit der linken Maustaste auf die Aufgabe und selektie-ren das entsprechende Elementsymbol. Das Zwischenereignis wird an-schließend wie in Abbildung 7.36 gezeigt dargestellt. Um das Ereignis als auslösendes Zwischenereignis zu definieren und weiter zu typisieren, mar-kieren Sie es und führen das Kontextmenü aus. Klicken Sie auf das Symbol für ein auslösendes Ereignis (⊙), und wählen Sie die gewünschte Spezia-lisierung aus.

Zwischenereignis hinzufügen

Zur Typisierung eines eingetretenen Zwischenereignisses rufen Sie das Kontextmenü für diese Art von Zwischenereignissen über das entspre-chende Symbol (⊙) auf (siehe Abbildung 7.37).

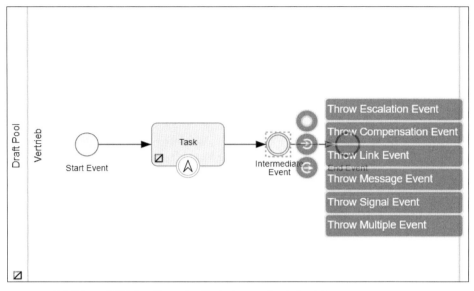

Abbildung 7.36 Auslösendes Zwischenereignis typisieren

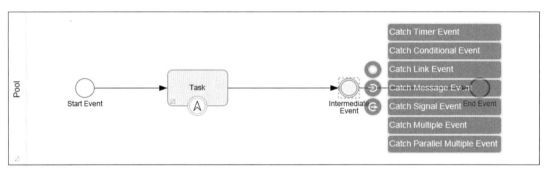

Abbildung 7.37 Eingetretenes Zwischenereignis typisieren

Beziehungen zu weiteren Elementen

Ausgehend von Zwischenereignissen können Sie folgende Folgeelemente im Diagramm erzeugen:

- Prozessschritt (nur in Prozessbereich)
- freie Aufgabe/Aktivität
- Schnittstelle
- Zwischenereignis
- Endereignis
- Unterprozess
- Textfeld
- Kontrollfluss

Die Auswahl erfolgt genau wie bei Startereignissen über die Symbole im Kontextmenü (zur Symbolerklärung siehe Tabelle 7.2 in Abschnitt 7.2, »Aufgaben«), wie in Abbildung 7.38 gezeigt.

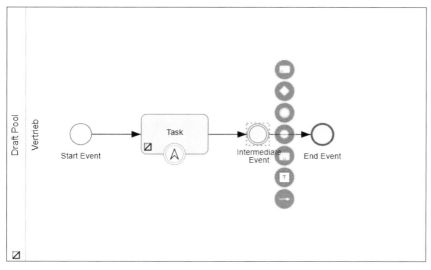

Abbildung 7.38 Folgeobjekte ausgehend von einem Zwischenereignis erzeugen

Zwischenereignisse in Prozessbereichen können darüber hinaus auf Schnittstellen der Bibliothek referenzieren. Um solch einen Verweis einzufügen, markieren Sie das Zwischenereignis, führen das Kontextmenü aus und selektieren das Referenz-Symbol (🔄).

7.5.3   Endereignisse

Endereignisse werden in den Diagrammen durch einen roten Kreis mit einem einfachen fetten Rahmen dargestellt. Auch hier gibt es wieder verschiedene Spezialisierungen, die durch unterschiedliche Symbole gekennzeichnet werden. Tabelle 7.7 gibt Ihnen dazu eine Übersicht.

Endereignistypen

Symbol	Endereignistyp	Beschreibung
◉	meldungbasiertes Endereignis	Endereignis mit Ausgabe einer Nachricht
◉	signalbasiertes Endereignis	Endereignis mit Signalausgabe
◉	Fehler als Endereignis	Endereignis mit Fehlerausgabe

Tabelle 7.7 Unterstützte Spezialisierungen von Endereignissen im SAP Solution Manager

Symbol	Endereignistyp	Beschreibung
⊛	Eskalation als Endereignis	Endereignis mit Eskalation – Weiterleiten an die nächsthöhere Ebene
⊗	Löschen als Endereignis	kein Eintreten eines Endereignisses
⊛	Kompensations-endereignis	Endereignis, das ein anderes Ereignis aufheben kann
◉	abschließendes Endereignis	–
◉	multiples Endereignis	mehrere Endereignisse

Tabelle 7.7 Unterstützte Spezialisierungen von Endereignissen im SAP Solution Manager (Forts.)

Endereignis hinzufügen   Möchten Sie ein Endereignis einzufügen, klicken Sie mit der linken Maustaste auf einen Prozessschritt oder eine freie Aufgabe und selektieren das Endereignissymbol. Anschließend typisieren Sie das Ereignis, indem Sie auf das Kontextmenüsymbol (▤) klicken und den gewünschten Endereignistyp auswählen (siehe Abbildung 7.39).

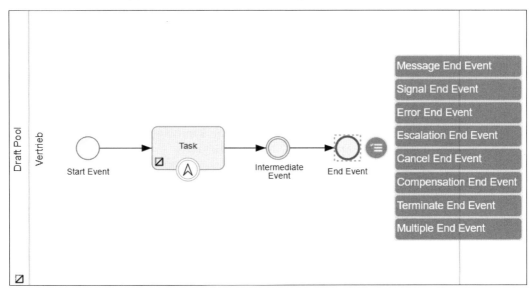

Abbildung 7.39 Endereignis typisieren

7.5.4   Angeheftete Ereignisse

Angeheftete Ereignisse stehen am Rand von freien Aktivitäten oder Prozessschritten und beschreiben eine mögliche Unterbrechung einer Aufgabe. Sie werden durch ein weiß ausgefülltes Kreissymbol am unteren Rand einer Aufgabe bzw. eines Prozessschritts dargestellt. Es gibt verschiedene Arten angehefteter Ereignisse, die in Tabelle 7.8 beschrieben sind. Hier wird jeweils zwischen *nicht-unterbrechenden* (gestrichelte doppelte Rahmenlinie) und *unterbrechenden angehefteten Ereignissen* (durchgezogene doppelte Rahmenlinie) unterschieden.

Typen angehefteter Ereignisse

Symbol	Typ des angehefteten Ereignisses	Beschreibung
	nicht-unterbrechendes meldungsbasiertes angeheftetes Ereignis	Ein Informationsfluss kann zu einer Aufgabe ausgeführt werden, ohne die Aufgabe zu unterbrechen.
	meldungsbasiertes angeheftetes Ereignis	Eine Information geht aus einer Aufgabe hervor.
	nicht-unterbrechendes zeitbasiertes angeheftetes Ereignis	Ein zeitabhängiges Ereignis innerhalb einer Aufgabe findet statt.
	unterbrechendes zeitbasiertes angeheftetes Ereignis	Eine Aufgabe wird zeitabhängig unterbrochen.
	nicht-unterbrechendes eskalatives angeheftetes Ereignis	Während einer Aufgabenaktivität tritt eine Eskalation ein.
	unterbrechendes eskalatives angeheftetes Ereignis	Eine Aufgabe wird wegen einer Eskalation während der Ausführung unterbrochen.
	fehlerbasiertes angeheftetes Ereignis	Ein Fehler tritt während der Ausführung einer Aufgabe auf.
	löschendes angeheftetes Ereignis	Eine Aufgabe wird abgebrochen.
	kompensatorisches angeheftetes Ereignis	Zu einer Aufgabe wird ein kompensatorisches Ereignis ausgelöst.

Tabelle 7.8 Unterstütze Typen angehefteter Ereignisse im SAP Solution Manager

Symbol	Typ des angehefteten Ereignisses	Beschreibung
	nicht-unterbrechendes konditionales angeheftetes Ereignis	Während der Ausführung einer Aufgabe tritt eine Bedingung auf, beispielsweise tritt eine Geschäftsregel in Kraft.
	unterbrechendes konditionales angeheftetes Ereignis	Eine Aufgabe wird wegen des Auftretens einer Bedingung unterbrochen.
	signalbasiertes angeheftetes Ereignis	Während der Ausführung einer Aufgabe wird ein Signal gesetzt.
	nicht-unterbrechendes signalbasiertes angeheftetes Ereignis	Eine Aufgabe wird infolge eines Signals beendet.
	unterbrechendes signalbasiertes angeheftetes Ereignis	Eine Aufgabe wird infolge eines Signals unterbrochen.
	nicht-unterbrechendes multiples angeheftetes Ereignis	Während einer Aufgabe treten mehrere Ereignisse auf.
	unterbrechendes multiples angeheftetes Ereignis	Eine Aufgabe wird bei Auftreten mehrerer Ereignisse unterbrochen.
	nicht-unterbrechendes paralleles multiples angeheftetes Ereignis	Während der Ausführung einer Aufgabe treten mehrere parallele Ereignisse auf.
	unterbrechendes paralleles multiples angeheftetes Ereignis	Eine Aufgabe wird wegen mehreren möglichen parallelen Ereignissen unterbrochen.

Tabelle 7.8 Unterstütze Typen angehefteter Ereignisse im SAP Solution Manager (Forts.)

Angeheftetes Ereignis hinzufügen

Ein angeheftetes Ereignis fügen Sie zu einer Aufgabe hinzu, indem Sie die Aufgabe bzw. einen Prozessschritt selektieren und die linke Maustaste drücken. Anschließend können Sie das angeheftetes Ereignis typisieren, indem Sie es markieren und im Kontextmenü **Boundary** oder **Boundary non-interrupting** wählen. Wählen Sie dann den gewünschten Ereignistyp aus, wie in Abbildung 7.40 gezeigt. Bei dem in dieser Abbildung zu erkennenden Ereignis handelt es sich um ein eskalatives unterbrechendes Ereignis.

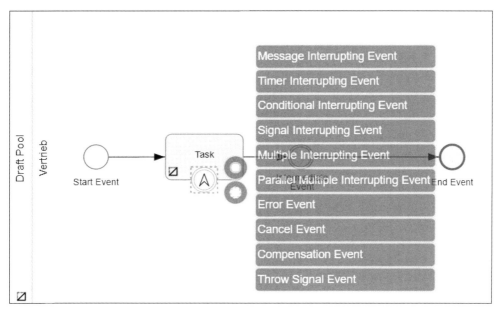

Abbildung 7.40 Angeheftetes Ereignis typisieren

Ausgehend von dem angehefteten Ereignis können Sie die folgenden Folgeobjekte im Diagramm erzeugen (siehe Abbildung 7.41).

Beziehungen zu
weiteren Elementen

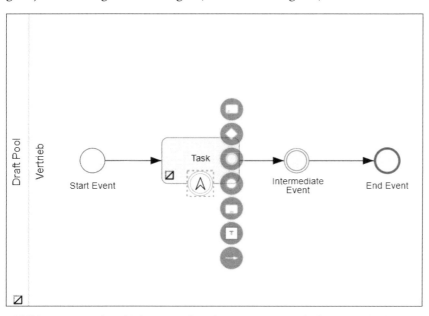

Abbildung 7.41 Folgeobjekte ausgehend von einem angehefteten Ereignis
erzeugen

Die verschiedenen Symbole sind in Tabelle 7.2 in Abschnitt 7.2, »Aufgaben«, erläutert:

- Prozessschritt (nur auf Prozessschritt)
- freie Aufgabe/Aktivität
- Schnittstelle
- Zwischenereignis
- Endereignis
- Unterprozess
- Textfeld
- Kontrollfluss

7.6   Artefakte

Annotationen

BPMN 2.0 kennt verschiedene Arten von *Artefakten*, also frei definierbaren Objekten in den Prozessmodellen. Für die Prozessmodellierung im SAP Solution Manager 7.2 werden von diesen Artefakten ausschließlich *Annotationen* unterstützt. Diese können Sie nutzen, um Textfelder zu den meisten grafischen Objekten hinzuzufügen. BPMN-Gruppen werden nicht unterstützt.

Objekte mit Textfeldern

Textfelder werden in BPMN im SAP Solution Manager als offenes Rechteck dargestellt, das den Text umschließt. Eine gestrichelte Linie führt von dem zu dokumentierenden Element zum Textfeld. Diese Annotationen können folgenden Objekten zugeordnet werden:

- Bereichen
- Bahnen
- Prozessschritten
- freien Aufgaben/Aktionen
- Unterprozessen
- Ereignissen
- Datenobjekten
- Datenspeicher
- Schnittstellen
- Systembahnen
- freien Systemen
- Rollenbahnen

Um beispielsweise zu einer Rollenbahn innerhalb eines Bereichs eine Notiz hinzuzufügen, markieren Sie diese Bahn und wählen über das Kontextmenü ein Textfeld als Folgeobjekt aus, wie in Abbildung 7.42 gezeigt. Mit einem Doppelklick auf das Textfeld können Sie Ihre Notiz frei eingeben. Zu dem Textfeld können Sie anschließend einen Kontrollfluss als weiteres Folgeelement hinzufügen.

Textfeld hinzufügen

Abbildung 7.42 Ein Textfeld zu einem Bereich

7.7   Schnittstellen

Schnittstellen (Gateways) sind Entscheidungspunkte oder Punkte, in denen Kontrollflüsse zwischen Aufgaben oder Prozessschritten zusammenlaufen. Sie werden in BPMN als Raute dargestellt.

Auch hier gibt es wieder verschiedene Spezialisierungen, die durch unterschiedliche Symbole in der Raute gekennzeichnet werden. Durch die verschiedenen Schnittstellentypen werden unterschiedliche Ausführungsarten unterschieden. Tabelle 7.9 führt die Symbole auf, die zur Unterscheidung der Schnittstellen unterstützt werden.

Schnittstellentypen

Symbol	Schnittstellentyp	Beschreibung
◇	normale Ausführung	Schnittstelle zu genau einer ausgehenden Kante
◈	exklusive Ausführung	Schnittstelle, bei der abhängig von der Verzweigungsbedingung zu genau einer Kante verzweigt wird.
◈	inklusive Ausführung	Schnittstelle, bei der je nach Bedingung eine oder mehrere ausgehende Kanten aktiviert bzw. eingehende Kanten synchronisiert werden.

Tabelle 7.9 Unterstützte Schnittstellentypensymbole im SAP Solution Manager

Symbol	Schnittstellentyp	Beschreibung
⊕	parallele Ausführung	Bei der Verzweigung werden alle ausgehenden Kanten simultan ausgeführt; bei der Zusammenführung wird auf alle eingehenden Sequenzflüsse gewartet.
✳	komplexe Ausführung	Verzweigungs- und Vereinigungsverhalten, das von anderen Schnittstellen nicht erfasst wird.
◎	ereignisgesteuerte Ausführung	Schnittelle, die eintretenden Ereignissen folgt. Der Sequenzfluss wird zu dem Ereignis geleitet, das zuerst eintritt.
◈	exklusive ereignisgesteuerte Ausführung	Sobald eines der nachfolgenden Ereignisse eintritt, wird die Folgeaktion oder der Unterprozess ausgeführt.
⊕	parallele ereignisgesteuerte Startausführung	Erst wenn alle nachfolgenden Ereignisse eintreten, wird die Folgeaktion oder der Unterprozess ausgeführt.

Tabelle 7.9 Unterstützte Schnittstellentypensymbole im SAP Solution Manager

Schnittstelle hinzufügen

Eine Schnittstelle fügen Sie ein, indem Sie das Schnittstellensymbol aus der Palette auf einer Bahn positionieren. Alternativ können Sie eine Schnittstelle ausgehend von einer Aufgabe, einem Prozessschritt oder einem Unterpozess im Diagramm über das grafische Kontextmenü erzeugen. Drücken Sie dazu die linke Maustaste, wenn Sie das Element auf der Arbeitsfläche selektiert haben, von dem die Schnittstelle ausgehen soll.

Um die Schnittstelle zu typisieren, markieren Sie das Schnittstellensymbol im Diagramm und klicken dann auf das Kontextmenüsymbol (🔲). Wählen Sie dort den gewünschten Schnittstellentyp aus, wie in Abbildung 7.43 gezeigt.

Beziehungen zu weiteren Elementen

Ausgehend von einer Schnittstelle können Sie nachfolgende Folgeobjekte erzeugen:

- Prozessschritt (nur in aktiven Prozessen)
- freie Aufgabe/Aktivität
- eine weitere Schnittstelle
- Zwischenereignis

- Endereignis
- Unterprozess
- Textfeld
- Kontrollfluss

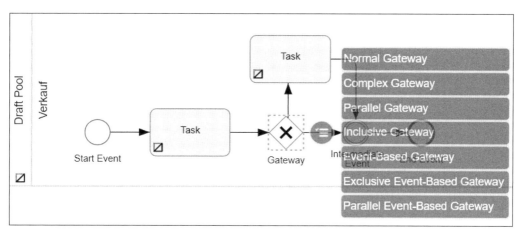

Abbildung 7.43 Eine Schnittstelle typisieren

Zur Definition eines Folgeelements wählen Sie das entsprechende Symbol aus und drücken die linke Maustaste. Die Bedeutung der verschiedenen Symbole enspricht der der Symbole für Folgeobjekte zu Aufgaben; diese sind in Tabelle 7.2 in Abschnitt 7.2, »Aufgaben«, beschrieben. In Abbildung 7.44 wurde beispielsweise eine freie Aufgabe als Folgeobjekt einer Schnittstelle mit exklusiver Ausführung definiert. Von dieser Aufgabe ausgehend wurde wiederum ein Sequenzfluss zum folgenden Zwischenereignis erzeugt.

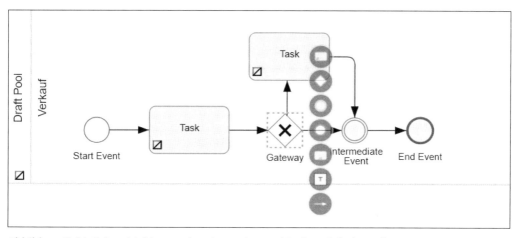

Abbildung 7.44 Folgeobjekt ausgehend von einer exklusiven Schnittstelle erzeugen

7.8   Datenobjekte und Datenspeicher

Datenobjekttypen   Zur Darstellung von Daten innerhalb von Datenflüssen und Ressourcenzugriffen innerhalb einer Bahn oder eines Bereichs werden *Datenobjekte* und *Datenspeicher* verwendet. BPMN 2.0 unterscheidet verschiedene Spezialisierungen von Datenobjekten, von denen die in Tabelle 7.10 aufgeführten Typen im SAP Solution Manager unterstützt werden.

Symbol	Datenobjekttyp	Beschreibung
	normales Datenobjekt	nicht weiter qualifiziertes Datenobjekt
	Kollektion von Daten in einem Datenobjekt	eine Sammlung von Daten
	Dateneingabe	Dateneingabe, manuell oder maschinell
	Datenkollektion als Eingabe	Dateneingabe einer Kollektion von Datenobjekten, manuell oder maschinell
	Datenausgabe/Ergebnis	Ausgabe eines Datenobjekts
	Datenkollektion als Ausgabe/Ergebnis	Ausgabe einer Kollektion von Datenobjekten
	Datenspeicher	Datenspeicher als Ressource für eine Assoziation

Tabelle 7.10 Unterstützte Typen von Datenobjekten und Datenspeicher im SAP Solution Manager

In Abbildung 7.45 sehen Sie, wie die verschiedenen Datenobjekttypen beispielsweise in einem Bereich eines Kollaborationsdiagramms angezeigt werden.

Datenobjekte hinzufügen   Datenobjekte und Datenspeicher können Sie direkt über die Palette im linken Bereich selektieren. Wenn Sie ein Datenobjekt ausgewählt haben, positionieren Sie das Element im Arbeitsbereich auf einer Bahn (siehe Abbildung 7.46).

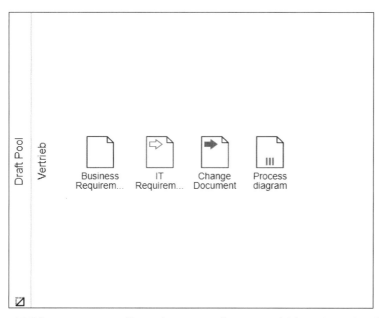

Abbildung 7.45 Darstellung eines normalen Datenobjekts, eines Eingabe-
datenobjekts, eines Ausgabedatenobjekts sowie einer Datenobjektkollektion
(von links nach rechts)

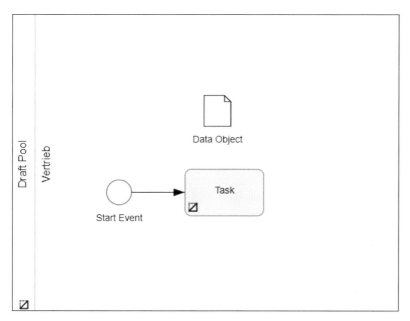

Abbildung 7.46 Datenobjekt in ein Diagramm einfügen

Anschließend können Sie die Datenobjekttypen über das Kontextmenü auswählen, z. B. ob es sich um eine Datenkollektion oder um eine Dateneingabe handelt. Ein Datenobjekt erlaubt stets zwei alternative Objekttypen: Eingabe- und Ausgabedatenobjekt. Ferner kann ein Datenobjekt als Kollektion weiterer Datenobjekte klassifiziert werden. Markieren Sie dazu das Datenobjekt im Diagramm. Wählen Sie entweder das Kontextmenüsymbol (🔘) zur Typisierung als Ein- oder Ausgabeobjekt oder das Kollektionensymbol (🔘) zur Definition einer Datenkollektion (siehe Abbildung 7.47).

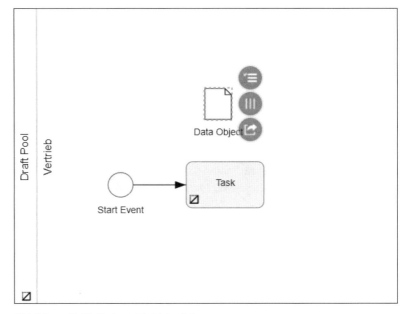

Abbildung 7.47 Datenobjekt typisieren

Datenobjekte ersetzen Datenobjekte können durch andere Datenobjekte ersetzt werden. Dazu markieren Sie das Datenobjekt im Diagramm und klicken auf das Ersetzungssymbol (🔘). Daraufhin werden Ihnen verschiedene Datenobjekte zur Auswahl angeboten.

Wenn Sie weitere Datenobjekte anlegen wollen, verfahren Sie wie bei der Anlage von Rollen oder freien Systemen. Selektieren Sie in der Palette links das Symbol für ein Datenobjekt (🔲). Im Menü des Palettenbereichs sehen Sie die aktuell definierten Datenobjekte. Im Feld **Neu** fügen Sie den Namen Ihres neuen Datenobjekts ein. Klicken Sie auf das Plussymbol, um es hinzuzufügen.

Datenspeicher Im Unterschied zu Datenobjekten gibt es für Datenspeicher nur einen Typ. Datenspeicher können Sie daher nur durch andere Datenspeicher ersetzen und nicht näher klassifizieren (siehe Abbildung 7.48).

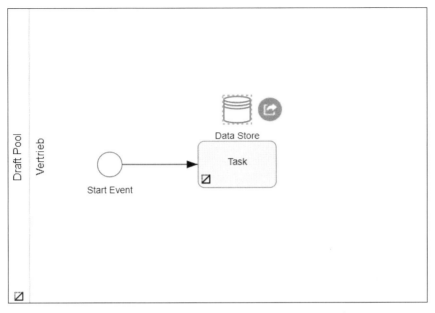

Abbildung 7.48 Datenspeicher durch einen anderen Datenspeicher ersetzen

Wenn Sie weitere Datenspeicher anlegen wollen, verfahren Sie wie bei der Anlage von Rollen oder freien Systemen (siehe folgender Abschnitt). Selektieren Sie in der Palette das Symbol für einen Datenspeicher (⬛). Im Menü der Palette sehen Sie die aktuell definierten Datenspeicher. Fügen Sie im Feld **Neu** den Namen des neuen Datenspeichers ein, und klicken Sie auf das Plussymbol.

Datenspeicher hinzufügen

Ausgehend von einem Datenobjekt oder Datenspeicher können Sie folgende Objekte als Folgeobjekte im Diagramm erzeugen:

Beziehungen zu weiteren Elementen

- Prozessschritt (nur in aktiven Prozessen)
- freie Aufgabe
- Zwischenereignis
- Endereignis
- Unterprozess
- Textfeld
- Kontrollfluss

Das Folgeobjekt wählen Sie über die Symbole aus, die Sie in Abbildung 7.49 sehen. Die Bedeutung der einzelnen Symbole erläutere ich in Tabelle 7.2 in Abschnitt 7.2, »Aufgaben«. Zu Datenobjekten und Datenspeichern werden die gleichen Folgeobjekte angeboten.

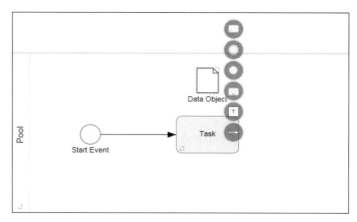

Abbildung 7.49 Folgeobjekte ausgehend von Datenobjekten erzeugen

7.9   Freie Systeme und Rollen

Freien Rollen in Systembahnen

Im SAP Solution Manager 7.2 SP06 besteht zusätzlich zu den bisher beschriebenen BPMN-Elementen die Möglichkeit, *freie Systeme* im Kontext von Rollenbahnen darzustellen. In Systembahnen können analog dazu *freie Rollen* modelliert werden. Freie Rollen und freie Systeme als Elemente der Modellierung erlauben es, Assoziationen zu Aufgaben, Prozessschritten und Unterprozessen unabhängig von den logischen Komponentengruppen zu definieren.

Neben freien Systemen können auch konkrete Systeme vom Typ System zugeordnet werden. Diese Systeme beziehen sich auf logische Komponentengruppen der Lösung.

Freie oder LMDB-basierte Systeme

Die freien Systeme als grafische Elemente sind von *freien Komponenten* im Falle eines Diagramms mit Systembahnen zu unterscheiden. Letztere erlauben die Definition von Systembahnen basierend auf frei definierten Systemen, also Systemen, die unabhängig von der Landscape Management Database (LMDB) existieren.

Abbildung 7.50 zeigt ein Diagramm nach Systemen mit einer Systembahn und einer freien Rolle als Element.

In Abbildung 7.51 sehen Sie ein Diagramm nach Rollen mit einer Rollenbahn, einem freien System (SAP Hybris) und einem LMDB-basierten System vom Typ System (**HYBRIS_LANDCAPE**).

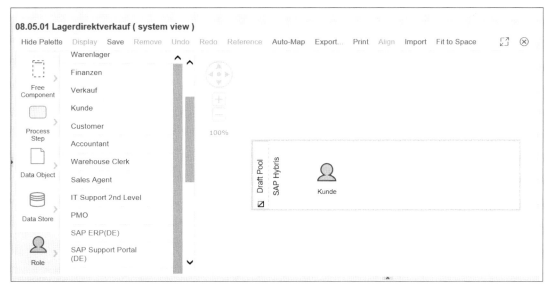

Abbildung 7.50 Systemdiagramm mit einer freien Rolle

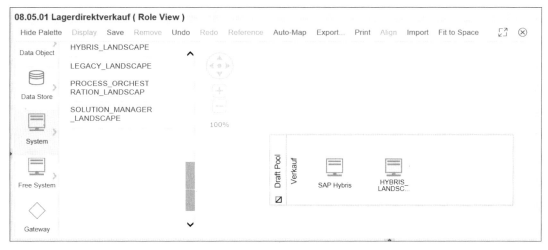

Abbildung 7.51 Rollendiagramm mit freiem und LMDB-basiertem System

Kapitel 8
Lösungsdokumentation von der Anforderung bis zum Betrieb

In diesem Kapitel nehme ich das Anwendungsbeispiel aus Kapitel 2 wieder auf und vertiefe es auf der Grundlage des Wissens, das Sie in den vorangehenden Kapiteln erworben haben.

Wie Sie die Lösungsdokumentation von der Anforderung bis zum Betrieb mithilfe des SAP Solution Managers durchführen können, zeige ich Ihnen in diesem Kapitel. Die Nutzung der Lösungsdokumentation ist dabei ein integraler Bestandteil eines jeden Änderungsprozesses. Dabei ist unwesentlich, ob es sich um einen Änderungsprozess im Kontext von Implementierungsprojekten oder beispielsweise im Kontext von Minor Releases, laufenden Einstellungen oder Fehlerkorrekturen handelt. Im Rahmen dieses Kapitels gehe ich auch darauf ein, welche Rolle die Lösungsdokumentation bei dem Betrieb von Geschäftsprozessen spielen kann.

Die Reihenfolge der folgenden Abschnitte orientiert sich dabei am Prozesslebenszyklus von der Erstellung der Anforderungen im Geschäftsbereich über die Spezifizierung der Anforderungen in der IT-Abteilung, die Entwicklung und das Testmanagement bis hin zum Betrieb. Zur Beschreibung der verschiedenen Phasen sowie der in diesen Phasen verwendeten Modelle und Modellierungsobjekte bediene ich mich wieder des Beispielprozesses zum Lagerverkauf, den Sie bereits aus den vorangehenden Kapiteln kennen. Sie finden in den folgenden Abschnitten außerdem Empfehlungen beispielsweise für die Zuständigkeiten für bestimmte Aufgaben zur Lösungsdokumentation und für das Design.

Ich möchte noch anmerken, dass die in diesem Buch gezeigte, vollständig prozessintegrierte Lösungsdokumentation nicht die einzige Option darstellt, Lösungen zu dokumentieren. Sie nutzt jedoch die besonderen integrativen Fähigkeiten des SAP Solution Managers. Alternativ kann immer eine minimale Dokumentation einiger Kernprozesse im Kontext von Entwicklung, Test und Betrieb von den hier vorgestellten Konzepten und dem Beispiel abgeleitet werden. Auf diesen Aspekt komme ich im letzten Abschnitt dieses Kapitels noch zu sprechen.

8.1   Lösungsdokumentation im Geschäftsbereich

Fachliche Anforderung

Mit der Modellierung von Geschäftsprozessen bereits im Geschäftsbereich, also in den Fachabteilungen zu beginnen, ist ein Weg, um ein modellorientiertes Anforderungsmanagement zu etablieren. Dabei stellt das Modell einen entscheidenden Teil der Dokumentation der fachlichen Anforderung (*Geschäftsanforderung*) dar.

Bei der Modellierung von Prozessen in der Fachabteilung müssen wichtige Aspekte, mit denen wir uns in den vorangehenden Kapiteln dieses Buches beschäftigt haben, wie die Bibliothekskonsistenz ebenso außer Acht gelassen werden können wie IT-Fachbegriffe. Der Aufbau einer konsistenten Prozesshierarchie und Bibliothek ist erst Aufgabe des Lösungsarchitekten in der IT-Abteilung. Während in einer Fachabteilung die Sicht auf den jeweils verantworteten Prozess der Prozesshierarchie relevant ist, wird die IT vor allem am Aufbau der Bibliothek interessiert sein.

Wasserfallmodell oder Lean Management

Ein modellorientiertes Anforderungsmanagement kann unabhängig davon umgesetzt werden, welcher Projektmanagementmethode gefolgt wird, d. h. unabhängig davon, ob beispielsweise ein Wasserfallmodell oder ein Lean-Management-Ansatz umgesetzt wird. Im Falle eines Lean-Management-Ansatzes ist die Modellierungs- bzw. Dokumentationstiefe im Geschäftsbereich geringer als im Falle eines Wasserfallansatzes.

[»]

Wasserfallmodell und Lean Management

Das Wasserfallmodell und das Lean Management sind gängige Methoden des Projektmanagements. Im SAP Solution Manager finden Sie für beide Ansätze Projektvorlagen für das IT-Portfolio- und Projektmanagement (IT-PPM).

Nach dem Wasserfallmodell verlaufen die einzelnen Projektphasen wie Anforderungs-, Design-, Entwicklungs- und Testphase sequenziell, und jede Phase muss formal abgeschlossen werden. Demgegenüber ist ein Projekt beim Lean Management in kurze Sprints unterteilt, innerhalb derer jeweils das Design, die Entwicklung und das Testen ausgearbeitet werden. Das Lean Management verfolgt also einen agilen Entwicklungsansatz.

In SAP-Projekten wird häufig eine Mischform dieser beiden Ansätze angewendet. Das bedeutet, dass es in der Regel umfassende Anforderungs- und Prototyping-Phasen zu Beginn eines Projekts gibt, denen sich dann eine eher in Sprints organisierte Entwicklungsphase anschließt.

Arten von Modellen

Folgende Arten von Modellen und Modellierungsobjekten halte ich für eine Fachabteilung für sinnvoll:

- Die Nutzung des *allgemeinen Diagramms* stellt die geringsten Anforderungen an Modellierungsaufwände für die Fachabteilung und kann von Lösungsarchitekten leicht in bibliothekskonsistente Prozessdiagramme übersetzt werden.

- Das *Kollaborationsdiagramm* erlaubt eine BPMN-konforme (Business Process Model and Notation) Entwurfsmodellierung in der Fachabteilung sowie die Einbindung bereits existierender Prozesse und Prozessschritte der Bibliothek. Darüber hinaus können Kopien bestehender Modelle leicht erweitert werden. Insbesondere die Nutzung freier Bereiche (Pools) erlaubt eine recht einfache, rein grafische Modellierung von Prozessabläufen.

- Wird ein Wasserfallmodell für die Implementierung verfolgt, stellen *funktionale Spezifikationsdokumentenarten* das wesentliche Mittel für eine detaillierte Anforderungsbeschreibung bereit. Im Falle eines Lean-Ansatzes erlauben funktionale Spezifikationsdokumentenarten auch die Erstellung von *User Stories* und kurze *Use-Case*-Beschreibungen. Die Dokumentenarten in Focused Build unterstützen eher den Lean-Entwicklungsansatz.

- Eine *User Story* wird im Lean-Ansatz als Kurzbeschreibung einer Anforderung definiert. Sie ist im SAP Solution Manager im Rahmen der Geschäftsanforderung (Vorgangsart SMBR oder S1BR) verfügbar.

Sofern Sie das Anforderungsmanagement (*Requirements Management*) des SAP Solution Managers nutzen, unterstützen Sie damit den gesamten Anforderungsprozess und den Einsatz des Lean-Modells. Darauf komme ich in Abschnitt 8.1.4, »Prozessgesteuertes Anforderungsmanagement im Geschäftsbereich«, zurück. Die Nutzung dieses SAP-Solution-Manager-Szenarios ist aber keine Voraussetzung für ein modellorientiertes Anforderungsmanagement.

Integration mit Anforderungsmanagement

Die Focused Solution *Focused Build* integriert das Anforderungsmanagement in besonderer Weise als Startschritt eines prozessgesteuerten Implementierungsprozesses. Im Rahmen einer Neuimplementierung z. B. auf Grundlage einer Rapid-Deployment-Lösung besteht die Möglichkeit, vorkonfigurierte Prozesse und Prozessschritte auf Ihre Organisation anzupassen oder Erweiterungen anzufordern. Die gesamte Einheit aller Prozesse kann hier in einem Release getestet und deployt werden.

8.1.1 Einsatz von allgemeinen Diagrammen

Als einfachste Möglichkeit, einen Prozessablauf zu dokumentieren, gilt das allgemeine Diagramm. Um ein solches Diagramm anzufertigen, sind weder

Allgemeines Diagramm

BPMN-Kenntnisse noch Know-how in anspruchsvoller Prozessmodellierung erforderlich. Das allgemeine Diagramm eignet sich vor allem für den Einsatz im Rahmen eines Lean-Implementierungsansatzes. Ziel ist es hier, möglichst schnell in die Zusammenarbeit zwischen Geschäftsbereich und IT einzusteigen. Auf Basis dieser Zusammenarbeit wird ein eher iterativer Dokumentationsprozess nach einer eher kurzen *Discovery-Phase* angestrebt, in der die Anforderungen geprüft werden.

Kommen wir nun auf unser Beispiel des Prozesses **08.05.01 Lagerverkauf** zurück. Hier wird das allgemeine Diagramm z. B. von einem *Business Analyst* oder *Key-User* erstellt und dem Prozess als dynamisches Attribut in der Elementliste zugeordnet. Dabei wird der Zugriff auf die Lösungsdokumentation für den Fachbereich in der Regel auf den einen Prozess begrenzt, für den der Business Analyst oder Key-User verantwortlich ist. Die Sicht auf diesen Prozess kann außerdem nur auf Diagramme und Dokumente eingeschränkt werden (siehe auch Abschnitt 3.5, »Umfänge und Sichten verwenden«).

Abbildung 8.1 zeigt noch einmal unser Beispiel für ein allgemeines Diagramm. Hier wird ein neuer Auftragstyp für einen Eilauftag definiert, der neben dem existierenden Verkaufsauftrag bestehen soll. Das Diagramm zeigt auch, wie der neue Auftragstyp in den bestehenden Prozess eingebettet werden soll.

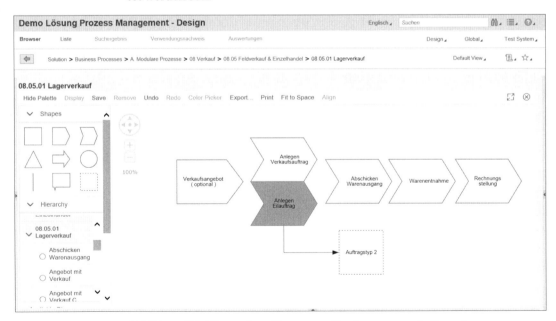

Abbildung 8.1 Allgemeines Diagramm für einen neuen Auftragstyp

Wie die Mitarbeiter in den Fachabteilungen vorgehen, um das allgemeine Diagramm zu erstellen, und welche Modellierungsobjekte ihnen dabei zur Verfügung stehen, habe ich in Abschnitt 6.2.2, »Allgemeine Diagramme«, beschrieben.

Für eine weitere Spezifikation des neuen Auftragstyps gibt es mehrere Möglichkeiten. Sie können entscheiden, welche Vorgehensweise Sie umsetzen:

Weitere fachliche Spezifikation

- Die Anwender können eine User Story erstellen, in der sie die Anforderung noch einmal sprachlich formulieren. Sie wird als Kurztext direkt in der Geschäftsanforderung hinterlegt. Abbildung 8.2 zeigt ein Beispiel für eine kurze User Story zu einer Anforderung mit Verweis auf ein Mock-up als Anhang. Die Abbildung zeigt die Anforderung auf der SAP-Fiori-Oberfläche in Focused Build. Im Standardanforderungsmanagement ist die Hinterlegung solcher Texte ebenfalls möglich.

Abbildung 8.2 Beispiel für eine User Story als Text einer Geschäftsanforderung

- Sie können der Geschäftsanforderung eine erweiterte Dokumentation als Anhang zuordnen. Diese wird von einem Lösungsarchitekten in die funktionale Spezifikation zum Prozess **08.05.01 Lagerverkauf** eingearbeitet.
- Sie können der Anforderung auch eine *Anwendungsfallspezifikation* (Use-Case-Spezifikation) zuordnen. Auch diese kann von einem Lösungsarchitekten in die funktionale Spezifikation zum Prozess **08.05.01 Lagerverkauf** eingearbeitet werden.

Zuweisung als Dokument

In der Lösungsdokumentation ist diese Spezifikation dem allgemeinen Diagramm als dynamisches Attribut in Form eines Dokuments zugewiesen. In Abbildung 8.3 sehen Sie ein Beispiel für eine solche Zuweisung. Ob ein allgemeines Diagramm und dessen Dokumente an den Entwicklungs-Branch freigegeben werden, bleibt solange offen, bis der Lösungsarchitekt die Anforderungsdokumentation in die lebenszyklusrelevante Dokumentation übersetzt hat.

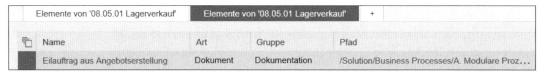

Abbildung 8.3 Eine Dokumentenzuordnung zum allgemeinen Diagramm »08.05.01 Lagerverkauf«

Abbildung 8.4 zeigt, wie eine Anwendungsfallspezifikation alternativ einer Geschäftsanforderung innerhalb des Anforderungsmanagements zugeordnet werden kann. Sie kann aber auch wie gehabt in der Lösungsdokumentation zugeordnet werden.

Abbildung 8.4 Use-Case-Spezifikation als Anhang zu einer Geschäftsanforderung im Anforderungsmanagement

Focused Build stellt außerdem noch die DropDoc-Funktion für die Anhänge zur Anforderung bereit. Zudem bewertet Focused Build die Zuordnung von Dokumentenarten zu Vorgangsarten, was die Bedienung der Anforderungsanwendung durch die Mitarbeiter der Fachabteilungen noch einmal vereinfacht.

Der Diagrammtyp *allgemeines Diagramm* stellt die geringsten Anforderungen an den Ersteller aus dem Fachbereich und kann so den Anforderungsprozess beschleunigen. Ein Kollaborations- oder Prozessdiagramm erlaubt dagegen eine detailliertere Ablaufbeschreibung auf Basis von BPMN-Objekttypen. Was für den Einsatz dieser Diagrammtypen im Geschäftsbereich spricht, diskutiere ich im folgenden Abschnitt.

8.1.2 Einsatz von Kollaborations- oder Prozessdiagrammen

Kollaborationsdiagramme erlauben die Definition von Prozessabläufen mittels BPMN auch bereits zu einem frühen Zeitpunkt des Änderungs- oder Implementierungsprojekts. Sie können beispielsweise auch aus Drittanbieterwerkzeugen importiert werden. Mit den Kollaborationsdiagrammen besteht die Möglichkeit, reine Entwurfsdiagramme unabhängig von Bibliothekelementen zu erstellen. Prozessdiagramme erlauben zwar ebenso wie Kollaborationsdiagramme die Erstellung von Entwürfen mittels freier Aufgaben und Abläufe, schränken das Design jedoch auf einen einzelnen Prozess bzw. eine Prozesskette ein.

Kollaborationsdiagramme

In unserem Beispiel eines neuen Auftragstyps für den Eilverkaufsauftrag kann einfach mit einer Kopie eines bestehenden Prozess- oder Kollaborationsdiagramms für den Standardprozess des Lagerverkaufs gearbeitet werden, da es sich nicht um eine Anforderung an einen prozessübergreifenden Ablauf handelt. Durch den neuen Auftragstyp entsteht in diesem Fall kein neuer Prozess. Sie können also das bestehende Diagramm einfach erweitern, ohne beispielsweise einen neuen Bereich (Pool) ohne Prozessbezug anlegen zu müssen. Die Modellierung ist demnach nicht besonders aufwändig; die Erweiterung des bestehenden Prozessdiagramms erfordert jedoch BPMN-Kenntnisse, die im Fachbereich nicht unbedingt vorhanden sind.

Jeder SAP-Kunde muss letztlich selbst festlegen, für welche Zwecke er Kollaborationsdiagramme und für welche Zwecke er Prozessdiagramme einsetzt. Prozessübergreifende Ablaufdesigns können auch als Prozessdiagramm in Form eines Prozesskettendiagramms realisiert werden. Als Stärke eines Kollaborationsdiagramms ist allerdings die Integration von Black-Box-Bereichen sowie die explizite Darstellung multipler Prozesse und des Informationsflusses zwischen verschiedenen Bereichen aktiver Prozesse zu nennen. Eine Prozesskette der Prozesshierarchie, z. B. die Prozesskette **Auftrag zu Rechnungsabschluss**, lässt sich sowohl über miteinander verbundene aktive Prozesse innerhalb eines Kollaborationsdiagramms als auch als Prozessdiagramm eines Prozesses modellieren.

Prozessdiagramme

Ein anderer Vorteil der Kollaborationsdiagramme bei umfassenden Neuimplementierungen ist die Möglichkeit, reine, bibliotheksunabhängige Entwurfsbereiche (Pools) zu nutzen. Zum Zeitpunkt der Anforderungsmodellierung im Geschäftsbereich muss so noch keine Entscheidung über die Verwendung von Bibliothekselementen getroffen werden. Unter Umständen existiert zu diesem Zeitpunkt auch noch keine Hierarchie des modularen Prozesses in der Lösungsdokumentation. In diesem Fall ist die Ablage in einer Prozesskettenmappe naheliegend. Die Erweiterung der Prozesshierarchie ist dann Aufgabe eines Lösungsarchitekten.

Genau wie bei allgemeinen Diagrammen kann ein Mitarbeiter des Fachbereichs, z. B. ein Business Analyst, auch zu einem existierenden Kollaborations- oder Prozessdiagramm eine User Story und ein Mock-up zu der Anforderung pflegen oder ein Anwendungsfalldokument als dynamisches Attribut zuordnen.

Rollen- oder Systembahnen

Noch zu klären ist die Frage, ob das Kollaborations- oder Prozessdiagramm mit Rollen- oder Systembahnen erstellt werden sollte. In der Regel werden die Fachbereiche ein rollenbasiertes Diagramm für die Dokumentation bevorzugen. Sie wissen anders als die IT-Fachkräfte genau, welche Rollen bzw. Personen oder Organisationseinheiten an einem Prozess beteiligt sind und welche Aufgaben diese innerhalb eines Prozesses haben. Systemsichten sind dagegen fast ausschließlich für die IT relevant.

In Abbildung 8.5 sehen Sie noch einmal unser Prozessdiagramm des Prozesses **08.05.01 Lagerverkauf**, das um den alternativen Auftragstyp **Anlegen Eilauftrag** erweitert wurde. Hier wurde die Darstellung mit Rollenbahnen gewählt. In diesem Diagramm ist daher nicht sichtbar, dass die Angebotserstellung über SAP Hybris und das Anlegen des Eilverkaufs- bzw. Verkaufsauftrags in einem ERP-System erfolgt.

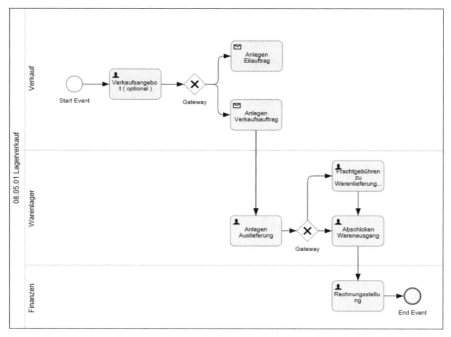

Abbildung 8.5 Um den neuen Aufgabentyp »Anlegen Eilverkaufsauftrag« erweitertes Prozessdiagramm

Ein entsprechendes Systemdiagramm, das dieses Zusammenspiel sowie die Schnittstellen abbildet, müsste nun in der Folge von einem Lösungsarchitekten bzw. einem Administrator erstellt werden.

8.1.3   Funktionale Spezifikation

Wird eher ein Lean-Ansatz bei der Erstellung der Anforderungen verfolgt, wird auf eine detaillierte funktionale Spezifikation vor der Weiterleitung einer Anforderung an die IT verzichtet. Eine kurze User Story, die als freier Text erstellt wird, und ein Entwurf des Prozessablaufs, ein Mock-up, werden als ausreichend erachtet, um die Anforderung vom Geschäftsbereich bestätigen zu lassen und in den Austausch mit dem Lösungsarchitekten einzusteigen. Die detaillierte funktionale Spezifikation ist dann erst Bestandteil einer in Sprints organisierten Design- und Build-Phase. Verfolgen Sie eher ein striktes Wasserfallmodell, wird eine detailliertere funktionale Spezifikation bereits *vor* der Übergabe der Anforderung an die IT erstellt und zusammen mit der Geschäftsanforderung übergeben.

In unserem Beispiel des Eilverkaufsauftrags bedeutet dies, dass eine bestehende funktionale Spezifikation, nämlich die des Prozesses **08.05.01 Lagerverkauf**, um den neuen Auftragstyp erweitert werden muss. Alternativ müsste ein neuer Prozessschritt erstellt werden, der durch die IT-Fachkräfte in Form einer umfassenden funktionalen Spezifikation erneut dokumentiert wird. Damit wird allerdings schon zu einem sehr frühen Zeitpunkt der Ablageort lebenszyklusrelevanter Dokumente festgelegt. Ob aber überhaupt ein neuer Prozessschritt in der Bibliothek oder eine neue Referenz auf das existierende Prozessschrittelement Sinn macht, sollte nicht im Fachbereich festgelegt werden.

Bestehende Spezifikation erweitern

Weniger sinnvoll ist es auch, die bestehende Spezifikation des bereits existierenden Prozessschrittoriginals für den Standardverkaufsauftrag um die neue Anforderung zu erweitern, also zu ändern. Durch die Referenzfunktion der Lösungsdokumentation kann auf diese Weise eine Modifikation eines bestehenden Prozessschritts zahlreiche unerwünschte Referenzen erzeugen. Die Entscheidung darüber, ob die Neuanforderung durch einen neuen Prozessschritt abgebildet werden muss oder durch eine Referenz auf einen existierenden Prozessschritt bzw. durch eine bestehende Prozessschrittreferenz realisiert werden kann, erfolgt erst im IT-Design. Die fachliche Spezifikation der Fachabteilung muss in jedem Fall ausreichen, damit eine Genehmigung im Geschäftsbereich und eine Aufwandsabschätzung durch die IT erfolgen kann.

Vorlagen für funktionale Spezifikationen

Vorlagen für funktionale Spezifikationen werden sowohl mit der Standardauslieferung des SAP Solution Managers als auch mit Focused Build ausgeliefert. Dabei werden im Standard und in der Focused Solution jeweils unterschiedliche Schwerpunkte gesetzt. Im Standard existiert eine Dokumentenart für Geschäftsprozessdokumentationen, der Typ OSAP_40. Diesen können Sie auch als Vorlage verwenden, wenn Sie eine funktionale Spezifikation im Rahmen eines Wasserfallmodells bereits in der Fachabteilung anlegen wollen. In Focused Build existiert analog dazu eine Dokumentenart für die funktionale Spezifikation, der Typ CORP_23, den Sie kopieren und an Ihre Bedürfnisse anpassen können.

8.1.4   Prozessgesteuertes Anforderungsmanagement im Geschäftsbereich

Neben der Dokumentation der Anforderung empfehle ich, auch den Prozess des Anforderungsmanagements zu steuern. Dazu ist eine Integration der Lösungsdokumentation mit dem Anforderungsmanagement des SAP Solution Managers möglich. So können Sie eine Geschäftsanforderung als Vorgang im Anforderungsmanagement direkt aus der Lösungsdokumentation heraus erzeugen, auch wenn die Änderungskontrolle für den Design-Branch nicht aktiv ist. Im Anforderungsmanagement wiederum wird diese Geschäftsanforderung mit der Lösungsdokumentation verlinkt (siehe Abbildung 8.6).

Abbildung 8.6 Zuordnung der Lösungsdokumentation in einer Geschäftsanforderung im Anforderungsmanagement

Geschäftsanforderung anlegen

Um eine Geschäftsanforderung in der Lösungsdokumentation anzulegen, klicken Sie auf den Link zur Transaktion **Geschäftsanforderungen** und erzeugen anschließend eine neue Anforderung. Falls der Design-Branch durch das Change Control Management verwaltet und geändert wird, sehen Sie Ihre Geschäftsanforderung im oberen rechten Bereich der generischen Elemente der Lösungsdokumentation. Jede Ihrer Änderungen in der Geschäftsanforderung wird als Referenz in die Lösungsdokumentation aufgenommen.

Falls die Änderungen an den Elementen des Design-Branches nicht durch das Change Control Management kontrolliert werden, wird Ihnen die Geschäftsanforderungsreferenz wie in Abbildung 8.7 in den statischen Attributen unter **Related Documents** angezeigt. Im gezeigten Beispiel wird die Geschäftsanforderung als **Requirement** bezeichnet.

Abbildung 8.7 Geschäftsanforderung, die in der Lösungsdokumentation angelegt wurde

Nachdem Sie die Geschäftsanforderung erzeugt haben, können Sie ihr weitere Referenzen auf Elemente der Lösungsdokumentation wie Dokumente hinzufügen. Wird der Lean-Ansatz verfolgt, sind beispielsweise User Stories typische Anhänge einer Geschäftsanforderung, die weitere Informationen für die Freigabe an die IT-Abteilung bereitstellen.

Generell deckt das Anforderungsmanagement im SAP Solution Manager alle Schritte des Anforderungsprozesses von der Genehmigung einer Anforderung innerhalb des Geschäftsbereichs bis hin zu ihrer Übergabe an die IT ab. Auch Rückmeldungen, nachdem eine Anforderung nach dem finalen Deployment bereitgestellt wurde, können hier verarbeitet werden.

Für das Anforderungsmanagement in Focused Build gibt es abweichende Vorgangsarten. Im Standardanforderungsmanagement wird die Vorgangsart SMBR und in Focused Build die Vorgangsart S1BR für eine Geschäftsanforderung verwendet. Sollen diese in die Lösungsdokumentation integriert werden, müssen Sie sie während des Setups über eine Erweiterungsaktivierung für die Lösungsdokumentation aktiv schalten.

Anforderungsmanagement in Focused Build

Sowohl im Standardanforderungsmanagement als auch in Focused Build wird in den verschiedenen Phasen auf den Kontext der Lösungsdokumentation Bezug genommen. Innerhalb des Anforderungsprozesses werden

Statusschema im Standard

nacheinander verschiedene Status durchlaufen. Für eine Geschäftsanforderung wird im Standard folgendes Statusschema ausgeliefert:

1. Definieren
2. Zur Überprüfung eingereicht
3. Prüfen
4. An IT übergeben
5. Abgelehnt
6. Zurückgestellt
7. Von IT genehmigt
8. Von IT abgelehnt
9. Von IT zurückgestellt
10. Zugesagt
11. Implementiert
12. Abgeschlossen

Im Standard wird eine Geschäftsanforderung im CRM Web UI bearbeitet (siehe Abbildung 8.8).

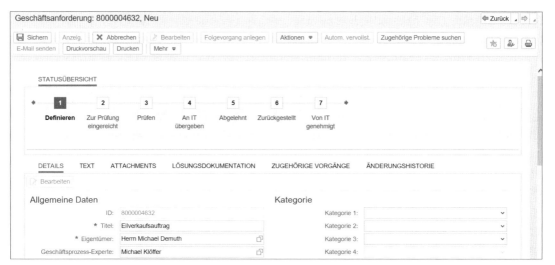

Abbildung 8.8 Status einer Geschäftsanforderung im Standardanforderungsmanagement

Statusschema in Focused Build

Folgendes Statusschema wird in Focused Build ausgeliefert:

1. Entwurf
2. Zu genehmigen
3. Genehmigt

4. Wird realisiert

5. Realisierung fertig gestellt

6. Produktiv

7. Abgelehnt

In Focused Bild wird die Anforderung über eine SAP-Fiori-Oberfläche bearbeitet. Die Status werden hier nach der Durchführung entsprechender Aktionen in der nachfolgenden Vorgangsart, dem Workpackage, durch die IT geändert. Sie finden die im aktuellen Status zur Auswahl stehenden Aktionen jeweils unten rechts im Menü **Action** (siehe Abbildung 8.9).

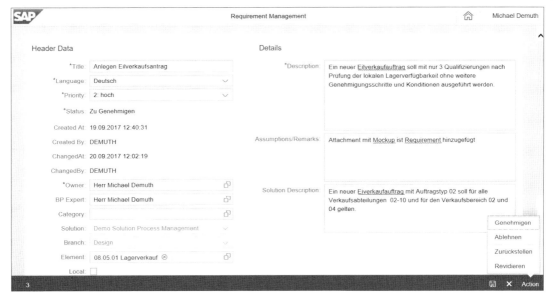

Abbildung 8.9 Anforderungsmanagementoberfläche in Focused Build

Bei beiden Vorgangsarten, SMBR und S1BR, werden die Lösungsdokumentationsreferenz sowie die Anhänge und Texte der Geschäftsanforderung in einen Folgevorgang kopiert. Im Falle der Standardlösung ist dies die IT-Anforderung, bei Focused Build das Workpackage. Nach der Übergabe einer Geschäftsanforderung an die IT-Abteilung existiert daher eine neue Vorgangsart für die IT-Anforderung bzw. das Workpackage. Diese befindet sich zunächst im Status **Anlegen** und verweist ebenso auf die Geschäftsanforderung wie auf die Lösungsdokumentation, die in der Geschäftsanforderung referenziert wurde.

Die Vorgangsart für die IT-Anforderung im Standard ist SMIR, für das Workpackage in Focused Build S1IT. Zu beachten ist, dass Focused Build drei Varianten von Workpackages bereithält, die ich hier nicht weiter ausführe.

Mehrere Anforderungen und Workpackages

In Focused Build besteht des Weiteren die Möglichkeit, für die Kardinalität der Beziehung zwischen Geschäftsanforderung und Workpackage den Wert »n:m« zu definieren. Zu einer Anforderung können so n Workpackages entstehen, umgekehrt kann es zu einem Workpackage auch n Anforderungen geben. In diesem Fall werden die Workpackages zu freigegebenen Geschäftsanforderungen über eine Massenpflegetransaktion generiert.

8.2   Lösungsdokumentation im Rahmen des IT-Designs

Anforderungen in
Prozesshierarchie
und Bibliothek
So wie ein fachlicher Analyst eine funktionale Anforderung in den Kontext einer aktuellen Lösung stellt, wird ein Lösungsarchitekt neue Geschäftsanforderungen in die bestehende Prozesshierarchie und Bibliothek integrieren. Dabei arbeiten Lösungsarchitekten eher nach dem Bottom-up-Prinzip; sie nehmen damit eine mögliche Re-Modellierung der Anforderungen aus dem Geschäftsbereich in Kauf.

Ein Lösungsarchitekt muss beispielsweise entscheiden, ob eine Erweiterung von Prozessschritten, Schnittstellen und ausführbaren Einheiten erforderlich wird oder ob neue Elemente hinzugefügt werden sollten. Darüber hinaus muss ein Lösungsarchitekt den Einfluss der Änderungsanforderung auf bestehende Implementierungen abschätzen. Zudem muss er mögliche Voraussetzungen und Aufwände innerhalb der IT zur Erfüllung der Anforderungen prüfen.

8.2.1   IT-Design der Prozesse, Prozessflüsse und Prozessschritte

Auswirkung
auf bestehende
Elemente
Der Eingang neuer Geschäftsanforderungen bedeutet, dass der Lösungsarchitekt die Zuordnung und Auswirkung auf Prozesse, Prozessketten, Bibliothekselemente und zugeordnete Elemente wie Diagramme, Dokumente und Testfälle bis hin zu Alerts und Analysen bewerten muss. Daneben besteht die Notwendigkeit, die neuen Anforderungen daraufhin zu untersuchen, ob die neue Funktionalität besser mit bestehenden Bibliothekselementen abgebildet werden kann oder ob neue Bibliothekselemente hinzugefügt werden müssen.

In unserem Beispiel der neuen Auftragsart konnten die Mitarbeiter des Geschäftsbereichs ihre Anforderung recht einfach dem modularen Prozess **08.05.01 Lagerverkauf** des Szenarios **08.05 Feldverkauf & Einzelhandel** zuordnen, da sie wissen, dass dieser Prozess um die neue, optionale Auftragsart erweitert werden soll. Der Lösungsarchitekt muss diese Vorauswahl nun entweder bestätigen oder die Anforderung neu zuordnen. Wenn man davon ausgeht, dass die Vorauswahl von einem Prozessverantwortlichen bzw. Business Analyst erstellt wurde, sollte die Zuordnung von Dokumenten und Diagrammen zu einem Prozess in der Regel immer stimmig sein.

Für die durch den Business Analyst in einem allgemeinen Diagramm oder einem Kollaborationsdiagramm neu modellierte freie Aufgabe **Eilverkaufsauftrag** kann der Lösungsarchitekt nun entweder als eine Referenz auf den bestehenden Prozessschritt **Anlegen Verkaufsauftrag** der Bibliothek anlegen oder den Originalprozessschritt funktional erweitern. Daneben kann er sich entscheiden, einen neuen Prozessschritt **Eilverkaufsauftrag** in der Bibliothek anzulegen und diesen als Prozessschrittreferenz zum modularen Prozess **08.05.01 Lagerverkauf** hinzuzufügen.

Zusammengefasst hat der Lösungsarchitekt also folgende drei Designmöglichkeiten für Prozessschritte:

Designmöglichkeiten für Prozessschritte

- Der Lösungsarchitekt kann den Originalprozessschritt **Anlegen Verkaufsauftrag** in der Bibliothek funktional erweitern. Dazu werden unter anderem die statischen Attribute des Prozessschritts angepasst, wie in Abbildung 8.10 gezeigt. Neben den statischen Attributen müssen die Elemente der Elementliste wie funktionale und technische Spezifikation sowie Testfälle angepasst werden, sofern diese im Prozessschrittoriginal abgebildet sind.

Abbildung 8.10 Erweiterung des Prozessschrittoriginals »Anlegen Verkaufsauftrag« in der Prozessschrittbibliothek

- Eine weitere Option wäre, den Prozessschritt **Anlegen Verkaufsauftrag** als Referenz in der Prozesshierarchie funktional zu erweitern (siehe Abbildung 8.11) oder eine neue Referenz auf den gleichen Originalprozessschritt anzulegen. Im ersten Fall besteht die Notwendigkeit, die funktionale und technische Spezifikation, Testfälle und evtl. Alerts und Analysen anzupassen, sofern sich diese auf einen Auftragstyp beziehen. Im Falle einer neuen Referenz müssen Dokumente und Testfälle neu erzeugt werden.

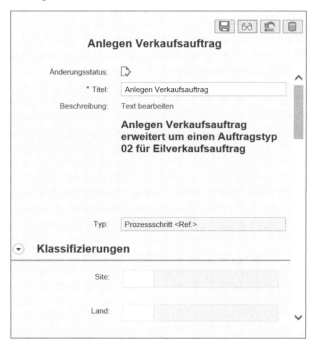

Abbildung 8.11 Erweiterung der Semantik des Prozessschritts »Anlegen Verkaufsauftrag« in der Referenz, ohne eine neue Prozessschrittreferenz anzulegen

- Die dritte Möglichkeit besteht darin, den Prozessschritt **Anlegen Eilverkaufsauftrag** neu in der Bibliothek anzulegen und im Prozess **08.05.01 Lagerverkauf** auf diesen neuen Prozessschritt zu referenzieren. Dabei muss der Lösungsarchitekt entscheiden, welche Dokumente auf Ebene des Originals und welche Dokumentationen auf Ebene der Referenz erzeugt werden.

Erweiterung, Anpassung oder neuer Prozessschritt

Eine Erweiterung auf Ebene der Prozessschrittreferenz setzt voraus, dass die neue Funktionalität Eilverkaufsauftrag *ausschließlich* in dem Prozess **08.05.01 Lagerverkauf** relevant bleiben wird, da ansonsten Redundanzen vorprogrammiert sind. Sollte das Prozessschrittoriginal **Anlegen Verkaufs-**

auftrag allerdings mehrfach verwendet werden und sollte die funktionale Erweiterung auch für andere Prozesse relevant sein, bedeutet dies, dass für eine Anpassung auf Referenzebene auch eine Anpassung weiterer Prozessstrukturen und der darin enthaltenen Elemente notwendig wird.

Bevor Sie eine Erweiterung des Prozessschritts **Anlegen Verkaufsauftrag** im Original vornehmen, sollten Sie allerdings mögliche unerwünschte Auswirkungen auf andere Verwender, also andere Prozesse, in denen der Prozessschritt **Anlegen Verkaufsauftrag** referenziert wurde, untersuchen. Diese Vorgehensweise hat jedoch den Vorteil, dass bestehende Diagramme und Prozesshierarchien nicht angepasst werden müssen.

Wenn Sie einen neuen Prozessschritt in der Bibliothek anlegen, wird dieser in dem Prozess **08.05.01 Lagerverkauf** referenziert. Sollte die neue Funktionalität des Eilverkaufsauftrags nur für diesen Prozess relevant sein, beschränkt sich der Anpassungsaufwand auf die Dokumentation des neuen Prozessschrittoriginals, der Prozessschrittreferenz und einiger Prozesselemente, z. B. eines Diagramms.

Wird an verschiedenen Stellen auf die neue Funktionalität verwiesen, sollten Sie untersuchen, welche modularen Prozesse und Prozessketten durch den neuen Prozessschritt eine Erweiterung der Prozessstruktur sowie der Diagramme und evtl. weiterer Elemente wie Dokumenten, Testfällen und Alerts bzw. Analysen erzwingen oder sinnvoll erscheinen lassen.

Verwendungen prüfen

Für die Anlage eines explizit neuen Schritts spricht im Falle des Einsatzes von Focused Build, dass für einen neuen Prozessschritt eine einfachere Testsequenzgenerierung mithilfe eines Diagramms angeboten wird. Außerdem können für einen neuen Prozessschritt eine eigene Transaktion mit technischer Stückliste (Technical Bill of Materials, TBOM), ein eigener Testfall und ein eigener Alert existieren. Letzteres bedeutet aber auch einen größeren Aufwand durch die feinere Granularität.

Verwenden Sie den existierenden Prozessschritt, hier **Anlegen Verkaufsauftrag**, wieder, können Sie eine neue Prozessvariante für den Prozess **08.05.01 Lagerverkauf** anlegen. Der Prozessvariante können dann ein eigener Testfall, eine eigene Transaktion mit TBOM und ein eigenes Prozessdiagramm zugeordnet werden.

Die Ausführung eines Verwendungsnachweises für den Prozessschritt **Anlegen Verkaufsauftrag** zeigt Ihnen alle aktuellen Verwendungen, d. h. die Referenzen auf diesen Prozessschritt, in Prozessen der Lösung (siehe Abbildung 8.12). Die Funktion des Verwendungsnachweises habe ich in Abschnitt 5.9, »Verwendungsnachweis für Bibliothekselemente«, beschrieben.

Verwendungsnachweis

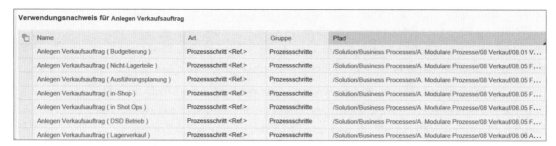

Abbildung 8.12 Verwendungsnachweis für den Originalprozessschritt »Anlegen Verkaufsauftrag«

Anhand des Verwendungsnachweises in Abbildung 8.12 wird ersichtlich, wie der Prozessschritt **Anlegen Verkaufsauftrag** in der aktuellen Lösung verwendet wird.

Im hier beschriebenen Fall ist sowohl eine Erweiterung des existierenden Prozessschritts in der Bibliothek als auch die Erzeugung eines neuen Prozessschrittoriginals möglich. Beide Varianten sind mit fast dem gleichem Entwicklungsaufwand zu bewerkstelligen, sofern die neue Funktionalität für beide Prozessverwendungen relevant ist und auf jeden Fall je ein neuer Referenzprozessschritt erzeugt wird.

Erweiterung der Prozesshierarchie

Bei einem neuen Prozessschritt – ob Original oder Verwendung – besteht der Mehraufwand stets in der Erweiterung der Prozesshierarchie inklusive der Erweiterung der Diagramme und der Prozessdokumentationen.

Möglichkeiten für Prozessdesign

Zusammengefasst hat der Lösungsarchitekt also drei Möglichkeiten für das Prozessdesign:

- Integration des neuen Prozessflusses in den Hauptprozess und Erweiterung der bestehenden Elemente wie Prozessschritt, Diagramme, Dokumente, Testfälle, Alerts und Analysen (siehe Abbildung 8.13)

- Erzeugen einer Prozessvariante zum Hauptprozess mit Zuordnung neuer Elemente wie einer Transaktion mit TBOM, Diagrammen, Testfällen und Dokumenten der Prozessvariante (siehe Abbildung 8.14). Vorab wird ein neuer Prozessschritt eingebunden.

- Erweiterung des bestehenden Prozessschritts mit Dokumenten, Diagrammen, Testfällen und Alerts bzw. Analysen. In Diagrammen wird der neue Eilverkaufsauftrag dann nicht als eigener Prozessschritt dargestellt.

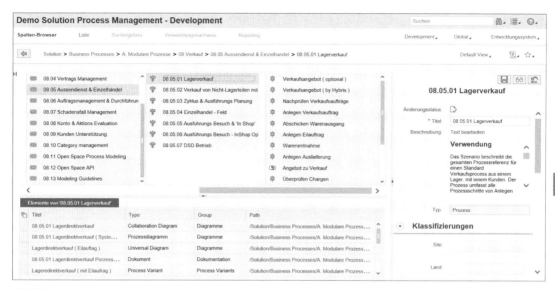

Abbildung 8.13 Hauptprozess »08.05.01 Lagerverkauf« mit einem Kollaborationsdiagramm, einem Prozessdiagramm für den Betrieb, einer Prozessdokumentation und einem neuen Prozessschritt »Anlegen Eilauftrag«

Die Anpassung bzw. Neuerstellung der funktionalen und technischen Spezifikation sowie die Erweiterung bzw. Anpassung der Testfälle und Alerts bzw. Analysen ist in jedem Fall relevant. Sie ist also unabhängig davon, ob Sie sich für einen neuen Prozessschritt in der Bibliothek bzw. in der Referenz oder für die Erweiterung eines existierenden Prozessschritts entscheiden.

Anpassung bzw. Erweiterung der Dokumente

Abbildung 8.14 Prozessvariante mit eigenem Diagramm und eigener Prozessdokumentation

8.2.2   IT-Design der Schnittstellen

In unserem Beispielprozess **08.05.01 Lagerverkauf** wird der Verkaufsauftrag in einem ERP-System wie SAP ERP oder SAP S/4HANA infolge eines Angebots erstellt, das in einem SAP-Hybris-System erstellt wird. Ich vernachlässige in meinem Beispiel, dass eine Angebotserstellung auch in das ERP-System repliziert wird. Die Schnittstellen für den Datenaustausch zwischen diesen beiden Systemen wurden für den bestehenden Prozess bereits in der Lösungsdokumentation dokumentiert. Für die Umstellung auf einen neuen Verkaufsauftragstyp, den Eilverkaufsauftrag, muss nun zumindest die Outbound-Schnittstelle auf Seiten des SAP-Hybris-Systems angepasst werden. Dies ist nötig, weil der in der Fachabteilung modellierte Prozessablauf vorsieht, dass der Anwender des SAP-Hybris-Systems im Prozessschritt **Angebotsbestätigung** entscheidet, ob ein Standardverkaufsauftrag oder ein Eilverkaufsauftrag erzeugt wird.

Schnittstellen-
diagramm

Der Eilverkaufsauftrag soll kein unabhängiger Prozess sein, sondern ist als Option definiert ist. Deshalb wird der Lösungsarchitekt auch eine Anpassung des bestehenden Schnittstellendiagramms sowie des Kollaborations- oder Prozessdiagramms mit Systembahnen vornehmen müssen und darin die erweiterte Schnittstelle spezifizieren. Um den reibungslosen Betrieb dieses Geschäftsprozesses zu ermöglichen, muss er analysieren, ob die Alert-Konfigurationen, das Prozessdiagramm mit Systembahnen und ein Schnittstellendiagramm erweitert werden sollen.

Alert- und Analysen-
konfigurationen

Werden die Alert- und Analysenkonfigurationen für den Geschäftsprozessbetrieb erst im Betriebs-Branch erstellt, sollte eine Erweiterung der Monitoring-Spezifikation oder eine Monitoring-Anforderung (Vorgangsart SMOR) mit analogem Inhalt erfasst werden. Die Monitoring-Anforderung verweist auf ähnliche Weise wie für die Geschäftsanforderung in Abschnitt 8.1.4, »Prozessgesteuertes Anforderungsmanagement im Geschäftsbereich«, beschrieben auf die Lösungsdokumentation.

8.2.3   Aufbau einer aktiven Bibliothek

In unserem Beispiel gehen wir davon aus, dass die Prozesshierarchie und eine Elementbibliothek sukzessive auf Basis der Anforderungen aus dem Geschäftsbereich erstellt und nach einem ersten Grundaufbau erweitert werden. Es gibt also bereits eine existierende Prozesshierarchie und eine Bibliothek, die aktuelle operative Prozesse abbilden.

Ausgangsbibliothek
erzeugen

Haben Sie jedoch noch keine Lösungsdokumentation und keine Bibliothek im SAP Solution Manager aufgebaut, haben Sie die folgenden Möglichkeiten, eine umfassende Ausgangsbibliothek zu erzeugen:

- **Migration der Lösungsdokumentation aus dem SAP Solution Manager 7.1**
  Sofern Sie bereits die Lösungsdokumentation im SAP Solution Manager 7.1 verwendet haben, können Sie diese Inhalte in den SAP Solution Manager 7.2 importieren und auf die neue Lösungsdokumentation migrieren. Dazu können Sie die Importfunktion für Lösungsdokumentationsinhalte verwenden, die ich in Abschnitt 3.1, »Lösungen und ihre Dokumentation«, beschrieben habe. Im Falle eines Upgrades vom SAP Solution Manager 7.1 auf Release 7.2 durchlaufen Sie den Migrationsprozess in jedem Fall.

- **Import der Bibliothek aus externen Werkzeugen**
  Haben Sie bereits eine umfassende Prozesshierarchie in ARIS oder im SAP PowerDesigner angelegt oder existieren diese in Signavio, können Sie auch diese Inhalte in den SAP Solution Manager importieren. Ich empfehle Ihnen, den Import stets in einem eigenen Branch durchzuführen, den ich in unserem Beispiel IMPORT genannt habe. Nachträgliche Änderungen können Sie dann ebenfalls über den Import-Branch projektbezogen importieren und an andere Branches freigeben.

- **Import der Modelle aus externen Werkzeugen**
  Sie können auch eine erste Modellierung von Anforderungen bzw. Prozessen in Drittanbieterwerkzeugen wie ARIS oder Signavio bzw. in externen Werkzeugen wie dem SAP PowerDesigner durchführen. Dazu müssen diese Werkzeuge in Ihrem Unternehmen bereits eingeführt sein und als führendes Modellierungswerkzeug verwendet werden. Anschließend müssen Sie die Modellierung dann in die Lösungsdokumentation des SAP Solution Managers übertragen. Dafür bieten die Hersteller der externen Werkzeuge Schnittstellen an.

- **Anpassung der SAP Best Practices, Modellfirmen und Building Blocks**
  Die von SAP über den SAP Solution Manager bereitgestellten Best-Practices-Bibliotheken, Modellfirmen oder Rapid-Deployment-Lösungen können Sie als Ausgangspunkt nutzen. Dazu können Sie die vorkonfigurierten Elemente importieren und in Ihre Lösungsdokumentation einbinden (siehe ebenfalls Abschnitt 3.1).

- **Abbildung der produktiven Systeme**
  Sind Ihre Systeme bereits produktiv, können Sie nachträglich eine Lösungsdokumentation für die ausführbaren Einheiten und Entwicklungselemente erzeugen. Das Bibliothekengenerierungs-Cockpit erzeugt zu jeder ausführbaren Einheit einen Bibliothekseintrag, auf dessen Grundlage Sie einen Prozessschritt in der Bibliothek angelegen können. Analog wird, wie in Kapitel 5, »Bibliotheken«, bereits beschrieben, auch

die Entwicklungsbibliothek generiert. Das Design von modularen Prozessen und Prozessketten erfolgt anschließend manuell im SAP Solution Manager oder in externen Werkzeugen, die ihre Daten mit dem SAP Solution Manager austauschen können. Sie können sich dabei auch an einer Best-Practices-Lösung orientieren.

- **Manueller Aufbau der Bibliothek**
  Nicht unerwähnt bleiben soll die Möglichkeit des manuellen und systematischen Bottom-up-Aufbaus einer Bibliothek sowie einer Prozesshierarchie, wie sie in Kapitel 5 beschrieben wurde.

Der Aufbau der Prozesshierarchie und der Bibliotheken ist in der Regel eine Aufgabe, die in der IT-Abteilung ausgeführt wird.

8.2.4   Definition von Regeln für die Dokumentation

Dokumentations-standards
Jede Firma hat ihre Standards für die Dokumentation ihrer IT-Lösung. Diese können individuell erarbeitet oder auf Basis allgemeiner Standards wie Capability Maturity Model Integration (CMMI) festgelegt werden. Nachdem definiert wurde, welche Dokumentenarten in der Lösungsdokumentation verwendet werden sollten und Vorlagen und Statusschemata für diese Dokumente erstellt wurden, muss festgelegt werden, wo welche Dokumente abgelegt werden. Außerdem muss geregelt werden, ob ein Dokument oder mehrere Dokumente eines Typs abgelegt werden sollen und ob mindestens ein Dokument eines Typs vorhanden sein muss.

Qualitäts-management
Wurde definiert, dass bestimmte Dokumente für bestimmte Elemente der Lösungsdokumentation verpflichtend sind, kann die Vollständigkeit der Lösungsdokumentation mithilfe der Vollständigkeit-Reports überprüft werden, die ich in Abschnitt 6.4, »Vollständigkeits-Reporting für die Dokumentation«, vorgestellt habe. Diese Aufgabe kann beispielsweise von einem *Qualitätsmanager* überprüft werden. Abbildung 8.15 zeigt einen Ausschnitt der Ergebnisliste eines Vollständigkeits-Reports.

Lageredirektauftrag-Eilauftrag...	Dokument	Dokumentation	In Bearbeitung	((BPD) Business Process Descri...	/Solution/Business Processes/...	Lageredirektverkauf (mit Eilauf...
Feld Verkauf und Einzelhandel	Dokument	Dokumentation	In Bearbeitung	(TM) Training Material	/Solution/Business Processes/...	08.05 Aussendienst & Einzelha...
Lagerdirektverkauf Prozess Do...	Dokument	Dokumentation	In Bearbeitung	((BPD) Business Process Descri...	/Solution/Business Processes/...	08.05 Aussendienst & Einzelha...

Abbildung 8.15 Ergebnisliste des Vollständigkeits-Reports

Focused Build stellt zusätzlich zu den Vollständigkeits-Reports das Lösungsbereitschafts-Dashboard zur Verfügung, für das Sie ebenfalls in Abschnitt 6.4 ein Beispiel finden. Damit können Sie den Stand der Dokumentation zu jedem Zeitpunkt eines Projekts entlang von Meilensteinen, Quality Gates, Waves und Sprints auswerten.

Kommen wir auf unser Beispiel zur Dokumentation des Lagerverkaufsprozesses zurück. Hier kann der Lösungsarchitekt beispielsweise definieren, dass eine Prozessdokumentation auf Ebene eines Prozesses bzw. einer Prozesskette obligatorisch ist. Des Weiteren ist für einen Prozess die Zuweisung einer funktionalen Spezifikation und eines Testdokuments vorgesehen. Auf Prozessschrittebene muss ein technisches Designdokument zugewiesen werden. Analog dazu definiert der Lösungsarchitekt ein technisches Spezifikationsdokument auf Ebene einer Schnittstelle als erforderlich. Weitere detaillierte Dokumentenarten sind sicherlich auf Ebene von Elementen wie Diagrammen, Entwicklungselementen und Konfigurationseinheiten interessant.

8.2.5   Funktionale und technische Spezifikation

Die Dokumentation einer neuen Anforderung beginnt bereits im Geschäftsbereich und wird dann in der IT-Abteilung in Form von IT-Objekten und -Dokumenten fortgeschrieben. Abhängig davon, ob eher dem Wasserfallmodell oder einem Lean-Ansatz gefolgt wird, entfällt mehr oder weniger Aufwand auf die Phase des IT-Designs vor der Entwicklung.

Wurde im Geschäftsbereich bereits mit der Dokumentation begonnen, beispielsweise in Form von Anhängen zur Geschäftsanforderung wie einer funktionalen Spezifikation oder einer User Story, wird der Lösungsarchitekt diese Dokumentation erweitern bzw. inhaltlich übernehmen. In unserem Beispiel kann er z.B. das Kollaborationsdiagramm für den Prozess **08.05.01 Lagerverkauf** erweitern, das in der Fachabteilung kopiert und angepasst wurde. Auch wenn ein allgemeines Diagramm zu einem Prozess erstellt wurde, kann er die Modellbeschreibung in einem Kollaborations- oder Prozessdiagramm nachmodellieren.

Die Erweiterung der Prozessmodellierung wird idealerweise in enger Abstimmung mit dem Prozessverantwortlichen, dem Testverantwortlichen und dem Verantwortlichen für den Betrieb durchgeführt. Die Abstimmung mit dem Betrieb sollte abhängig davon erfolgen, ob das Geschäftsprozess-Monitoring schon zur Design- und Entwicklungszeit mit bedacht wird. Die Erweiterung oder Erstellung der funktionalen Spezifikation durch den Lösungsarchitekten wird er mit dem Business Analyst oder einem Prozessverantwortlichen abstimmen. Die funktionale und technische Spezifikation gibt er anschließend an die Entwicklung weiter.

Spezifikationen, die sich an die Entwicklung richten, werden idealerweise auf Ebene des Originalprozessschritts abgelegt, da der Prozessschritt die funktionale Einheit ist, in der auch Erweiterungen bzw. Konfigurationen dokumentiert werden. Die Dokumentation eines Prozessschrittoriginals

Dokumentation erweitern

Technische Spezifikationen

279

besteht neben dem technischen Spezifikationsdokument vor allem aus Konfigurationseinheiten bzw. Entwicklungselementen.

In Abbildung 8.16 ist die Dokumentation in Form einer funktionalen Spezifikation zum Prozess **08.05.01 Lagerdirektverkauf** zugeordnet, einem dynamischen Attribut des Prozesses **08.05.01 Lagerverkauf**.

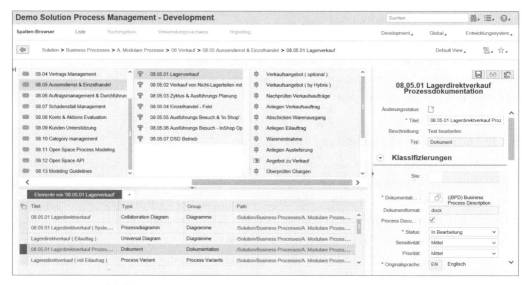

Abbildung 8.16 Dokumentation in Form eines Dokuments zum Hauptprozess

In Abbildung 8.17 ist die Dokumentation in Form einer Spezifikation zur Prozessvariante **Lagerdirektverkauf (mit Eilantrag)** ein dynamisches Attribut der Prozessvariante.

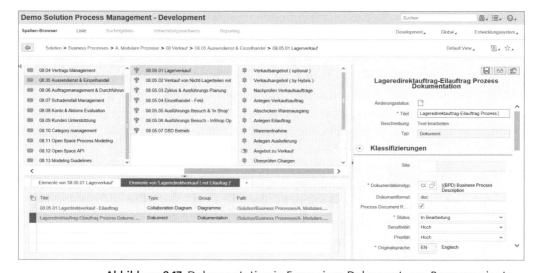

Abbildung 8.17 Dokumentation in Form eines Dokuments zur Prozessvariante

Allerdings können auch Aspekte der Prozessschrittausführung je nach Prozess variieren. Ihre Dokumentation gehört daher auf die Ebene der Prozessschrittreferenz.

In Rapid-Deployment-Lösungen von SAP liegen funktionale und technische Spezifikationen oft auf Prozessebene. Die Prozessschritte werden ebenfalls innerhalb dieser Dokumentation beschrieben. Sie müssen hier beachten, dass es sich bei den Rapid-Deployment-Lösungen um Modellkonfigurationen handelt, die Sie im Rahmen Ihrer eigenen Implementierung anpassen werden. Deren Dokumentation unterscheidet sich damit von einer produktiven, implementierten Lösung.

Modellkonfigurationen

8.2.6   IT-Anforderungsmanagement

IT-Anforderungen im Anforderungsmanagement des SAP Solution Managers bzw. des Workpackages in Focused Build verwalten den Designprozess nach der Freigabe einer (Geschäfts-)Anforderung aus dem Geschäftsbereich. Nach Abschluss des Designprozesses wird die IT-Anforderung in Änderungsaufträge bzw. Workitems aufgeteilt.

Wie bereits in diesem Zusammenhang erwähnt, empfehle ich mindestens die Integration des Entwicklungs- und Wartungs-Branches in das Change Request Management. Neben der Synchronisation von Branches und verwalteten Systemen besteht so vor allem die Möglichkeit, eine Anforderungssicht auf die Lösungsdokumentation zu erhalten. Der Lösungsarchitekt hat so die Möglichkeit, allen entwicklungsrelevanten Dokumentationselementen – vielleicht mit Ausnahme feingranularer Entwicklungselemente – direkt Änderungsaufträge bzw. Workitems zuzuordnen. Damit ermöglicht er den Entwicklern den Zugriff auf die Lösungsdokumentation über diese Vorgangsarten.

Entwicklungs- und Wartungs-Branch

Generell können IT-Anforderungen bzw. Workpackages auch direkt in der Lösungsdokumentation angelegt werden, wenn noch keine Geschäftsanforderung existiert, aus der sie generiert werden können. Sie können beispielsweise bei einer Erstimplementierung Prozesse und Prozessschritte einer Rapid-Deployment-Lösung auswählen und eine IT-Anforderung erstellen, die deren Implementierung anfordert. Im produktiven Betrieb einer Lösung erbt eine IT-Anforderung jedoch meist die Lösungsdokumentationsreferenzen von einer Geschäftsanforderung. Dazu können gegebenenfalls auch eine User Story oder ein Dokument als Anhang gehören.

IT-Anforderungen bzw. Workpackages

Zum Designprozess gehört die Aufteilung der in der IT-Anforderung bzw. dem Workpackage enthaltenen Anforderungen in kleinere Entwicklungseinheiten, also Änderungsaufträge bzw. Workitems. Diese können dann in

Änderungsaufträge bzw. Workitems

der Entwicklung bearbeitet werden. Nach dem Durchlaufen des Designprozesses wird die Kontrolle über die IT-Anforderung von dem Lösungsarchitekten an die Entwicklungsabteilung abgegeben. Nach Abschluss der Unit Tests in der Entwicklung wird die Kontrolle wieder an die IT-Anforderung bzw. das Workpackage zurückgegeben, damit der Lösungsarchitekt die Durchführung eines Einzelfunktionstests planen kann. Nach Bestätigung der erfolgreichen Durchführung des Einzelfunktionstests in der IT-Anforderung bzw. dem Workpackage wird die Kontrolle für das finale Deployment an das Release Management übergeben.

Lösungs-dokumentation zur IT-Anforderung

Folgende Elemente der Lösungsdokumentation sind als Referenz in einer IT-Anforderung in der Anforderungsmanagementanwendung bzw. in einem Workpackage in Focused Build relevant:

- Prozessstruktur und Referenzen auf die Bibliothekselemente
- Referenzen auf Dokumente für die Prozessdokumentation sowie die funktionale und technische Spezifikation
- Diagramme
- ausführbare Einheiten
- Testfälle
- evtl. Entwicklungselemente wie Erweiterungsspots oder Klassen

Abbildung 8.18 zeigt die Referenz auf die Lösungsdokumentation in einer IT-Anforderung in der Standardoberfläche des Anforderungsmanagements.

Abbildung 8.18 Referenz auf die Lösungsdokumentation in einer IT-Anforderung

In Abbildung 8.19 sehen Sie die Referenz auf die Lösungsdokumentation in einem Workpackage in Focused Build.

Innerhalb der Lösungsdokumentation sind die IT-Anforderungen bzw. Workpackages in den statischen Attributen zu den referenzierten Elementen unter **Zugewiesene Dokumente** sichtbar.

Lösungsdokumentation auf Ebene der Workitems

Focused Build erlaubt ein Aufsplitten der Lösungsdokumentationsreferenzen eines Workpackages auf einzelne Workitems. Dazu wählen Sie die für das Workitem relevanten Elemente aus der Liste der Elemente des Workpackages aus (siehe Abbildung 8.20). Sie können jedem dieser Workitems auch Bearbeiter (**Partner**), z. B. einen bestimmten Entwickler oder Tester, und einen Kurztext zuweisen. Sie gelangen zur dargestellten Funktion über die Registerkarte **Umfang** des Workpackages.

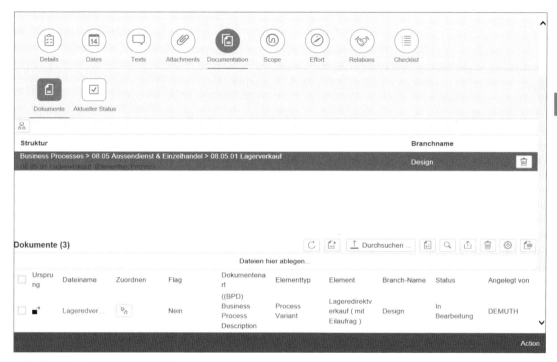

Abbildung 8.19 Referenz auf die Lösungsdokumentation in einem Workpackage

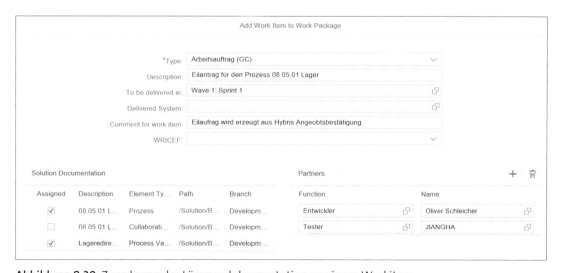

Abbildung 8.20 Zuordnung der Lösungsdokumentation zu einem Workitem

Bei Anlage eines Workitems wird die Lösungsdokumentation des Work-packages im Hintergrund vom Design-Branch auf den Entwicklungs-Branch kopiert. Workitems werden ausschließlich auf dem Entwicklungs-Branch bearbeitet. Im Falle eines Änderungsauftrags im Wartungskontext wird ausschließlich der Wartungs-Branch referenziert. Die Freigabe muss im Standard manuell ausgeführt werden. Mit dem Verweis aller relevanten Lösungsdokumentationselemente auf einen Änderungsauftrag bzw. auf ein Workitem hat ein Entwickler eine direkte Sicht auf seinen Auftrag und alle anzupassenden Dokumentationselemente.

8.3   Lösungsdokumentation in der Entwicklung

Die Entwicklung arbeitet mit den Elementen und Objekten der Lösungsdo-kumentation, die der Lösungsarchitekt während der Design-Phase erzeugt hat. Wesentliche Elemente für die Entwicklung sind die Originale von Pro-zessschritten und Schnittstellen bzw. Sammelschnittstellen, aber wenn notwendig auch deren Referenzen. Änderungen an Diagrammen seitens der Entwickler sind eher eine Ausnahme, während die technische Spezifika-tion häufig erst im Entwicklungsprozess entsteht bzw. fortgeschrieben wird.

Entwicklungs-elemente und Konfigurations-einheiten

Eine SAP-spezifische Form der Lösungsdokumentation besteht darin, Ent-wicklungselemente und Konfigurationseinheiten weniger in technischen Dokumenten zu beschreiben als direkt als Elemente zu referenzieren und dann die Elementreferenz zu beschreiben. Sie können eine technische Spe-zifikation, z. B. zu einer Klasse, auch als Element zu einem Entwicklungsele-ment, einer Konfigurationseinheit oder einem Konfigurationselement in der Lösungsdokumentation verknüpfen. Solche Dokumentationselemente können sowohl auf Ebene der Referenz als auch auf Ebene des Originalele-ments in der Bibliothek zugeordnet werden.

Neben der Zuordnung von Dokumenten zu Entwicklungselementen und Konfigurationseinheiten in der Lösungsdokumentation besteht auch die Möglichkeit, die Elemente direkt in den verwalteten Systemen zu doku-mentieren und aus der Lösungsdokumentation über die Elementreferen-zen dorthin zu navigieren.

Weil es für Ablageorte der Dokumentation diese verschiedenen Optionen gibt, besteht die Notwendigkeit, Standards zu definieren. Es muss z. B. gere-gelt werden, welche Dokumentenarten erlaubt sind und wo sie abgelegt werden. Außerdem muss über die Granularität der Dokumente zum Erstel-lungszeitpunkt entschieden werden, z. B. ob die technische Dokumentation einem Prozessschritt bzw. einer Schnittstelle oder einem damit verknüpften Element zugeordnet wird.

8.3.1   Technische Spezifikation

In den vorangehenden Abschnitten habe ich die funktionalen und technischen Spezifikationen bereits mehrfach angesprochen. Folgende Ablageorte sind für eine technische Spezifikation naheliegend:

Ablageorte der technischen Spezifikation

- Sie können die technische Spezifikation auf Ebene der Originale von Prozessschritten bzw. Schnittstellen in der Bibliothek als dynamisches Attribut ablegen. Damit ist die technische Spezifikation auch in allen Referenzen auf das Originalelement sichtbar.

- Sie können die technische Spezifikation auf Ebene der Referenz eines Prozessschritts oder einer Schnittstelle in der Prozesshierarchie ablegen. Damit ist die technische Spezifikation nur im Prozesskontext sichtbar.

- Sie können die technische Spezifikation als dynamisches Attribut einer Konfigurationseinheit, eines Konfigurations- oder eines Entwicklungselements bzw. einer ausführbaren Einheit in der Bibliothek der ausführbaren Einheiten bzw. der Entwicklungs- oder Konfigurationsbibliothek ablegen. Damit kann über alle ihre Referenzen auf die objektspezifische Spezifikation zugegriffen werden.

- Sie können die technische Spezifikation als dynamisches Attribut einer Referenz auf eine Konfigurationseinheit oder ein Konfigurations- bzw. Entwicklungselement in der Prozesshierarchie zuordnen. Damit ist die elementspezifische Spezifikation nur im Prozesskontext sichtbar.

- Sie können die technische Spezifikation als dynamisches Attribut zu einem Konfigurations- oder Entwicklungselement im verwalteten System zuordnen. Damit ist die elementspezifische Spezifikation über alle ihre Referenzen und im Original sichtbar, wenn in die verwalteten Systeme navigiert wird.

Technische Spezifikationen auf Ebene der Referenz sind eher eine Ausnahme, da sie schnell zu Redundanzen führen und Zusammenhänge feingranular zerlegen.

In unserem Beispiel einer Erweiterung des Prozesses **08.05.01 Lagerverkauf** um einen neuen Auftragstyp für einen Eilverkaufsauftrag habe ich in Abschnitt 8.2.1, »IT-Design der Prozesse, Prozessflüsse und Prozessschritte«, mehrere Möglichkeiten diskutiert. Sie können den neuen Auftragstyp im existierenden Prozessschritt **Anlegen Verkaufsauftrag** oder in einem neuen Prozessschritt **Eilverkaufsauftrag** dokumentieren. Wenn der Pro-

Optionen zur Erweiterung eines Prozesses

zessschritt mehrfach verwendet wird, liegt es nahe, die technische Spezifikation auf Ebene des Originalprozessschritts in der Bibliothek abzulegen. Hier können Sie auch einen Unit-Test-Testfall zuordnen, sofern der Unit Test formalisiert werden soll.

Abbildung 8.21 zeigt einen neuen Originalprozessschritt **Anlegen Eilauftrag**. Ihm wurden in den dynamischen Attributen eine ausführbare Einheit, eine technische Spezifikation als Dokument, eine Konfigurationseinheit und Testdokument für den Unit Test zugeordnet.

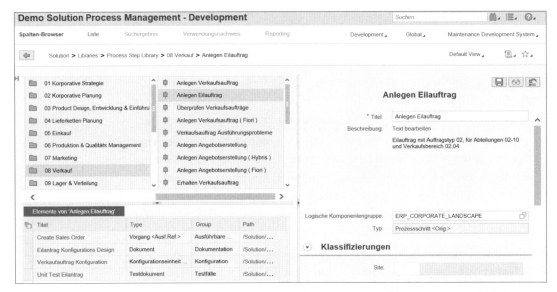

Abbildung 8.21 Originalprozessschritt »Anlegen Eilauftrag« mit technischer Spezifikation, ausführbarer Einheit, Konfigurationseinheit und Unit Test

Darüber hinaus muss in unserem Beispiel die Schnittstelle zwischen dem SAP-Hybris- und dem SAP-ERP-System dokumentiert werden. Dieser Schnittstelle **Angebotsbestätigung zu Verkaufsauftrag** kann nun eine technische Spezifikation als Dokument zugeordnet werden. Alternativ kann eine bestehende Spezifikation dafür erweitert werden. Diese trägt in Abbildung 8.22 den Namen **Bestätigtes Angebot zu Eilauftrag**. Als weiteres dynamisches Attribut ist der Schnittstelle hier eine technische Detailkonfiguration zugeordnet. Dabei handelt es sich um ein Attribut des Typs Schnittstellendetails.

Bei dem Verkaufsauftrag selbst handelt es sich um eine Konfigurationseinheit. Diese wird dem aktiven Prozess **08 Verkauf** im Ordner der Prozesskonfigurationen zugeordnet (siehe Abbildung 8.23). Sie trägt den Namen **Verkaufauftrag Konfiguration**. Ihr können verschiedene Konfigurationseinheiten als dynamische Attribute wie Business Configuration Sets (BC-Sets), Web-Dynpro-Anwendungen und IMG-Aktivitäten zugeordnet werden, um die Implementierung weiter zu dokumentieren.

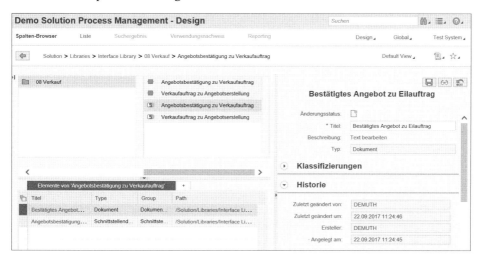

Abbildung 8.22 Dokumentation der Schnittstelle »Angebotsbestätigung zu Verkaufauftrag«

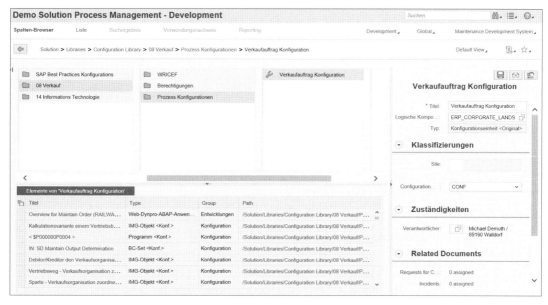

Abbildung 8.23 Konfigurationseinheit »Verkaufauftrag Konfiguration« und ihre statischen und dynamischen Attribute

Der Konfigurationseinheit ist beispielsweise die Konfigurationseinheit **Zuordnen Kalkulationsvarianten zu Auftragstypen** zugeordnet (siehe Abbildung 8.24). Es handelt sich um die Dokumentation zu einer IMG-Aktivität, die im Kontext der Konfiguration relevant ist.

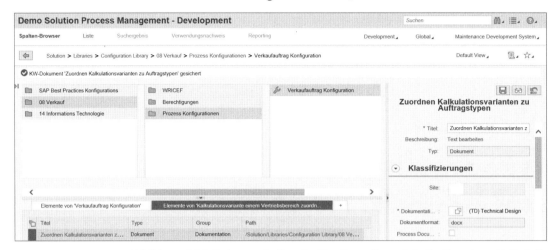

Abbildung 8.24 Dokumentation der Konfigurationseinheit »Zuordnen Kalkulationsvarianten zu Auftragstypen«

Abbildung 8.25 zeigt die Prozessvariante zum Prozess **08.05.01 Lagerdirektverkauf** mit einem funktionalen Spezifikationsdokument, einem Diagramm, einer ausführbaren Einheit und einem Testfall.

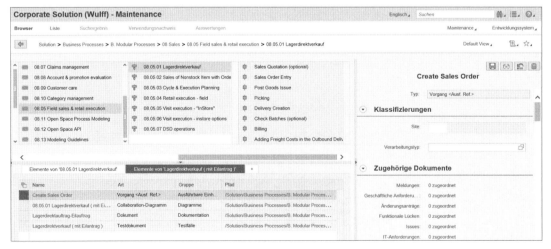

Abbildung 8.25 Funktionale Spezifikation als Dokument in den dynamischen Attributen einer Prozessvariante

Auf Ebene der IT-Anforderung bzw. des Workpackages wird final die Ausführung des Testfalls auf Ebene der Prozessvariante relevant, um die Integration von der Angebotsbestätigung zur Erstellung des Eilauftrags validieren zu können.

Die Pflege von Konfigurationseinheiten und deren Strukturierung in der Bibliothek stellt größere Anforderungen an die Modularisierung als die Dokumentation einzelner Objekte auf Ebene des Prozessschritts. Um massive Redundanzen bei der Erstellung von Konfigurationseinheiten zu vermeiden, ist es sinnvoll, den Erstellungsprozesses für Konfigurationseinheiten zu steuern. Dies beschreibe ich im folgenden Abschnitt. Die Gruppierung der Konfigurationselemente in Konfigurationseinheiten kann helfen, den Aufwand der Elementdokumentation gegenüber der direkten Referenz auf Konfigurations- und Entwicklungselemente stark zu reduzieren.

Modularisierung

8.3.2   Steuerung des Entwicklungsprozesses mit dem Change Request Management

Wird zusätzlich das Change Request Management eingesetzt, wird die Versionskonsistenz der Lösungsdokumentation in den Branches der Lösungsdokumentation und in der Dokumentation in den verwalteten Systemen sichergestellt. Ein Änderungsdokument im Change Request Management bzw. ein Workitem in Focused Build steuert den gesamten Ablauf der Entwicklung einer *Entwicklungseinheit*. Die Entwicklungseinheit ist in einer Spezifikation in der Lösungsdokumentation sowie im Kurztext des Änderungsauftrags bzw. Workitems beschrieben. Diese Beschreibung entspricht logisch einer User Story zu einer IT-Anforderung.

Versionskonsistenz

Eine Änderung beginnt mit der Auftragserteilung an die Entwicklung. Nach der Entwicklung führt der Entwickler einen Unit Test durch und gibt die Kontrolle anschließend für die Durchführung von Einzelfunktionstests an die IT-Anforderung zurück. Die Bearbeitung einer Änderung endet mit dem Deployment im Produktivsystem durch das Release Management. Bei Schließen des Änderungsvorgangs werden die referenzierten Elemente der Lösungsdokumentation an den Produktiv-Branch freigegeben. Nach dieser Kopie auf den Produktiv-Branch sind die von der Entwicklung vorgenommenen Änderungen an der Lösungsdokumentation darüber hinaus im Wartungs- und im Betriebs-Branch sichtbar.

Änderungsvorgang

Während des Entwicklungsprozesses hat der Entwickler Zugriff auf alle Systeme, die dem Entwicklung-Branch oder im Falle der Wartung dem Wartungs-Branch der Lösung über die logischen Komponenten und die Change-Control-Landschaft zugeordnet sind. Während die Lösungsdoku-

Zugriff auf relevante Systeme

mentation für den Entwicklungsprozess in einem Branch verbleibt, kann durch eine Änderung des Status des Änderungsauftrags bzw. des Work-items das automatische Deployment von Software und Konfigurations-änderungen in die verwalteten Systeme der aktuellen Branches initiiert werden.

Die Systeme zu einem Branch wurden in der Lösungsverwaltung konfigu-riert, wie in Abschnitt 3.3, »Versionskonsistente Lösungsdokumentation mit Branches«, gezeigt. Auf dieser Basis kann die Navigation in die zugeord-neten verwalteten Systeme aus der Lösungsdokumentation erfolgen.

Unit Test   In unserem Beispiel bleibt offen, ob ein Unit Test zu jedem Änderungsan-trag formalisiert wird oder durch das Setzen des Status **Test bestätigt** nach-vollziehbar ist. Auf Ebene der IT-Anforderung bzw. des Workpackages ist allerdings meist ein Einzelfunktionstest erforderlich, und dieser wird in der Regel auf Basis eines Testfalls ausgeführt. Gleiches gilt auf Ebene eines Releases, zu dem testfallbasierte funktionale Integrations-, Systemintegra-tions-, Regressions- und evtl. Performance-Tests relevant werden.

8.4 Lösungsdokumentation und Testen

Formalisiertes Testmanagement   Ein formalisiertes Testmanagement setzt auf der Lösungsdokumentation auf und betrachtet Prozessketten, Prozesse, Prozessvarianten und Prozess-schritte sowie die diesen Elementen jeweils zugeordneten Testfälle und ausführbaren Einheiten. Formalisierte Tests können manuell oder automa-tisiert erfolgen, je nachdem, welche Testfalltypen der Lösungsdokumenta-tion zugeordnet sind.

Falls Anforderungsmanagement und Release Management im Einsatz sind, können Testpläne bzw. Testpakete für Einzelfunktions- und Anwenderak-zeptanztests auf Ebene der IT-Anforderungen bzw. Workpackages zugeord-net werden. Systemintegrations-, Regressions- und Performance-Tests können in diesem Fall den Release-Zyklen zugeordnet werden.

Test Suite   Die *Test Suite* ist eine Neuentwicklung im SAP Solution Manager 7.2. Sie erlaubt auch die Einbindung von Drittanbietertestwerkzeugen.

Weiterführende Informationen zur Test Suite

In diesem Abschnitt beschreibe ich ausschließlich, wie die Test Suite in die Lösungsdokumentation eingebunden ist. Weiterführende Informationen zur Test Suite erhalten Sie beispielsweise in dem folgenden Wiki der SAP Community: *http://s-prs.de/v598504*

8.4.1   Testfälle, Testschritte und Testsequenzen

Um formalisierte Tests auf Basis der Lösungsdokumentation durchführen zu können, müssen sinnvollerweise Testfälle oder zumindest ausführbare Einheiten in der Lösungsdokumentation gepflegt sein. Testfälle werden entweder auf Ebene von Prozessketten, Prozessen, Prozessvarianten oder Prozessschritten zugeordnet. Bei Testfällen zu Prozessschritten handelt es sich meist um Einzelfunktions- oder Anwenderakzeptanztests.

Auf Ebene von Prozessschritten können auch *modulare Testfälle* angelegt werden. Dabei handelt es sich um Einheiten umfassenderer Testsequenzen für Prozesse. Eine Modularisierung von Testfällen auf Ebene der Prozessschrittreferenz stellt allerdings besondere Anforderungen an das Design, da Testschritte über einen Prozessablauf hinweg miteinander integrierbar sein müssen.

Testfälle

Analog können automatische Testfälle auf Prozessebene aus automatischen Testfällen auf Ebene einer Prozessschrittreferenz komponiert werden. Auch sie stellen allerdings besondere Anforderungen an die Modularisierbarkeit der einzelnen Prozessschrittskripte und die Integrität mit Testdatencontainern.

Das Anlegen von Testfällen kann sowohl während der Designphase als auch während der Entwicklungsphase oder in Vorbereitung der Testphase erfolgen. Um Testfallbeschreibungen bereits in der Designphase erstellen zu können, ist allerdings die strikte Einhaltung des Wasserfallmodells in der Entwicklung nötig. Die meisten automatischen Tests sind letztlich erst möglich, wenn die aufzuzeichnenden Abläufe auf der Anwendungsoberfläche in der Entwicklung final programmiert wurden.

Was Testschritte in Focused Build für manuelle Tests bedeuten, bedeutet die Testdatenablage (*Testdatencontainer*) für automatische Tests. Testdatencontainer beschreiben die Eingabedaten für automatische Testabläufe.

Testdatencontainer

Für manuelle funktionale Integrationstests auf Ebene von modularen Prozessen bzw. Prozessketten eignen sich insbesondere *Testsequenzen*. Diese Testsequenzen lassen sich in Focused Build ab SP2 aus Diagrammen generieren. Testsequenzen sind Einheiten für gesamte Prozessabläufe, die auf Grundlage von Prozess- oder Kollaborationsdiagrammen angelegt werden können. Mithilfe von Testsequenzen können Sie einen manuellen, Workflow-gesteuerten Test über mehrere Organisationseinheiten hinweg ausführen.

Testsequenzen

Ich empfehle Ihnen, in jedem Fall ein Testfalldokument als Grundlage für die Erstellung von Testschritten und Testkonfigurationen anzulegen, wie in Abschnitt 6.3, »Testfälle«, beschrieben. In Abbildung 8.26 sehen Sie beispielsweise den neuen Originalprozessschritt **Anlegen Eilauftrag**, dem in der Elementliste ein Unit Test als Testdokument zugeordnet wurde.

Testfalldokument

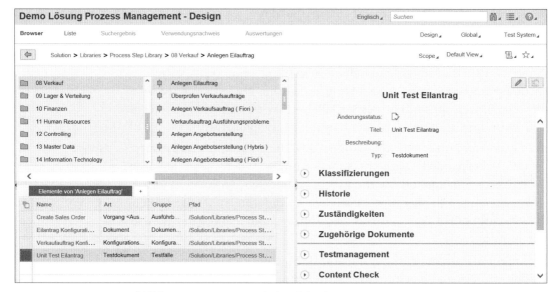

Abbildung 8.26 Prozessschrittoriginal mit Unit Test

Um die statischen Attribute eines Testdokuments anzuzeigen, wählen Sie das Attribut in der Elementliste aus. In Abbildung 8.27 ist dies beispielsweise die Testkonfiguration **Anlegen Eilauftrag (SFT)** für einen Einzelfunktionstest (SFT steht für Single Functional Test). Dieses Dokument ist hier der Prozessschrittreferenz **Anlegen Eilauftrag** zugeordnet, die wiederum zum Prozess **08.05.01 Lagerverkauf** gehört.

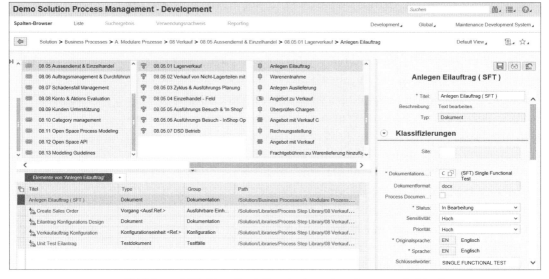

Abbildung 8.27 Einzelfunktionstest zu einer Prozessschrittreferenz

In Abbildung 8.28 sehen Sie ebenfalls einen Einzelfunktionstest, der der Prozessvariante **Lagerdirektverkauf (mit Eilauftrag)** zugeordnet ist. Hier ist in den statischen Attributen definiert, dass der Test mit dem Werkzeug *Component Based Test Automization* (CBTA) ausgeführt wird. Es handelt sich also um einen automatisierten Test.

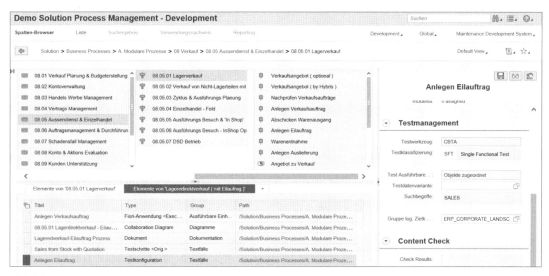

Abbildung 8.28 Automatisierter Test zu einer Prozessvariante

Ein automatisierter Test kann auch einer Prozesskette zugeordnet werden. In Abbildung 8.29 wird die Prozesskette **Lagereilauftrag-zu-Rechnungsstellung (Eilverkaufsauftrag)** mit einer solchen Testkonfiguration verknüpft.

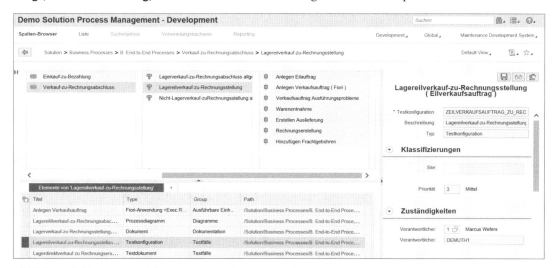

Abbildung 8.29 Automatisierter Test zu einer Prozesskette

Einem Testfall in der Lösungsdokumentation kann in den statischen Attributen entweder die Eigenschaft **Additiv** oder **Exklusiv** zugeordnet werden. Bei Selektion einer Ebene der Prozesshierarchie werden alle Testfälle zu darunterliegenden Referenz- und Originalelementen mit selektiert, wenn das Strukturelement additiv attribuiert wurde. Ein exklusiver Testfall wird dagegen nur bei expliziter Selektion des zugehörigen Strukturelements angeboten. Auch die Selektion des Originalelements wird in diesem Fall ausgeblendet.

Testschritte | Im Standard des SAP Solution Managers können einzelne Aktivitäten der Ebenen L5 und L6 des in Abschnitt 4.2, »Prozesshierarchien und ihre Elemente«, erläuterten Referenzmodells in Form von Dokumenten beschrieben werden. Solche Aktivitätsschritte können in Focused Build unterhalb eines Prozessschritts mit dem *Testschrittdesigner* erstellt werden. Die Test Suite kann dazu Testschritte in manuelle Tests einbinden und zur Ausführung bringen. Der Testschrittdesigner ermöglicht auch die Definition von Testschritten zu einem gesamten Prozess.

Focused Build erlaubt neben der Generierung von Testsequenzen aus Diagrammen auch die Generierung von Testplänen bzw. Testpaketen zu Workpackages unter Einbindung der in einem Workpackage referenzierten Testfälle. Damit entfällt die aufwändige Erstellung von Testplänen und -paketen für Einzelfunktionstests für jedes Workpackage.

Testfälle sind neben ihrer Existenz in der Lösungsdokumentation primär modulare Einheiten, die vom Testmanagement zu Testpaketen gebündelt, ausgeführt und ausgewertet werden. Die Beschreibung dieser Einheiten in der Lösungsdokumentation bildet somit die Datengrundlage für professionelle, wiederholbare und revisionssichere Tests.

Focused Build erlaubt eine erweiterte Analyse der Testvollständigkeit über das Lösungsbereitschafts-Dashboard, analog zur Analyse der Dokumentation.

8.4.2 TBOM- Ablagen und Änderungseinflussanalyse

Change Impact Analyzer | Die TBOM-Objekte in der Lösungsdokumentation sind die Basis für den Einsatz des *Change Impact Analyzers*. Der Change Impact Analyzer kann auf der Grundlage von in Transporten aufgezeichneten Änderungen diejenigen Prozessketten, Prozesse, und Prozessschritte über ihre ausführbaren Einheiten identifizieren, denen eine TBOM zugeordnet ist.

Um eine sinnvolle Granularität der Ergebnisse dieser Änderungseinflussanalyse sicherzustellen, müssen zu den unterschiedlichen Testfällen in der

Lösungsdokumentation ausführbare Einheiten mit ihren TBOMs hinterlegt werden.

Eine wesentliche Rolle beim Design der Testfälle spielen die Prozessvarianten, da sie jeweils eine exklusive Zuordnung einer ausführbaren Einheit mit ihrer TBOM und eine Testfallzuordnung erlauben. Daneben können TBOMs in der Bibliothek zu ausführbaren Einheiten auf der Ebene von Prozessketten, modularen Prozessen oder Prozessschrittreferenzen existieren, sofern diesen ebenfalls ein Testfall zugeordnet ist.

Design der Testfälle

Ausgehend von der Prozesshierarchie können Sie eine TBOM zu einer ausführbaren Einheit auf Ebene von Prozessschritten, Prozessschrittreferenzen, modularen Prozessen und Prozessketten zuordnen. Je höher in dieser Hierarchie eine TBOM definiert wird, desto besser wird die Performance der Änderungseinflussanalyse sein, da weniger Analyse-TBOMs existieren werden. Ein wesentliches Kriterium bei der Auswahl des Ablageorts ist allerdings die Treffsicherheit bei den relevanten Strukturelementen und deren Testfällen.

Um eine TBOM anzulegen, selektieren Sie eine ausführbare Einheit zu einem Strukturelement, z. B. einer Prozessvariante. Verzweigen Sie in die Elementliste der ausführbaren Einheit, und führen Sie das Kontextmenü aus. Das System bietet Ihnen nun die Anlage einer TBOM oder die Zuordnung einer TBOM zu einer Testkonfiguration an. Letztere Möglichkeit erlaubt die Erzeugung der TBOM über die Ausführung eines automatischen Tests.

TBOM anlegen

Der Dialog, den Sie in Abbildung 8.30 sehen, wird angezeigt, wenn Sie eine TBOM aus der Elementliste einer ausführbaren Einheit heraus anlegen.

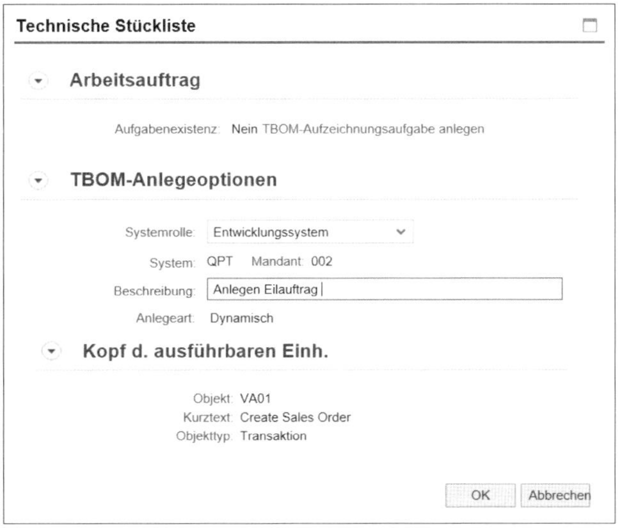

Abbildung 8.30 TBOM »Anlegen Eilauftrag« zum Prozessschrittoriginal anlegen

Unter **Arbeitsauftrag** können Sie noch einen Auftrag für das manuelle Erzeugen der aktuellen TBOM erstellen. Wählen Sie hier die Rolle des zugeordneten Systems und den Namen dieses Systems aus, und vergeben Sie eine Beschreibung für das TBOM-Objekt. Diese kann beispielsweise dem zugehörigen Prozessschritt entsprechen, hier **Anlegen Eilauftrag**. Die Anlegeart **Dynamisch** bedeutet hier, dass die TBOM durch Ausführen der Anwendung und nicht durch eine statische Codeanalyse erzeugt wird. Klicken Sie abschließend auf **OK**, um Ihre Einstellungen zu speichern.

8.4.3 Versionsverwaltung im Testmanagement

Testplan

Anders als das Testmanagement im SAP Solution Manager 7.1 ist die Test Suite in Release 7.2 nicht an Lösungsprojekte, sondern an Branches gekoppelt. Ein *Testplan* ist hier demnach nicht einem Projekt zugeordnet, sondern einem Branch einer Lösung. Es kann auf diejenigen Testsysteme zugegriffen werden, die dem selektierten Branch zugeordnet sind.

In Abbildung 8.31 sehen Sie einen Testplan **PROCESS MANAGEMENT TEST-PLAN DEMO** in der Test Suite. Er ist der Lösung **Demo Lösung Prozess Management**, dem Branch **Development** sowie dem logischen System zur Systemrolle **Qualitätssicherungssystem** zugeordnet. Im Feld **Sicht** erkennen Sie die Verknüpfung zum Prozess **08.05.01 Lagerverkauf** in der Lösungsdokumentation.

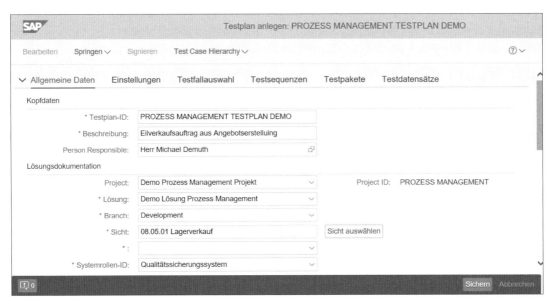

Abbildung 8.31 Testplan in der Test Suite und Verknüpfung zur Lösungsdokumentation

Sofern Sie das Change Request Management nutzen, um Ihre Tests zu steuern, setzt ein Testmanager nach der Durchführung eines Einzelfunktionstests den Status der IT-Anforderung oder des Workpackages auf **Einzel Funktion Test bestätigt**.

Nutzen Sie Focused Build, können Sie einen Testplan und ein Testpaket zu einem Workpackage generieren. Den Status des Workpackages können Sie direkt aus einem Test-Dashboard heraus setzen. Das Test-Dashboard ist ein exklusiver Bestandteil von Focused Build.

Testplan und ein Testpaket in Focused Build

Focused Build stellt außerdem eine Massenpflege bereit, mit der es möglich ist, die Status mehrerer selektierter Workpackages gemeinsam zu ändern und sie so gesammelt an das Release Management zu übergeben. Ab dem Status **An Release** ist ein Deployment im Produktivsystem möglich. Daraufhin werden das Änderungsdokument bzw. die Workitems sowie das Workpackage automatisch geschlossen. Zudem wird die der Änderung zugeordnete Lösungsdokumentation an den Produktiv-Branch freigegeben. Voraussetzung für eine Freigabe ist die Auflösung möglicher Konflikte innerhalb der referenzierten Lösungsdokumentationselemente, wie in Abschnitt 3.3.2, »Versionskonflikte auflösen«, beschrieben.

8.5   Prozessmanagement im Betrieb

Neben dem System-Monitoring, das sich lösungsunabhängig mit auftretenden Ausnahmen, der Systemlast und der Verarbeitung der ein- und ausgehenden Daten beschäftigt, stellt der SAP Solution Manager ein lösungs- und prozessbezogenes Monitoring bereit, das Geschäftsprozess-Monitoring (*Business Process Monitoring*). Daneben werden Analysen für Geschäftsprozesse angeboten (*Business Process Analytics*). Mithilfe dieser Komponenten können Sie Ihre Geschäftsprozesse verwalten. Sie werden unter dem Begriff *Business Process Operations* zusammengefasst.

Business Process Operations

Während Alert- und Analysekonfigurationen in je einem Branch einer Lösung geteilt werden, wird die Monitoring- und Alerting-Infrastruktur (MAI) für jedes System separat aktiviert. Für Alert- oder Analysekonfigurationen, die während des Betriebs vorgenommen werden, gibt es den Betriebs-Branch. Dieser referenziert ausschließlich für den Geschäftsprozessbetrieb direkt auf Produktivsysteme. Änderungen direkt auf dem Produktiv-Branch sind nicht möglich.

Monitoring- und Alerting-Infrastruktur

Ihre Konfigurationen für den Geschäftsprozessbetrieb können Sie testen, wenn Sie die Alert- und Analysekonfigurationen für Testsysteme innerhalb des Entwicklungs- oder des Wartungs-Branches aktivieren. Alert-Konfigu-

Alert- und Analysekonfigurationen

rationen, die während der Entwicklungsphase im Entwicklungs- bzw. Wartungs-Branch erstellt werden, müssen nach dem Go-live im Betriebs-Branch erneut für die produktiven Systeme aktiviert werden. Sie müssen daher selbst entscheiden, ob die Alert-Konfigurationen nur im Betriebs-Branch angelegt oder ob sie auch Teil des Application Lifecycle Managements werden sollen. Im letzteren Fall müssen Sie in Kauf nehmen, dass nach jedem Go-live gegebenenfalls Konflikte im Betriebs-Branch aufgelöst werden müssen.

[»]

Weitere Informationen zum Geschäftsprozessbetrieb
Detailliertere Informationen zum Betrieb der Geschäftsprozesse finden Sie im folgenden Wiki innerhalb der SAP Community:
http://s-prs.de/v598505

8.5.1   Prozess- und Prozessketten-Monitoring

Alerts oder Analysen für den Geschäftsprozessbetrieb und die Geschäftsprozessanalyse lassen sich meist eindeutig bestimmten modularen Prozessen bzw. Prozessschritten oder auch Prozessschrittreferenzen zuordnen. Datenkonsistenz-Alerts beziehen sich meist auf die Konsistenz von Objekten, die sich leicht auf Elemente der Anwendungshierarchie beziehen lassen, z. B. eine SAP-ERP-Komponente wie FI-CO. Andere Monitoring-Objekte sind eher technischer Natur und beziehen sich auf die technischen Voraussetzungen eines Geschäftsprozesses wie Hintergrundjobs, Schnittstelleninfrastrukturen oder Prozessketten aus SAP Business Warehouse (BW).

Alerts in der Lösungs-dokumentation

Es gibt auch prozesskettenbezogene Alerts. In der Lösungsdokumentation werden die Prozesse und deren Diagramme, die für das Geschäftsprozess-Monitoring relevant sind, in den Attributen einer Alert-Konfiguration zugeordnet. Zur Dokumentation von Alerts oder Analysen sind Prozessdiagramme mit Systembahnen und Schnittstellendiagramme naheliegend, sobald Schnittstellen relevant werden. Die statischen Attribute **Vorgangsrelevant** und **Getrennte Beziehungen** von Prozessdiagrammen werden explizit für das Geschäftsprozess-Monitoring gepflegt. Während das Attribut **Vorgangsrelevant** ein Prozess- oder ein Kollaborationsdiagramm für das Geschäftsprozess-Monitoring identifiziert, schafft das Attribut **Getrennte Beziehungen** die im Geschäftsprozess-Monitoring wichtige Möglichkeit, Bahnen in einem aktiven Prozess voneinander zu trennen. Da im Rahmen des Geschäftsprozess-Monitorings vor allem vertikale Systembahnen modelliert werden, können die Informationsflüsse zwischen Systemen so besser dargestellt werden.

Die in der Lösungsdokumentation angelegten Alerts müssen für jedes System in der MAI aktiviert werden. Dies erfolgt direkt aus der Lösungsdokumentation heraus. Abbildung 8.32 zeigt den Dialog, der automatisch aufgerufen wird, wenn ein Alert zu einem selektiertem System eines aktuellen Branches noch nicht für die MAI aktiviert wurde.

Alerts in der Mai aktivieren

Abbildung 8.32 Automatischer Aktivierungsdialog für einen Alert bei Auswahl eines Systems in der Lösungsdokumentation

Alert-Konfigurationen für das Geschäftsprozess-Monitoring

In unserem Beispielprojekt werden die Key-Performance-Indikatoren (KPIs) für das Geschäftsprozess-Monitoring mehrheitlich aus der Alerting-Bibliothek übernommen. Sie beziehen sich auf die Prozessschritte **Angebotsauftrag** sowie **Anlage Verkaufsauftrag** und auf die Prozesskette **Lagerdirektverkauf-zu-Rechnungsabschluss**. Der Zusammenhang von Angebot, Auftrag, Auslieferung und Rechnungsstellung wird analysiert. Dabei sollte der Prozessexperte oder *Business Process Operator* bzw. Administrator ein existierendes Monitoring-Objekt z. B. für den ursprünglichen Prozessschritt zur Anlage eines Standardverkaufsauftrag daraufhin untersuchen, ob es auf diesen Verkaufsauftragstyp beschränkt ist. Ist dies nicht der Fall, kann er das Element erweitern und dessen Dokumentation um die Spezifika des neuen Auftragstyps ergänzen.

Entweder wird ein neuer Prozessschritt für den Eilverkaufsauftrag angelegt oder der neue Verkaufsauftragstyp wird dem Prozessschritt **Anlegen Verkaufsauftrag** zugeordnet. Abhängig davon wird entweder ein neues Alerting-Objekt ausschließlich für den neuen Verkaufsauftragstyp angelegt oder die Konfiguration des bestehenden Alerts wird um den neuen Verkaufsauftragstyp erweitert.

Neues Alerting-Objekt oder Erweiterung

Alert-Konfigurationen für das Schnittstellen-Monitoring

Die Dokumentation der Alerting-Objekte für das Schnittstellen-Monitoring sollte der Prozessexperte bzw. Administrator daraufhin untersuchen, ob eine Erweiterung der Schnittstellendokumentation notwendig ist oder ob die bestehende Schnittstelle für den neuen Auftragstyp ausreichend dokumentiert ist.

In unserem Beispiel wird der Outbound-Prozess in SAP Hybris den neuen Auftrag für den Eilverkaufsauftrag konditional setzen, d. h. abhängig von gewissen Bedingungen. Aus diesem Grund sind keine technischen Erweiterungen der Schnittstelle notwendig, sondern ausschließlich Anpassungen der Konfigurations- und Entwicklungseinheiten auf Seiten der SAP-Hybris-Anwendung.

Wurde ein neuer Prozessschritt für den neuen Verkaufsauftragstyp designt, enthält das zugehörige Prozessdiagramm eine konditionale Schnittstellendarstellung. Diese führt die Schnittstelle für den Schritt **Anlegen Verkaufsauftrag** und jene für den Schritt **Anlegen Eilverkaufsauftrag** als Alternativen auf. Das Schnittstellendiagramm kann hingegen unverändert bleiben, da die technische Schnittstelle keine Anpassung erfährt. Allerdings kann es auch sinnvoll sein, einen Prozessschritt **Anlegen Eilverkaufsauftrag** nur im Kontext des Designs und des Testens zu verwenden und auf Ebene des Betriebs eher grobgranulare Prozessdesigns mit dedizierten Diagrammen für das Geschäftsprozess-Monitoring zu realisieren.

Analysekonfigurationen der Geschäftsprozess-Analyse

Benchmark- und Trendanalysen

Sofern sich Alert-Konfigurationen für die Geschäftsprozessanalyse auf die verschiedenen Verkaufsauftragstypen beziehen, muss deren Dokumentation erweitert werden. Mit der Erweiterung der Alert-Konfiguration für den Verkaufsauftrag besteht die Möglichkeit, Benchmark- und Trendanalysen zu den unterschiedlichen Verkaufsauftragstypen durchzuführen. Dazu werden in den Analysen beispielsweise die Ausführungen verschiedener Auftragstypen miteinander verglichen.

8.5.2   Versionsmanagement für Alert-Konfigurationen

Ich habe Ihnen bereits zwei Möglichkeiten zur Pflege von Alert-Konfigurationen vorgestellt, die entweder während des Entwicklungsprozesses oder erst nach dem Go-live durchgeführt werden. Der Vorteil, die Alert-Konfigurationen und deren Dokumentation während des Entwicklungsprozesses anzulegen, besteht darin, die Funktionen des Geschäftsprozessbetriebs bereits in den Testsystemen überprüfen zu können. Mit dem Go-live müssen die Alert-Konfigurationen dann nur noch für die produktiven Systeme im Betriebs-Branch aktiviert werden, sofern keine Versionskonflikte mit dem Betriebs-Branch auftreten.

Der wesentliche Nachteil dieser Vorgehensweise besteht also in der Notwendigkeit, Konflikte aufzulösen, falls die während der Entwicklungsphase erweiterten Alert-Konfigurationen im Rahmen des Betriebs noch weiterentwickelt werden.

Abbildung 8.33 zeigt ein Beispiel für einen Konflikt zu einem Alert-Element im Betriebs-Branch nach dem Go-live. Sie erkennen den Konflikt anhand des Warnsymbols im Feld **Änderungstatus** in den statischen Attributen sowie an der Meldung über dem Browserbereich. Über **Hilfe anzeigen** können Sie sich nähere Informationen anzeigen lassen.

Konflikt zu einem Alert-Element

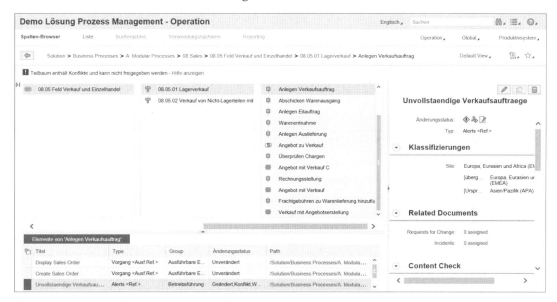

Abbildung 8.33 Konflikt zu einem Alert-Element im Betriebs-Branch

Die Erfahrung zeigt, dass die meisten Kunden während der Entwicklungsphase nur die Anforderungen an das Monitoring dokumentieren und die Alert-Konfigurationen erst nach dem Go-live im Betriebs-Branch durchführen. Damit entfällt der Abgleichsaufwand; allerdings sind Tests des Geschäftsprozess-Monitorings so nur nach dem Go-live möglich.

In Abbildung 8.34 sehen Sie einen Konflikt in einem Alert-Spezifikationsdokument im Betriebs-Branch. Dieser Konflikt ist leichter aufzulösen als ein Konflikt in einer Alert- oder Analysekonfiguration.

Abbildung 8.34 Ein Alert-Dokumentationskonflikt in einem Betriebs-Branch nach dem Go-live

8.5.3 Wartungsänderungen und Betrieb

In unserem Beispiel haben wir bisher alle Änderungen im Entwicklungs-Branch dokumentiert. Wir sind also davon ausgegangen, dass es sich um Teiländerungen zu einem Major Release handelt. Fehlerkorrekturen und normale Änderungen sowie Änderungen, die im Rahmen eines Continuous-Improvement-Ansatzes durchgeführt werden, werden allerdings meist während des Betriebs einer Anwendung direkt im Wartungs-Branch dokumentiert.

Wartungs-Branch | Änderungen im Wartungs-Branch sind im Entwicklungs-Branch sichtbar, wenn sie an den Produktiv-Branch freigegeben wurde. Zuvor werden lediglich Konflikte angezeigt, falls vorhanden. Das bedeutet, dass der Entwicklungs-Branch an die Wartungsänderungen angepasst werden muss. Im Kontext eines Lean-Projektmanagement-Ansatzes kann die Anpassung Teil eines Sprints sein, analog zu den manuellen Retrofit-Aktivitäten im Falle des Einsatzes des Change Request Managements in einer dualen Landschaft. Retrofit migriert Änderungen auf einem Wartungsentwicklungssystem in ein Projektentwicklungssystem. Wird ein Wasserfallmodellansatz verfolgt, ist angeraten, die Anpassungen analog zum Retrofit-Prozess spätestens nach Ende jedes Wartungs-Releases durchzuführen, um die Lösungsdokumentation möglichst konsistent mit den Code- und Konfigurationsänderungen zu halten.

Wie es die Konfliktarchitektur der Lösungsdokumentation festlegt, müssen Änderungen im Wartungs-Branch vollständig freigegeben werden, bevor Änderungen des Entwicklungs-Branches freigegeben werden können. Diese Logik entspricht einer sequentiellen Folge von Minor Releases und Major Releases, wie der SAP Solution Manager 7.2 sie mit Einführung des neuen Release Managements bereitstellt. Ein Nachteil dieses Designs ist sicherlich, dass Minor Releases nicht weit in die Zukunft, etwa über Major Releases hinweg, parallel gepflegt werden können.

Für Kunden, die aktuell nur das Change Request Management einsetzen, empfehle ich, den Umstieg auf das neue *Release Management* als Teil des Change Control Managements im Rahmen der Migration auf die neue Lösungsdokumentationsanwendung zu erwägen. Bezogen auf die Lösungsdokumentation bedeutet ein *Release* dann die Summe aller Lösungsdokumentationsänderungen, die durch IT-Anforderungen und Änderungsaufträge geändert und konsistent von einem Wartungs- oder Entwicklungs- in den Produktiv-Branch abgeglichen werden.

Release Management

> **Weitere Informationen zum Release Management**
>
> Weitere Informationen zum Thema Release Management im SAP Solution Manager 7.2 finden Sie beispielsweise in dem folgenden Blog in der SAP Community: *http://s-prs.de/v598506*

8.6   Minimale Lösungsdokumentation

Im SAP-Umfeld ist der Begriff der *minimalen Dokumentation* geläufig. Eine minimale Dokumentation stellt eine Prozessstruktur für die Kernprozesse eines Unternehmens bereit. Hier werden die wesentlichen Prozessschritte und ausführbaren Einheiten dokumentiert.

Wie Sie in Abschnitt 5.3, »Bibliothek der ausführbaren Einheiten«, gelesen haben, können Sie eine Bibliothek der ausführbaren Einheiten über das Bibliotheksgenerierungs-Cockpit erstellen lassen. Ausführbare Einheiten besitzen ein statisches Attribut mit dem Namen **Fokus** (siehe ebenfalls Abschnitt 5.3), nach dem Sie in der Suche der Lösungsdokumentation filtern können. Damit können Sie die ausführbaren Einheiten finden, die für Ihren Kernprozess relevant sind. Im Anschluss können Sie einen Prozessschritt zu jeder ausführbaren Einheit erstellen.

Nachdem Sie eine Prozesshierarchie für Ihre Kernprozesse und die zugehörigen zentralen Prozessschritte erstellt haben, müssen Sie nur die wichtigsten Dokumente zuordnen, um das Konzept der minimalen Dokumentation zu erfüllen. Zum Beispiel reichen ein Dokument zur Prozessdokumentation sowie ein Prozessdiagramm zu jedem Kernprozess aus, um die Dokumentation später beispielsweise noch um einen Testfall oder um Alert-Konfigurationen für das Geschäftsprozess-Monitoring erweitern zu können.

Mit einer derart reduzierten Dokumentation können Sie gut arbeiten, wenn Sie *Suchlisten* definieren. Suchlisten sind gesicherte Listen, die jedem Prozessverantwortlichen den Zugriff auf seinen Prozess, die wichtigsten Prozessschritte sowie das Dokumentationsdokument und das Prozessdiagramm ermöglichen. Diese Suchlisten können bei Bedarf später auch für das Testen und die Erstellung von Alerts und Analysen verwendet werden.

Neben der Frage nach den Inhalten der Dokumentation ist zu klären, wie ein Branch-Konzept für eine derart reduzierte Dokumentation aussehen soll. Wenn alle betriebsrelevanten Anpassungen an Alerts und Analysen ausschließlich im Betriebs-Branch erfolgen, können alle Änderungen im Rahmen von Neuimplementierungen und der Wartung im Wartungs-Branch durchgeführt werden. Letztere Änderungen erweitern die Prozesshierarchie, die Prozessschrittbibliothek, die Bibliothek der ausführbaren Einheiten sowie das Prozessdokument und -diagramm.

Um eine minimale Dokumentation zu erstellen, sind damit folgende Schritte in der Lösungsverwaltung erforderlich:

1. Legen Sie eine Lösung an.
2. Legen Sie einen Betriebs-, einen Wartungs- und einen Produktiv-Branch an.
3. Ordnen Sie den Strukturelementen vom Typ Prozess die Dokumentenarten für eine Prozessdokumentation und ein Prozessdiagramm zu.
4. Bauen Sie eine Prozesshierarchie für Ihre Kernprozesse auf. Des Weiteren können Sie eine Prozesshierarchie für Prozessketten anlegen.
5. Generieren Sie die Bibliothek der ausführbaren Einheiten.
6. Setzten Sie das **Fokus**-Attribut für die in dieser Bibliothek enthaltenen ausführbaren Einheiten.
7. Erstellen Sie eine Prozessschrittbibliothek zu den ausführbaren Einheiten.
8. Ordnen Sie die Prozessschritte zu den Kernprozessen zu.
9. Erzeugen Sie bei Bedarf öffentliche Suchlisten als Vorlage für die privaten Suchlisten der Prozessverantwortlichen.

Anhang

Anhang A

Vorgangsarten des Change Request Managements im Kontext der Lösungsdokumentation

A.1 Standardvorgangsarten im Change Request Management

Vorgangsart	Beschreibung
SMCR	Änderungsauftrag
SMBR	Geschäftsanforderung
SMIR	IT-Anforderung
SMMJ	normale Änderung
SMCG	allgemeine Änderung
SMHF	dringende Korrektur

A.2 Vorgangsarten in Focused Build

Vorgangsart	Beschreibung
S1CR, S3CR	Änderungsauftrag mit/ohne Projektbezug
S1BR	Anforderung
S1IT	Workpackage mit Projektbezug
S2IT	Workpackage mit Portfolio-/Projektbezug
S3IT	Workpackage ohne Projektbezug
S1MJ	Workitem
S1CG	generelles Workitem
S1HF	dringende Korrektur

Anhang B
Funktionsvergleich zwischen Standardlösungsdokumentation und Focused Build

Die folgenden Erweiterungen des Standardfunktionsumfangs der Lösungsdokumentation und der damit verbundenen SAP-Solution-Manager-Anwendungen wie dem Change Request Management und der Test Suite werden in Focused Build bereitgestellt.

Standardfunktion im SAP Solution Manager	Erweiterte Funktion in Focused Build
Reports in der Lösungsdokumentation mit Dokumentenanalyse	Anzeige des Fertigstellungsgrads der Dokumentation durch das Lösungsbereitschafts-Dashboard
Dropdoc in der Lösungsdokumentation	<ul><li>DropDoc für Anhänge in Workpackages und Workitems mit Zuordnung der Dokumentenart über eine SAPUI5-basierte Oberfläche (SAP Fiori)</li><li>DropDoc in der Lösungsdokumentation über eine SAPUI5-basierte Oberfläche</li></ul>
CRM Web UI	<ul><li>Bearbeiten von Workpackages und Workitems über eine SAPUI5-basierte Oberfläche (SAP Fiori)</li><li>Das CRM Web UI wird ebenfalls unterstützt.</li></ul>
Kopie der gesamten Lösungsdokumentation einer IT-Anforderung auf alle Änderungsaufträge	Verteilen von Elementen der Lösungsdokumentation von Workpackages auf Workitems im Rahmen der Umfangsdefinition des Workpackages

Standardfunktion im SAP Solution Manager	Erweiterte Funktion in Focused Build
manuelle Freigabe der Lösungsdokumentation und Neuzuweisung der Lösungsdokumentationsreferenz im Änderungsauftrag und gegebenenfalls in der IT-Anforderung	automatische Kopie der Lösungsdokumentationsreferenzen eines Workpackages vom Design-Branch auf den Entwicklungs-Branch beim Setzen des Status **Zu Entwickeln** und Umsetzen der Lösungsdokumentationsreferenzen in Workpackages und Workitems
keine Bewertung des Dokumentationsgrads innerhalb der IT-Anforderung oder des Änderungsauftrags, aber Darstellung in Reports der Lösungsdokumentation	■ Bewertung des Dokumentationsgrads einer Anforderung bzw. eines Workpackages oder Workitems über eine SAPUI5-basierte Oberfläche (SAP Fiori) ■ Bewertung des Dokumentationsgrads im Lösungsbereitschafts-Dashboard
■ Anlegen von Testplänen und Testpaketen in der Test Suite auf Grundlage der Lösungsdokumentation ■ Manuelle Zuordnung von Testplan und Testpaket zu einer IT-Anforderung	automatisches Generieren und Zuordnen eines Testplans/Testpakets zu einem Workpackage auf Grundlage der Lösungsdokumentation zu diesem Workpackage
Beschreibung von Testschritten und Dateneingabedetails in einem Testdokument	Testschrittdesigner für die Definition von Testschritten mit Eingabedaten und Aktivitäten unterhalb von Prozessen oder Prozessschritten der Lösungsdokumentation
manuelles Anlegen von Testsequenzen auf Grundlage der Lösungsdokumentation	Generieren von Testsequenzen aus Prozessdiagrammen (ab SPS02)
Test-Reporting	Test-Dashboard

Anhang C
Dokumentenarten

C.1   Standarddokumentarten

Dokumentenart	Beschreibung
0SAP_41	Benutzerhandbuch
0SAP_40	Geschäftsprozessbeschreibung
0SAP_25	Konfigurationsanleitung
0SAP_31	funktionaler Integrationstest
0SAP_01	funktionale Spezifikation, Typ Gap
0SAP_03	funktionale Spezifikation, Typ Schnittstelle
0SAP_02	funktionale Spezifikation, Typ WRICEF
0FUSF	funktionale Spezifikation
0SAP_42	Mock-up
0SAP_30	Einzelfunktionstest
0SAP_20	technisches Design
0SAP_11	Anwendungsfall
0ST	Testnotiz
0TD1	Testfallbeschreibung

C.2   Dokumentenarten in Focused Build

Dokumentenart	Beschreibung
CORP_23	(BPD) Geschäftsprozessbeschreibung
CORP_70	(TM) Trainingsmaterial
CORP_99	(AD) zusätzliche Dokumentation

Dokumentenart	Beschreibung
CORP_40	(CG) Konfigurationsanleitung
CORP_30	(FIT) funktionaler Integrationstest
CORP_22	(FS) funktionale Spezifikation, Typ WRICEF
CORP_21	(FSI) funktionale Spezifikation, Typ Schnittstelle
CORP_20	(FSG) funktionale Spezifikation, Typ Gap
CORP_31	(SFT) Einzelfunktionstest
CORP_01	(TD) technisches Design
CORP_50	(UC) Use Case (Anwendungsfall)
CORP_60	(UG) Benutzerhandbuch

Anhang D
Wichtige Transaktionen im Kontext der Lösungsdokumentation

Transaktionscode	Beschreibung
LMDB	Aufruf der Landscape Management Database
SOLADM, SLAN	Aufruf der Lösungsverwaltung
SOLDOC	Aufruf der Lösungsdokumentation
SOLMAN_SETUP	Konfiguration des SAP Solution Managers
SOLMAN_WORKCENTER, SM_WORKCENTER	Aufruf des SAP Solution Manager Launchpads
SM_CRM	Aufruf des Change Request Managements, ITSM

Anhang E
Wichtige SAP-Hinweise im Kontext der Lösungsdokumentation

SAP-Hinweisnummer	Beschreibung
1595736	SAP Solution Manager: Übersicht über Hinweise mit Release-Infos
2048519	Profilparameter für den SAP Solution Manager 7.2
2227300	Ergänzende Upgrade-Informationen für den SAP Solution Manager 7.2
2324520	Guided Procedure (7.10) zum Ausführen der Content-Aktivierung der Lösungsdokumentation für 7.20 SPS03
2403108	SAP-Sammelhinweis: Vorbereitung der Content-Aktivierung der Lösungsdokumentation ab SP05
2446977	FAQ: Hinweise zu Problemen bei der Content-Aktivierung der Lösungsdokumentation

Anhang F
Der Autor

Michael Demuth hat als Chief Support Architect bei SAP SE eine große Zahl von IT-Projekten für international agierende Unternehmen in Europa, Amerika und Asien durchgeführt. Seit 2016 hat er bei SAP SE eine inaktive Rolle im Rahmen eines Vorruhestandprogramms eingenommen und arbeitet seitdem weiter als Berater im Rahmen von SAP-Solution-Manager-bezogenen Implementierungen. Bei SAP SE war Michael Demuth seit 1988 angestellt. Bevor er acht Jahre im Active Global Support arbeitete, entwickelte er das Change-Request-Management-Framework. Andere Rollen, die er bei SAP SE innehatte, waren Produktmanager von Software-Logistik und Entwickler von SAP-NetWeaver-ABAP-Werkzeugen. Michael Demuth studierte Mathematik und Linguistik an der RWTH Aachen. Sie können Michael Demuth unter der E-Mail-Adresse *Michael.Demuth@oxando.com* erreichen.

Index

- Alle Werkzeuge und Funktionen von Release 7.2

- Von Upgrade und Konfiguration bis zum produktiven Einsatz

- Prozessmanagement, Change Control Management u. v. m.

Markus Bechler, Andreas Hömer, Michael Markert, Marco Michel, Jan Rauscher, Timo Steinsberger

SAP Solution Manager
Das Praxishandbuch

Praktische Anleitungen, Empfehlungen und Fallbeispiele: Mit diesem Buch lernen Sie, die Funktionen von SAP Solution Manager 7.2 zu nutzen. Nach der Lektüre sind Sie fit für das neue Release – vom Upgrade über die Konfiguration bis hin zur Einrichtung und Anwendung der verschiedenen Werkzeuge. Lernen Sie zum Beispiel, wie die Lösungsdokumentation und das Prozessmanagement funktionieren, welche Neuerungen es im Change Management oder für den Betrieb gibt und wie Sie das neue Anforderungsmanagement unterstützt.

828 Seiten, gebunden, 79,90 Euro
ISBN 978-3-8362-5615-5
www.sap-press.de/4426

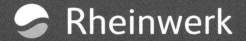

- SAP Solution Manager 7.2 konfigurieren und erweitern

- Inklusive Funktionen zum Change Control Management wie Release-Management, Retrofit, QGM und CTS+/cCTS

- Mit wertvollen Hinweisen und Empfehlungen aus der Praxis

Fred Kindler, Florian Liebl, Jörg Marenk, Torsten Sternberg

Change Request Management mit dem SAP Solution Manager

Behalten Sie den Überblick über alle Änderungen an Ihren SAP-Systemlandschaften! Dieses Buch zeigt Ihnen, wie Sie standardisierte Prozesse gestalten, mit denen die Änderungen vom Testsystem bis ins Produktivsystem korrekt durchgeführt werden. So werden SAP-Hinweise und Support Packages oder Änderungen an kundeneigenen ABAP-Programmen kontrolliert transportiert. Erfahren Sie auch, wie Sie ab SAP Solution Manager Version 7.2 von den neuen Möglichkeiten von SAP Fiori profitieren können.

526 Seiten, gebunden, 69,90 Euro
ISBN 978-3-8362-4191-5
www.sap-press.de/4147